O LIVRO DE OURO DA
UMBANDA

ORTIZ BELO DE SOUZA

O LIVRO DE OURO DA
UMBANDA

2ª edição | fevereiro de 2021 | 1.500 exemplares

"Relançamento da obra publicada sob o título *Umbanda na Umbanda*. O texto original foi submetido a nova preparação, bem como à revisão ortográfica e gramatical."

Todos os direitos reservados à EDITORA ANÚBIS.
Distribuição exclusiva
Aquaroli Books
Rua Curupá, 801 | Vila Formosa
São Paulo | SP | 3355-010 | Brasil
Tel.: (11) 2673-3599

EDITORES RESPONSÁVEIS: Marcelo Aquaroli e Milena Lago
REVISÃO: Rosemarie Giudilli
PROJETO GRÁFICO E CAPA: Edinei Gonçalves
APOIO CULTURAL: Rádio Sensorial FM web
www.sensorialfm.com.br

Dados Internacionais de Catalogação na Publicação (CIP)
Agência Brasileira do ISBN - Bibliotecária Priscila Pena Machado CRB-7/6971

S729   Souza, Ortiz Belo de.
Livro de ouro da umbanda / Ortiz Belo de Souza.
– São Paulo: Anubis, 2019. 256 p.; 23 cm.

ISBN 978-85-67855-61-5

1. Umbanda. 2. Religião afro-brasileira. 3. Orixás. I. Título.

CDD 299.672

São Paulo/SP – República Federativa do Brasil
Printed in Brazil – Impresso no Brasil

Este livro segue as novas regras do Acordo Ortográfico da Língua Portuguesa.

Os direitos de reprodução desta obra pertencem à Editora Anúbis. Portanto, não é permitida a reprodução total ou parcial desta obra, de qualquer forma ou por qualquer meio eletrônico, mecânico, inclusive por meio de processos xerográficos, incluindo ainda o uso da internet, sem a permissão expressa por escrito da Editora (Lei nº 9.610, de 19.2.98).

Sumário

Fundamentos – Umbanda na Umbanda 9

Introdução 11

O médium 13

    Juramento do Médium 22

O porquê da manifestação (Incorporação) 23

Mediunidade 31

O sacerdote de Umbanda 41

    Juramento do Sacerdote 47

Preparo Mediúnico 49

Umbanda e seus Conceitos 63

    Tempo 82

    Mãe Terra 84

    Oxumaré 85

    Obá 86

Assentamentos de força para o médium 89

    Oxalá 92

    Xangô 92

    Oxum 93

    Oxóssi 94

    Iemanjá 94

    Iansã 95

    Ogum 95

    Obaluaê 96

    Omulú 96

    Nanã Buroquê 97

Oxumaré	98
Ossain	98
Logunedé ou Logun Edé	99
Obá	99
Ewá	100
Oiá	100
Egunitá	101
Exu	101
Como preparar seu terreiro	105
Sublinhas - Espíritos guias intermediários e intermediadores	109
Baianos	109
Boiadeiros	110
Marinheiros	111
Pretos Velhos	111
Ciganos	112
Crianças/Ibeji	113
Linha de Cipriano	113
Espíritos socorristas e corrente médica espiritual	119
Paramentos	123
Religião e família	131
O uso ritualístico da bebida e fumo	135
Defumação e banhos	143
Ogãs e a música na Umbanda	151
Cambonos e médiuns ponteiros	159
Organização	159
Disciplina	160
Hierarquia	160
Fundamento	161
Filosofia	161
Caráter	162
O que são pontos de força e oferendas	165
Tronqueira – Exus e Pombas Giras	169
Hierarquia na Esquerda	181
Quimbanda	187

Sumário

Pembas e fios de conta 193

Obsessão e desobsessão. 199

Voluntariado. 205

Conjurar, determinar, afirmar, evocar 209

Orações e Evocações na Umbanda 211

    Fé. 213

    Altruísmo. 213

    Gentileza 214

    Gratidão. 214

    Retidão 215

    Humildade 216

    Amor 217

    Capacidade 218

    Disciplina 218

    Verdade 219

    Paciência 220

    Perdão. 221

    Sabedoria 222

    Flexibilidade 223

    Superação 224

    Oração de nosso Pai Oxalá 226

Sacramentos na Umbanda 229

    Casamento 230

    Batismo 232

    Ritual fúnebre 233

Benzimento na Umbanda 237

    Reza contra inveja e forças trevosas 244

Umbanda e hierarquia 247

Fundamentos – Umbanda na Umbanda

A religião de Umbanda fundamenta-se por meio do encontro de povos, dito por um Preto Velho, que Olorum utilizou a sabedoria do povo Bantu e do povo Indígena para dar ao mundo a Umbanda e o Candomblé. Os santos nos altares dos terreiros de Umbanda trouxeram outra força que fez da religião o que ela é hoje, com o sincretismo que pluralizou junto ao entendimento espírita.

A religião de Umbanda é miscigenada, possui fundamentos próprios e tem por meta ensinar os homens o caminho para a evolução por meio dos Orixás, guias, protetores, nossos Exus e Pombas Giras. É uma religião monoteísta que acredita em um Único Deus, sendo os Orixás a extensão do Poder Criador levando a força da espiritualidade pelo mundo, entendendo que nossos Orixás representam a natureza. Possui os guias que se manifestam nos trabalhos litúrgicos, dando a essa religião o diferencial: médiuns e consulentes têm contato direto com os espíritos de Luz que atuam trazendo a elevação e o esclarecimento pertinente à vasta espiritualidade existente.

A Umbanda está de portas abertas a todos que querem entender O Criador, entender sua vida! Uma religião que educa pelos ensinamentos, uma doutrina de elevação que cultua a Paz entre todos. Uma religião sem preconceitos – com os guias de Direita, nossos caboclos, boiadeiros, baianos, ciganos, negos velhos, crianças, marujos que, juntamente com nossos guardiões à Esquerda – Exu, Pomba Gira e Exu Mirim, trazem ensinamentos dentro dos milhares de terreiros existentes! Humildade, serenidade, paz, determinação, resignação, fé e amor são as bases desta grande religião de união de povos!

Conheça a Umbanda aqui nesta obra. Creio que se encantará com O Criador. É uma maneira fácil e didática de trabalho, com os elementos, fundamentos e rituais tão simples de entender. Poder Divino mostrando aos homens o caminho da elevação, na senda de Luz no Universo de seres que nos elevam no aprendizado contínuo da existência!

Introdução

Amigos, irmãos e irmãs, escrever acerca da Umbanda, para qualquer religioso, sempre será um ato de grande responsabilidade. Indicar um tipo de atuação, colocar em linhas explicações sobre alguns dogmas e fundamentos e ainda respeitar formas de interpretações sobre a religião é o que proponho. Enaltecer a grandiosidade da religião de Umbanda, dando uma contribuição singela, não buscando méritos, pois não passa de minha obrigação dar o meu melhor para a minha religião. Assim é o que nossos irmãos dirigentes espirituais e filhos de santo realizam todos os dias; são servidores de Deus, sem a necessidade de ser reconhecidos, pois esta é a obrigação espiritual de cada um – dar o seu melhor para enriquecer e fortalecer a religião.

O médium de Umbanda, o sacerdote, os ogãs, os cambonos e principalmente os assistidos que veem na religião um caminho a ser seguido, encontrarão nestas linhas, suas histórias de busca. O que é Umbanda? Como me torno um religioso de Umbanda? O que sou? São estas e outras tantas perguntas que podem ser respondidas aqui.

Para podermos contemplar os Poderes de Deus, bem como as forças dos nossos amados Orixás, faz-se necessário fazer uma interpretação de nós mesmos. A proposta do livro "O Livro de Ouro da Umbanda", que é um verdadeiro Chamado Religioso, vem ao encontro de inúmeros fatos e necessidades de todos aqueles que militam nesta religião. Há, ainda, a característica de ser uma obra que busca desmistificar conceitos muitas vezes equivocados em relação a esta religião genuinamente brasileira. É de se considerar também o clamor proveniente de todos os campos espirituais sobre a necessidade de fazer desta religião um ponto de Luz para nossa nação, por meio do Médium Supremo Jesus Cristo, nosso Pai Oxalá, e dos espíritos dos guias que nos traz o caminho a ser seguido por todos nós que representamos este exército de branco. O fortalecimento do medianeiro, a segurança do sacerdote, a verdadeira interpretação do sentido de nossa religião em nossa vida e na educação de nossos filhos, alicerces fundamentados na rocha do saber, sem a necessidade do embate desnecessário ao que crê e é religioso de Umbanda.

Uma religião deve ser exercida de maneira leve, deve dar ao iniciado e ao assistido a ação límpida da verdade, agindo sem perder o sentido honroso que eleva os espíritos encarnados, descartando a ilusão e o fascínio das facilidades adquiridas no exercício da espiritualidade desordenada.

Um religioso jamais devolve as pedras que lhe foram atiradas; antes constrói com elas o seu castelo que, alicerçado no amor e no perdão, lhe dará a condição real de ser chamado de Umbandista! Um religioso é dono de seu caminho, que está protegido pelo poder divino; não culpa ninguém, pois ele é responsável direto por tudo o que o cerca.

São indicativos valiosos sugeridos no decorrer destas linhas, que sempre enfatizarão o lado elevado da realidade a ser absorvida pelo estudo que edifica de maneira honrosa o religioso de Umbanda. Aspectos límpidos e que exaltam a nobreza das forças que atuam dentro de esferas das mais belas, que em ações regeneradoras da compreensão não são evasivas, mas diretas, e que irão sempre indicar formas de interpretar a si mesmo. Questionar-se no que se tornou é um exercício que se faz importante, e caminhos de Paz e Luz se abrirão à medida que a mente absorver conteúdos reformadores e lapidadores dos conceitos já estabelecidos.

Tenha uma ótima leitura; estas linhas não existem para mudar o que o leitor sabe, mas para abrir horizontes que irão fortalecer ainda mais sua Fé, seu caminho, respeitando seu conceito de interpretação.

Ortiz Belo de Souza

O médium

Ser médium, uma função nobre! Na verdade, todas as pessoas possuem este magnetismo fantástico que possibilita mediar forças. Tudo na Criação é fantástico; o ser humano foi gerado como uma verdadeira engrenagem para o universo; não estamos soltos, mas interligados a esferas das mais variadas. O corpo físico humano possibilita isto, pois ele é feito de pura energia aglutinada gerando um campo energomagnético que forma a aura humana que, por sua vez, está intrinsecamente ligada ao campo mediúnico espiritual. (o vocábulo não consta no dicionário. Antes energia magnética)

Cada átomo de nosso corpo forma um campo gerador de eletricidade; este por sua vez faz interagir uns com os outros, formando possibilidades interessantes, em que o campo mental é o grande direcionador, que atua por meio da glândula hipófise e da glândula pineal. Somos o que pensamos; portanto a formação do médium é puramente pautada em seu conceito de vida, na maneira com a qual ele reage em relação aos acontecimentos, em relação ao seu conhecimento.

Bem, este tema fica para ser abordado mais adiante, ocasião em que enfatizaremos a mediunidade; por enquanto vamos buscar compreender o médium. Embora já salientado que todos somos médiuns, é de se destacar que ser médium de trabalho, atuante, é uma ação diferenciada; um médium de trabalho tem de estar preparado para os vários choques que seu campo mediúnico vai receber. Quando eu digo choques, eu me refiro à diversidade de impactos que existem dos planos espirituais para o medianeiro, bem como de seus contrários em relação ao trabalho edificante que ele traz. Sendo assim, os choques não significam sofrimentos, mas oportunidades de evoluir a cada momento em sua jornada espiritual. E, como já bem explicado pelos guias espirituais, quando servimos as pessoas com nossa mediunidade, passamos a iluminar nosso espírito; tudo o que projetamos aos nossos irmãos assistidos, recebemos em dobro, e isto é glorioso. Além de que, viemos nesta encarnação para proporcionar resgates; muitas vezes em um trabalho espiritual em que beneficiamos alguém, nós resgatamos algo de nosso passado.

A formação de um médium depende de informações, de estudo, de compreender a si mesmo; precisa ser religioso contemplativo, só assim gera-se o Poder da Fé. Como no decorrer da obra vou citar sobre a forma contemplativa, procurarei explicar dentro de meu ponto de vista, para que o amigo leitor interaja com o que está sendo colocado. Não existe trabalho espiritual se não houver fé – creio que com isto todos concordarão. Porém, para sentirmos o Poder de Deus, as forças dos Orixás e a essência dos espíritos guias precisamos exercitar este ato pela contemplação. Busquemos ir além da chama da vela, além das ferramentas e paramentos comuns em nossos rituais, vamos ainda além do próprio rito. O que encontraremos é a essência divina da Criação! Fechemos os nossos olhos e nos entreguemos em nossa devoção, momento em que nosso batimento cardíaco é sentido e escutado por nós. Enchemo-nos de felicidade, evoquemos, oremos e declaremos a força do Criador em nossa existência. Busquemos sentir nossos guias, nossos Orixás, nosso anjo protetor. Imantemos nossos familiares com esta vibração pura e serena; alegremo-nos por sentir nossos antepassados agradecidos pela lembrança. Esta entrega, na qual vamos além e passamos a sentir Deus – isto é contemplação.

Um religioso, um médium só será completo quando sentir isto em seu coração; algo além do material palpável, além da pequenez humana tão limitante. Somos pequenos diante da grandeza do Criador, mas quando esta entrega existe, deixamos de ser pequeninos e nos tornamos parte do mistério de Deus. Sem estes sentidos, passamos a correr riscos pela falta do limite, entramos em um estado material e egoísta em que a indisciplina religiosa causa danos a muitos medianeiros.

Pelo conhecimento, intuição e pela orientação das Divindades Orixás enfatizo, nesta obra, a formação do medianeiro com apontamentos de seus atributos. Dediquei ao assunto um capítulo que está mais à frente, para que haja de cada um de nós a reflexão, a meditação necessária para que o campo mental e espiritual do médium seja lapidado. Independentemente do tempo que praticamos nossa fé, temos de buscar incessantemente a melhoria de nosso espírito, e, quando dedicamos momentos de nosso dia a esta reflexão significa que estamos vigiando nossos sentimentos, nossa conduta e, sobretudo, estamos ligados ao Criador.

Existem médiuns fantásticos que se perdem ou se perderam por sua falta de disciplina, por sua falta de humildade, por ganância, por serem apenas místicos ritualísticos e pela falta desta busca em relação à sua lapidação. E na verdade, muitos dos médiuns são místicos ritualísticos apenas, não desenvolvem sua força religiosa contemplativa, não sentem em seus corações o Amor Fraternal.

Este tema é importante, e uma explanação nos eleva e ajuda em nosso desenvolvimento espiritual. Digo que o ato de contemplar é uma forma de expor seu amor, quem não ama não sabe comtemplar, portanto passa a ter problemas com a fé.

Outro aspecto relevante para o crescimento do médium, dentro de um templo religioso, é o exercício da compreensão e o de se fazer compreender para que todos possam aprender em conjunto. Vamos olhar para dentro de nós; todos os dias temos de nos melhorar, o aprendizado é constante e jamais devemos parar. Comecemos com o exercício da paciência, busquemos ser tolerantes conosco e com as situações que surgem ao nosso redor. Depois passemos ao perdão, pois quem não perdoa não é perdoado, assim já diz a oração que o Médium Supremo nos deixou. Não se cobre para se tornar perfeito, mas saiba de si mesmo, de seus limites, obrigações e deveres para com o universo; não se fragilize colocando a culpa na espiritualidade por suas falhas ou até por sua incapacidade. Não julgue; deixe que o julgamento seja feito pelas forças da espiritualidade, e nunca confunda justiça com vingança. Seja prudente; a prudência é sinal de inteligência e a utilização de sua inteligência pela honra e lealdade é sinal de caráter. Nunca inveje, ande em seu próprio caminho; ele é único; faça-o brilhar; este brilho é o que levamos pela eternidade. Honre as pessoas que lhe ensinaram; não profane o sagrado. Porém, se sua referência se perder, perdoe-a e siga o seu caminho. Aprenda o máximo que puder, mas nunca negue a ninguém o que aprendeu.

Sobre o estudo em si, já recebi pessoas em meu Templo de Umbanda que me disseram que não precisavam estudar, pois seus guias faziam tudo e, portanto, o estudo não seria necessário. Infelizmente, este é um quadro comum, com o qual não podemos comungar. É lógico que manifestações ocorrem de forma espontânea com muitas pessoas; uns são tratados feito loucos, outros conseguem entrar em um terreiro ou em um centro espírita e passam a ter um pouco de compreensão sobre o que ocorre consigo.

Mas, se observarmos este ser humano, que reage e atua com sua fé – o beneficiado de um passe de um irmão que tem estas características vai, sim, receber bênçãos. Mas e o médium? Este continuará sendo ignorante, continuará sendo "burro" ou "cavalo", linguagem comum entre os guias e médiuns de Umbanda. Temos que começar a ser aparelhos, instrumentos de trabalho, e, assim sermos chamados por nossos guias espirituais.

Porém, se o médium não buscar estudar a espiritualidade e sua mediunidade, poderá se perder por não conseguir absorver informações que permeiam o campo neutro humano. Guias espirituais trabalham através do vocabulário mental do medianeiro; se este não possuir a compreensão da importância moral que a espiritualidade determina, ele passa a ser um alvo em potencial de forças degeneradas.

O estudo faz com que ele compreenda sua religião, seus fundamentos e forças divinizadas, que, quando entendidas, pode direcionar suas vibrações mediúnicas. Uma das ações que tornam o estudioso mais preparado é o fato de que ele, quando compreende sobre as forças que vibram em sua vida, passa a contemplar.

A contemplação é um momento único, é um estado de graça, em que o médium age intrinsecamente sobre a égide deste poder, sentindo realmente Deus em sua existência. O estudo então se faz fundamental ao médium, mesmo porque ele é responsável por possíveis seguidores, que vão questioná-lo, logo, ele deve saber expor seus conhecimentos para exaltar um poder do qual passa a ser representante.

Ser um representante de uma religião é responsabilidade; sua postura diante de perguntas sobre sua religião pode ser a chave entre ter seguidores ou não. E aquele que por sua vez não explica sua própria religião, tem sobre si o peso de ter aquele seguidor desmotivado a prosseguir em um local ou, passa a ter uma pessoa que não sabe o que está fazendo. São muitas as pessoas que vão a outra religião por não ter este tratamento explicativo claro e elevado de Amor e sabedoria. A pessoa não contempla o que não conhece, o que lhe parece dúbio; assim, o vínculo religioso passa a ser inexistente. Sou a favor de que antes de cada sessão haja uma explanação do que ocorrerá dentro dos trabalhos espirituais, bem como trabalhar os assistidos a fim de tocar em cada coração a necessidade religiosa.

Não vamos à macumba! Frase pejorativa comumente utilizada por não seguidores ou por pessoas que não conhecem a realidade religiosa. Vamos, sim, à nossa religião de Umbanda! Palavra que insisto em dizer em todos os trabalhos, relatando ainda a importância do comportamento religioso, de buscar ter pensamentos bons. A importância de interpretar as Divindades Orixás como extensões das vibrações de Deus, entender sobre os espíritos guias que se manifestam nas sessões e suas funções.

O médium, quando conectado ao espírito guia (incorporado) tem grandes responsabilidades; é responsável por vidas e, como foi explicado, o guia espiritual atuará de acordo com o seu vocabulário mental do médium, com o entendimento que este tem do universo criador. Os influxos projetados ao ambiente, ao consulente, ou mesmo à pessoa assistida com um passe, são direcionados pelo campo mental do médium; o guia é a força do universo, da natureza, todavia, é o médium o grande canal captador e direcionador. Passa a ser o veículo de transmissão das bênçãos, e esses influxos se propagam com mais intensidade quando a mente está ligada ao conhecimento da força ao qual representa.

Cabe interpretarmos aqui que tal necessidade é para todas as religiões; todas as pessoas que professam uma fé têm por obrigação saber acerca da liturgia básica de um trabalho espiritual.

Agora se faz necessário ressaltar. Que tipo de estudo?

O estudo religioso! A palavra "religioso" é uma palavra que indica aquele que ajuda a religar, ou aquele que está ligado ao Criador. Você age como um religioso? Se alguém te caluniar e te injuriar, como e qual será a sua atitude? E se você ficasse sabendo que alguém fez um trabalho utilizando forças degeneradas contra sua família? Como você reagiria? Se a sua resposta for: faria oração e pediria a Deus e aos meus guias para romper o negativismo e amparar este irmão que está agindo erroneamente, parabéns! Você é um religioso. Mas, não é desta maneira que a maioria reage diante de tais situações. Tudo isto tem algo que determina essa postura: seu passado, sua base, seu dirigente espiritual, que irá te influenciar profundamente neste momento, os cursos que você fez e suas determinações. Uma influência má leva a caminhos degenerados, em contato com seres desvirtuados, por isso a orientação em livros, em aulas deve ser sempre pautada no bom-senso.

É por isso que devemos estar atentos às inúmeras formas de explicações sobre forças espirituais. Sendo assim digo: todo estudo que indica ataque, qualquer tipo de agressividade, críticas destrutivas, ensinos que não estejam sob a ótica Crística (de forças da Cristandade), precisam ser vistos com cuidado. O critério de estudo é que tudo seja para o bem, enfatizando-se os critérios que fundamentam a forma de estar espiritualizado pelo exercício do Perdão, ressaltando a Paz através do Amor e da Fé.

As salas cheias de pessoas, ou mesmo a beleza dos locais de estudo não condizem muitas vezes com a verdade espiritual que muitos buscam. O médium é o senhor de seu caminho, e o erro cai sobre ele e não sobre os outros pela escolha feita; estar em um local que determina o negativismo é de escolha única e exclusiva sua. Se você planta algodão vai colher algodão; este apontamento é para refletirmos a respeito do entendimento de que precisamos buscar apenas estudos que nos elevem e nos atraiam perspectivas nobres em relação à espiritualidade.

A variedade e diversidade de interpretações sobre a Umbanda é uma demonstração da riqueza cultural e espiritual que esta religião possui. Esta diversidade deve ser respeitada, mas, como citado, por mais que exista esta variação, o bom-senso se faz necessário.

Bem, eu entendo que a Umbanda foi iniciada por espíritos de luz, dentre eles o Caboclo das Sete Encruzilhadas, um dos que afirmaram que a Umbanda seria fundamentada pelos ensinos elevados, baseada no conceito de amor de nosso Pai Oxalá. Eu creio nisto e sabemos que manifestações espirituais existem desde tempos remotos dando para a religião de Umbanda uma diversidade interpretativa positiva. Com isto, existem templos de Umbanda que trazem em seus ritos a riqueza litúrgica que atrai os nossos irmãos por meio das linhas de afinidade de acordo com o trabalho realizado. Estes terreiros atuam de acordo com os ensinos de Luz que os espíritos guias passam e que levam aos ensinos ligados aos nossos Orixás, forças Crísticas.

O que seriam estas Forças Crísticas?

São ensinamentos de Luz, em que encontramos a força de Deus através de palavras doces e cheias de sabedoria. Vários seres passaram pelo nosso planeta e deixaram os indicativos do caminho da Verdade, muitas vezes não tão fáceis, mas que elevam o espírito do homem. São bases que fundamentam muitas religiões, seja o cristianismo, o budismo, hinduísmo, seja Jesus Cristo, Buda, Krishna ou outros seres Crísticos que passaram por nosso planeta. Estes são os avatares que de tempos em tempos passam pelo nosso plano para trazer forças e ensinamentos de Luz. Eles passaram fontes precisas de elevação aos seres da humanidade. Seguir estes conceitos e ser estes conceitos é o grande fator de importância a um médium. É imperioso ressaltar que não é apenas conhecer estes apontamentos de Luz, mas sim vivenciá-los. Desta maneira, digo que você sabe, passa a ter sabedoria, portanto é um sábio.

Esta é a base poderosa de todo aquele que busca trabalhar na espiritualidade, *O Livro de Ouro da Umbanda* demonstra a diversidade, mas esta diversidade se unifica na base Crística do poder de Oxalá. Digo isto porque muitos ainda confundem Justiça com vingança, Lei de Deus com execução, força de proteção guardiã com o lado vaidoso e negativado do homem que distorce e ataca. Uma religião tem de dar tranquilidade aos corações, dar à mente a serenidade para passarmos pelos obstáculos que muitas vezes a vida nos traz.

O médium que segue este ensinamento, como base de sua espiritualidade, tem sucesso total em sua jornada espiritual, pois seus guias jamais corromperão esta base. Tudo que sairá da boca deste médium serão palavras Crísticas, que Jesus, Buda, Krishna e outros seres de Luz falariam.

A maior força da espiritualidade está na fé, no amar ao próximo, no perdão, na resignação, na fraternidade e sem dúvida no espírito caritativo – servir sempre sem ver a quem. Não haverá força que se sobreponha aos ditames mais elevados da espiritualidade, este é um fundamento de Umbanda.

Após a fundamentação desta base, o médium pode e tem o dever de aprender sobre si mesmo, e sobre outras forças da Umbanda, como os Orixás e demais forças espirituais que vão ampliar seus conhecimentos. Digo ainda, o médium deve estudar também outras religiões, pois só assim ele terá um posicionamento crítico sobre tudo.

Quando digo fundamentar esta base, significa ser e viver esta força. Não é fácil realizar esta transformação interior, ter convicções de que tudo na diversidade da existência leva apenas a um Poder, Deus. Para o verdadeiro médium não existe o temor, existe apenas o acreditar na Luz; jamais tenha em mente o "será". Por mais que a vida lhe pregue peças, por mais que haja adversidades, sempre creia. A dúvida é alimento do negativismo, é a porta de entrada de forças que não pertencem às esferas luminosas da Criação.

O médium tem o dever de aprender sobre si mesmo. Cada um de nós sabe das próprias dificuldades, das próprias limitações e somente nós compreendemos e interpretamos as circunstâncias ao nosso redor quando nos conhecemos. Por exemplo, eu sei onde tenho que melhorar, você também sabe. Todos nós temos nossos instintos mais terríveis; assim, quando conhecemos a nós mesmos, passamos a trabalhar estas ações para que o que é ruim seja melhorado. Não existe o coitadinho, não existe o desprovido de força espiritual, pois todos nós possuímos estas forças, não é uma dádiva cedida apenas a alguns.

Muitos conseguem chegar a algum lugar, ou conseguem realizar trabalhos fantásticos porque acreditam em seu potencial, trabalham seu lado negativado e colocam a Fé acima de qualquer coisa. O medo e a insegurança, na verdade, são compatibilizadas com a falta de Fé, ou o não acreditar em si mesmo. Acreditar primeiro em Deus e em si mesmo, contemplar este poder em sua vida é fundamento do médium, seja ele de trabalho ou seja você que pensa que não é médium. Por que isto? Porque todos nós, seres humanos, manipulamos forças do universo o tempo todo, atraímos coisas com o nosso pensamento e sentimento. A chamada lei da atração é fato!

Por isso, que o passo fundamental para qualquer ser humano é se conhecer primeiro; para um médium é fundamental. Como já citei, um medianeiro, quando é apenas místico ritualístico, passa a ter vários problemas. Em primeiro lugar, vamos entender o que é um médium apenas místico ritualístico.

É aquele que faz o ritual, acende a vela, o incenso, se paramenta todo com roupas, vários colares e se coloca no misticismo de seu trabalho sem o conhecimento devido do que está realizando. Não sabe o porquê de acender a vela, dos elementos dispostos na mesa, não sabe o significado dos colares dos paramentos. Este irmão, quando tiver em sua vida um problema, não saberá como contemplar, pois tudo está sem sentido. Ele não tem a Fé contemplativa e é um sério candidato a colocar o livro preto debaixo do braço e com seu terno bem apanhado dar seu testemunho contra uma religião das mais fantásticas do planeta.

O médium de Umbanda tem o místico e o ritualístico; porém, diferentemente do médium acima retratado, ele sabe de todos os fundamentos, e sua base está bem alicerçada nos ensinos Crísticos de Oxalá. Ele conhece a si mesmo, sabe que os elementos são importantes, a vela, a pedra, as guias, a toalha, a vestimenta etc.

Mas sabe que o mais importante está em seu coração e em sua mente. O médium de Umbanda atua ajudando sempre com humildade, aprendendo com quem sabe mais, e, ensinando ao que sabe menos, servindo à sua casa e aos propósitos espirituais. O médium de Umbanda não julga, não calunia ninguém, não usa da espiritualidade para tirar proveito, não usa de suas forças para atacar. O médium de Umbanda é um Servidor de Deus e suas palavras sempre serão de elevação.

É necessária a determinação para seguir na prática do bem, só assim seremos vencedores nos campos de batalha da vida. Jamais use de sua sabedoria ou de sua mediunidade para atingir quem quer que seja. Seja pacificador; o que age assim é reconhecido como ser Crístico, uma pessoa iluminada, um verdadeiro médium de Umbanda.

Esta determinação é que faz um vencedor e, na verdade, um médium de Umbanda como já citado é diferente, este passa a ter à sua volta recursos dos mais importantes. O que são estes recursos? Para que a compreensão seja muito tranquila, não quer dizer que se tire proveito do que se tornou, mas sim que o médium que atua dentro dos campos do bem sempre será beneficiado. As ações que envolvem esta prática espiritual positiva são lançadas no universo e este se encarrega de entregar novamente a quem a enviou.

Atributos necessários para que sejamos merecedores das dádivas de Deus estão dispostos em nossa vida para que usemos, mas se faz imperioso ressaltar que estamos aqui encarnados, e as provações ocorrem. Todo ser encarnado vai ter pedras no caminho, muitas vezes os obstáculos se agigantam de tal forma que a fé é passada pela provação. Ser médium é ter este discernimento e jamais indicar as forças como causadoras de perdas por falta de proteção, mas compreender que se aprende também com as quedas. Deixemos de nos inquietar por motivos irrelevantes, sejamos dotados de paciência para que alcancemos nossos objetivos. "Conhecer o caminho é diferente de trilhar o caminho!"

Um medianeiro, quando instruído e sempre em busca de seu aperfeiçoamento, será recomendado no auxílio daquele que se encontra fragilizado ou mesmo sem rumo sobre as questões da vida. Este, por sua vez, quando dotado de conhecimento, coloca-se como orientador de vidas, com responsabilidades as quais devem ser pautadas na conduta ética, este sabe como trilhar o caminho!

O altruísmo é virtude nata de um médium de Umbanda, que se entrega à tarefa edificante sem jamais colocar valores monetários na contraparte do atendimento religioso. O que se ganha sempre será a elevação espiritual pelo ato de servir, ocasião em que o médium se coloca apenas como um instrumento das forças da espiritualidade, entendendo que o que se faz não passa de uma obrigação assumida perante Deus e os Orixás, como medianeiro dentro de sua religião.

Caracteriza-se assim um médium de Umbanda pelo papel que assume de ser um exemplo à sociedade, a seus irmãos, a seus contrários. E lembrando: um religioso de Umbanda jamais alimenta aspectos de inveja, de raiva; sendo assim, este não possui inimigo, mas sim se entende que estas situações servem em sua jornada como forjadores de sua elevação. Aquele que não consegue se desvencilhar deste lado rancoroso e negativado da fragilidade humana ainda não se encontra suficientemente preparado para ser chamado de médium de Umbanda. O que faz um médium não são suas obrigações espirituais ritualísticas, que são fundamentos importantes, mas o que faz um verdadeiro médium é sua postura ética sobre a base de vivenciar os aspectos Crísticos da religião de Umbanda.

Juramento do Médium

Juro como médium de Umbanda respeitar a Deus e minha religião através da ética dentro das bases Crísticas de Oxalá.

Coloco-me à disposição da espiritualidade, para servir e ajudar no crescimento de minha casa e de minha religião.

Comprometo-me a respeitar a hierarquia, buscar aprender sobre a espiritualidade de Umbanda, respeitando com lealdade os fundamentos do templo que me acolheu.

Jamais utilizarei de minha mediunidade de maneira desonrosa ou desleal.

Juro como médium de Umbanda, ser um servidor e aprendiz para enaltecer e elevar, em nome de Deus, os aspectos de minha religião.

O porquê da manifestação (Incorporação)

Uma das ações mais interessantes para o médium é a manifestação espiritual.

Anterior à manifestação, ou incorporação como é conhecida dentre os umbandistas, digo que é fundamental o médium ter uma base Crística como sua filosofia de vida, seguindo o que os nossos guias e espíritos de Luz, através de nossos Orixás, determinam. Respeitar as hierarquias e ter na ancestralidade a base dos fundamentos e assentamentos!

Como já salientado, o médium deve se conhecer, buscar se lapidar fazendo a reforma interior, perdoando os seus contrários e se elevando pela Fé, por meio de sua generosidade, paciência, resignação, altruísmo. Estes atributos necessitam estar presentes antes mesmo de qualquer tipo de manifestação.

É importante ressaltar que chegar a este estágio não é fácil; o médium necessita de orientação; portanto se faz fundamental ter um sacerdote que lhe dê os indicativos, e, por sua vez, deve ter a humildade necessária para receber tais fundamentos, ensinando a trilhar o caminho. O médium deve entender também que existe uma diversidade considerável dentro da religião. Aqui mostro um indicativo do que provavelmente o seu dirigente vai lhe passar.

São muitas as ramificações, e por isso se entende que não existe codificação de Umbanda; apenas seria possível tal fato, se um dia alguém compilasse todos os conceitos, sem que houvesse incoerências, em um único trabalho. Sendo assim, o sacerdote e mesmo o médium devem ver este trabalho como uma linha de raciocínio direcionador da compreensão da diversidade da *Umbanda na Umbanda*.

O sacerdote, ou dirigente espiritual, possui deveres em relação ao médium; ele é responsável por sua educação mediúnica, toda a conduta de um medianeiro é um reflexo da casa que frequenta. Isto faz do Sacerdote um pilar para seu discípulo, a postura reta dá o exemplo que fundamenta uma das forças mais importantes ao médium e este jamais irá esquecer a mão estendida, com a atenção fraternal.

O sacerdote deve ter em mente que este médium um dia se vai, e que muitas vezes não existirá o agradecimento que muito se espera. Mas, a espiritualidade com seus guias proverá o acender das luzes na vida deste que se dedicou e se dedica na formação do ser humano no tocante à sua mediunidade, que com toda certeza refletirá em sua existência.

Existem muitas pessoas que possuem a mediunidade aflorada, com a necessidade de seu desenvolvimento, e que muitas vezes entram nos templos sem sequer saber como entrar em uma corrente de trabalho de Umbanda, não sabem o fundamento de bater cabeça ou mesmo da necessidade dos banhos de ervas. Coisas básicas que são fundamentais na liturgia de Umbanda. A responsabilidade primeira é do sacerdote e depois do médium; se o médium erra, a culpa é do seu dirigente; se ele insiste no erro, a culpa passa a ser dele, que não absorve o ensino; falta-lhe a humildade para se disciplinar.

Mas, interpretaremos as necessidades das pessoas que entram nos terreiros, dos médiuns que buscam nessas casas a compreensão de sua vida espiritual.

E os médiuns que não são incorporantes? Vejo que muitos dos sacerdotes os colocam para serem cambonos ou passam a ser ogãs dentro dos terreiros. Não é que não seja bom a estes médiuns trabalharem nestas funções, mas percebo que muitos se afastam da Umbanda por conta de serem excluídos das tarefas espirituais que normalmente acontecem dentro dos terreiros. Deve-se ressaltar que um cambono não é apenas aquele que serve as entidades, é um dos médiuns de sustentação; um ogã é fundamento com o toque do atabaque, embora existam muitos templos que não se utilizam do instrumento.

Todos os médiuns são fundamentais; dentro de minha casa são exímios sustentadores de vibrações através de seus influxos espirituais, uma vez que é fundamento que sejam iniciados nos mistérios do trabalho com passes e na mesa de encaminhamento de espíritos necessitados. Este, por sua vez, fornece indicativos de compreensão sobre ser médium de uma maneira importante.

Para que não haja a falta de entendimento, ainda realizo o trabalho da Ordem Iniciática Portais de Libertação tem um vínculo totalmente ecumênico. Aprende-se sobre as forças do universo apontando o fortalecimento do ser humano como medianeiro. Portanto, o trabalho Portais de Libertação não é Umbanda, mas este trabalho que rompe barreiras me permite tirar qualquer estigma sobre as religiões. Agora o Templo Escola Portais de Umbanda é aonde faço meus trabalhos religiosos com o conceito aqui revelado.

Mas, voltando a abordar sobre aqueles que são auxiliares dentro de um templo de Umbanda, como cambonos, ogãns e mesmo aqueles que estão em desenvolvimento, é fundamental tê-los dentro de trabalhos espirituais próprios para enaltecê-los.

A Umbanda coloca à disposição muitas ferramentas; uma delas é sustentada pelo guia-chefe de minha casa, o Caboclo Ubiratã, um trabalho que consiste em passes de cura com ervas, cristais e fogo. Este procedimento é realizado em conjunto com os trabalhos de atendimento, em que o médium devidamente preparado atua sustentado pela iniciação que recebeu e o ensino sobre o passe e os elementos. Este procedimento pode ser utilizado em qualquer casa, dando aos cambonos, aos médiuns em desenvolvimento a oportunidade de aprimorarem seus fatores medianeiros, bem como os incluindo em uma função nobre na espiritualidade de Umbanda.

Ainda se pode acrescentar o uso de defumação, ou o uso de cachimbo; a queima de ervas é um bom agente higienizador do campo espiritual. O uso de piras de fogo, ou velas, também faz destes médiuns verdadeiros instrumentos de trabalho. Deve-se lembrar que, por mais que não haja manifestação, eles recebem os influxos de seus guias espirituais, que estão conectados aos seus aparelhos, a chamada canalização.

Agora, é claro que todos estes trabalhadores necessitam de preparo; o guia-chefe do terreiro vai prepará-los adequadamente para que se sintam parte integrante dos trabalhos espirituais. São médiuns que contemplam o poder divino, agem de acordo com as normas do templo que frequentam, são humildes e disciplinados em suas casas. Ser um trabalhador da espiritualidade atuando com o passe requer técnica e conhecimento sobre o assunto. Como citei, é importante tornarmos todos os nossos trabalhadores do templo em médiuns passistas.

Agora tratemos dos médiuns que atuam incorporados na corrente mediúnica. Em primeiro lugar, para termos uma corrente mediúnica é fundamental que todos estejam dentro do mesmo padrão. Leva anos para um sacerdote de Umbanda ter um grupo que esteja em conformidade com a espiritualidade da casa de forma que haja uma ligação perfeita. Esta tarefa é realizada com dedicação, disciplina, paciência e determinação.

Algumas perguntas surgem. Por que é necessária a incorporação? Por que os guias não atuam do espiritual para o físico, ou do espiritual para o espiritual?

Para começar, todas as religiões, bem como todos os seus fiéis, atuam diretamente com seres da espiritualidade. Estamos no plano neutro. E o que quer dizer isto? Estamos no meio; acima temos esferas luminosas; Embaixo, esferas densas. Para acessar tais esferas precisa-se de um encarnado; não existe a possibilidade de seres degenerados, quiumbas ou zombeteiros atuarem no meio humano sem a interferência de um encarnado. O encarnado possui influxos magnéticos que sustentam as forças dos seres de baixa vibração no meio humano.

Uma pessoa com raiva consegue ativar, ou melhor, abrir passagens para estes entes espirituais de características densas; estes passam a se sustentar pela energia do alvo mentalizado, ou pelo mentalizador; mas sempre há a necessidade de um encarnado. Uma ciência espiritual a ser bem discutida é esta! Uma pessoa virtuosa e de leveza de pensamentos pode ser alvo de um ataque destes? Sim! Como citei, muitos dos seres trevosos, quando são projetados, dependem de várias ações; mas as mais comuns são o campo espiritual do alvo e o campo espiritual de quem projetou. Além disso, existem elementos que são utilizados para dar suporte à ação danosa, sustentando o ataque.

É importante entender que elementos como a vela, as pedras e os cristais, as ervas e as sementes, a terra e a água são elementos neutros. Isto quer dizer que estes elementos não estão vibrando aspectos elevados e nem degenerados; estão simplesmente vibrando suas forças naturais.

Estes passam a vibrar outros aspectos, dependendo do manipulador e da egrégora de força que vai servir. Uma vela preta é curadora na mão de uma entidade de Luz, mas pode ser um elemento de negativação na mão de um ser de ordem degenerada. Assim, interpretamos que os seres negativados também se utilizam de energias e formas elementais. Desta maneira, existe uma conjunção de quem projeta o negativismo e imprimiu força com os elementos ritualísticos.

A pessoa virtuosa que recebe uma carga, ou recebe um ser negativado em seu campo espiritual, é diferente de uma pessoa que pensa de forma desvirtuada ou atua com forças degeneradas. A pessoa virtuosa consegue se desvencilhar mais facilmente de forças densas; seu campo mediúnico está no que chamo de vibração "+1". Isto possibilita a ação de retirada destas forças, sendo que este ser negativado não está na mesma linha de afinidade. Já a pessoa que tem negativismo no coração tem dificuldades, mesmo porque esta passa a estar na linha de afinidade do ser e da energia negativada existente, encontrando-se em um estágio que chamo de "-1". O estágio "0" (zero) é o próprio campo neutro humano; o ser humano, pelos seus pensamentos e atos, faz seu próprio céu ou inferno, ele entra no "+1" ou "-1"; só depende dele. Sempre é importante lembrar, somos nós os responsáveis pela nossa jornada.

Assim, observamos a importância das religiões aos seres humanos. Estas orientações são fundamentais para estes estarem em um padrão que lhes permita sentirem-se bem. É a Lei da Atração, Lei das Afinidades, virtudes ou degeneração, pensamentos bons ou maus, perdoar ou amaldiçoar, Luz e Trevas. Cada um é senhor de seu caminho, assim eu não acredito que um médium preparado possa ser alvo de ataques e cair por eles; só se não for preparado; só se não seguir as Leis do Criador!

Mas, retornando ao assunto que comentávamos há pouco, um ser negativado somente ocupa o espaço vazio que existe na falta de Fé de um iniciado; eles necessitam desta densidade para estarem entre nós.

Por outro lado, seres luminosos não possuem a densidade e não necessitam do encarnado para estarem entre nós. Porém, para podermos manipular as suas vibrações é necessária a conexão deles com nosso campo mediúnico virtuoso.

Com isso, começamos a entender como a espiritualidade atua, lembrando que, para estes seres atuarem influenciando o meio humano necessitam do corpo de pura energia que possuímos. Uma imposição de mãos, por exemplo, em que seres estão em conexão com o medianeiro, este é usado por aqueles que extraem de bolsões energéticos e magnéticos existentes em campos espirituais a vibração a ser repassada ao seu ambiente e para os assistidos.

Se pensarmos um pouco em relação ao nosso planeta, ele possui uma vibração espiritual que corresponde à vibração da maioria. Creio que a maioria das pessoas de nosso planeta, neste exato momento de sua leitura, está angustiada, nervosa, deprimida, sofrendo; e esta se torna a egrégora espiritual e energética predominante em nosso planeta. Mas, se a maioria estiver em templos orando, contemplando, amando uns aos outros, perdoando seus contrários, o nosso planeta mergulha em uma egrégora luminosa. Então, podemos analisar a importância de nossos pensamentos, de nossos sentimentos, pois tudo isso manipula aspectos espirituais; pode ser de forma densa ou virtuosa.

Fomos ao macro; no micro acontece a mesma coisa. Seja em um templo onde todos estão em comunhão com Deus, ou em uma empresa, ou em um lar. Tudo está na manipulação de fatores medianeiros; estamos o tempo todo mediando forças das mais variadas.

Agora podemos entender o porquê dos guias se manifestarem; eles precisam anular tais descargas existentes no meio humano e para tanto eles dependem de um encarnado; os influxos de seus centros de força serão utilizados para que o guia espiritual projete no meio humano características de Luz.

Assim, também podemos entender o porquê do uso de elementos: água, ervas, cristais, velas, colares, vestimentas etc. Tudo isto faz parte de um arsenal fundamental de suporte a vários trabalhos. Veja bem, quando um médium tem este conhecimento, ele favorece muito o guia, lembrando que este utiliza o vocabulário mental do medianeiro. É possível ver que quando um médium estuda, o guia pode usar aquele canal de conhecimento aberto para beneficiar o próprio médium, o assistido e o ambiente aonde se realiza a tarefa espiritual. Com certeza, seu guia deve estar dando graças a Deus que este filho está aprendendo isso.

Por outro lado, quando o médium não tem esses conhecimentos, ele bloqueia o guia; eventualmente, ele até quer utilizar elementos ritualísticos, mas o seu mental não está aberto e preparado para esta força. Mas, quando o medianeiro compreende a utilização destes elementos o guia busca em seu mental tal entendimento aproveitando todos os influxos do elemento.

A incorporação só se faz forte quando o médium sabe seu propósito; quando ele segue os caminhos crísticos determinados por seus guias tudo fica mais fácil. Faz-se poderoso o elemento quando o médium, com o atributo do bem, acrescenta a força elemental, sabedor que o elemento é o acesso a pontos de força da natureza. O médium com folhas nas mãos tem o poder das matas; com uma cumbuca com água do mar tem a força deste ponto de força à sua disposição, e assim por diante.

As entidades espirituais utilizam de elementos existentes no campo neutro humano para atuar nesse mesmo campo neutro, mas dependem muito do médium, do ser humano para isso. Assim, compreendemos esta ciência espiritual importante, lembrando que, quanto mais utilizarmos nosso campo mediúnico com sabedoria na tarefa do bem, mais nos fortalecemos.

Aproveite, então, e utilize a imposição de mãos sobre um necessitado e evoque Deus e seus influxos curadores, evoque seus guias protetores, pois você estará em conexão com poderes esplêndidos. Incorporado ou canalizando apenas, os benefícios da manipulação sempre serão luminosos quando seu coração estiver dentro dos padrões Crísticos.

Desta maneira, entende-se que utilizamos de magnetismos de nosso corpo, e magnetizar outras pessoas com passes não exige que estejamos incorporados ou manifestados. Aprendem-se técnicas para tal tarefa, e em se tratando da religião de Umbanda, sempre teremos nossos guias a nos auxiliar no direcionamento do trabalho. E em muitos templos, assim como no meu, o guia-chefe consagra os medianeiros para que estejam com os influxos curadores dos passes em conjunto com as ervas e outros elementos abertos para beneficiar os necessitados. A ciência espiritual, os poderes do criador, pura física quântica em ação através dos médiuns.

Axé

Mediunidade

É sempre bom enfatizar que a boa utilização da mediunidade depende profundamente do medianeiro, de seu caráter, de sua conduta religiosa, de sua capacidade de absorver os impactos dos acontecimentos ao seu redor, da interpretação de cada força representada, de sua capacidade de amar e perdoar, do conceito em relação ao bem ou mal.

Na espiritualidade não há como fugir de que tudo acontece por meio das Leis, Lei de Atração, Lei de Causa e Efeito; sendo assim, a maneira com a qual o médium compreende a espiritualidade, e, como entende a si mesmo é o que se refletirá em sua espiritualidade, fazendo toda a diferença, sempre.

Um médium de Umbanda é um servidor de Deus; quando ele doa sua energia, sua ação mediúnica para o bem comum recebe os reflexos positivos em sua vida. Como mediunidade depende da interpretação do médium, é de suma importância o estudo, e ele, por sua vez, deve ter a mente preparada para vibrar apenas aspectos que sejam elevados. Os guias espirituais agem de acordo com o que o médium vibra!

Tudo que mentalizamos criamos possibilidades. Isto para qualquer pessoa, seja ela religiosa ou não; atraímos ou repelimos através da mente. Para uma pessoa que se propôs a ser médium de Umbanda, ela precisa ter em mente que seu processo de desenvolvimento espiritual é para a vida inteira. Muitas vezes, as pessoas pensam que a manifestação é o estágio máximo da mediunidade dentro da religião de Umbanda; o médium manifestou (incorporou) todas as linhas de trabalho, seus guias deram o nome, riscaram os pontos, foram feitas as firmezas necessárias de deitada e, assim, a imensa maioria passa a entender que o médium está pronto. Digo que tudo isto é fundamento, mas enfatizo a necessidade de nos aprofundarmos um pouco mais e incessantemente, quando se trata de mediunidade e do médium.

A busca da serenidade, do entendimento da Fé, dos conceitos e preceitos deve ser motivo de estudo constante; sendo assim, estamos em transmutação de nossa mediunidade o tempo todo, que nada mais é que estarmos sempre em nosso desenvolvimento mediúnico. Digo que esta é uma necessidade fundamental. Já encontrei pessoas que se tornaram grandes médiuns, foram inclusive referência para minha vida mediúnica, mas a falta de manutenção deste posicionamento e a busca deste desenvolvimento constante tornaram essas pessoas obsoletas, reféns da paralisia mental, aquela que impede a evolução. Hoje os vejo como médiuns que foram ao encontro do desequilíbrio, e, envaidecidos por terem chegado há tempos ao ponto importante de seus trabalhos mediúnicos, acabam ainda por influenciar negativamente outros que estão ao seu redor.

A interpretação da mediunidade sempre vai passar pelo crivo da compreensão de si mesmo; como já citado, o médium deve se olhar e saber de sua capacidade, saber de suas fragilidades e defeitos. Quando a pessoa compreende seu inferno pessoal, sabe até onde vai sua agressividade, sua impaciência, sua inflexibilidade, fica mais fácil anular tais características. Não que essas sejam eliminadas, mas sim anuladas, pois cada um é o que é; o que passa a acontecer é que nos espiritualizamos e passamos a controlar tais influências pela fé, pela resignação, pela conduta reta e pela compreensão do universo que nos cerca.

O ser humano, além das características e dificuldades em entender os sentidos da mediunidade, ainda traz as influências naturais de seus ancestrais; em nosso DNA espiritual pulsa magnetismos, memórias e características enraizadas do passado formando a nossa base primeira.

Quando buscamos nos espiritualizar, buscando ser pessoas melhores, seguindo uma doutrina rica e rigorosa, na verdade estamos muitas vezes no contrafluxo da energia ancestral que carregamos. Nossos antepassados, para defenderem suas terras, seus ideais, guerrearam para estabelecer um posicionamento, deixando para seus descendentes a responsabilidade de depurar os influxos que foram adquiridos.

Não que hoje seja muito diferente a defesa de posicionamento, mas principalmente no Velho Mundo, as guerras foram uma constante, e hoje, no Brasil e por todo o planeta, temos pessoas que carregam sobre si a responsabilidade espiritual do resgate e da resignação das vibrações de uma família. Isto influencia o comportamento mediúnico de qualquer pessoa, quando este não tem um norte, uma orientação fundamentada no servir e no bem, passando a ser comandado por este lado mais denso que está enraizado em si mesmo.

É fundamental para o aproveitamento total de sua força buscar este entendimento, sem contar que viemos da espiritualidade, mas fica a pergunta: De onde viemos? Para onde vamos? Isto depende do comportamento que adotamos aqui. Estamos resgatando muitas vezes ações de vidas passadas, de nossa linhagem ancestral, ou mesmo depurando nosso espírito quando passamos por nossas provações.

"Mediunidade é, sobretudo, o compromisso assumido com todas as características positivas baseadas nas máximas da espiritualidade; um médium preparado torna-se o grande advogado defensor da espiritualidade, o médico dos assistidos, o psicólogo dos necessitados, o juiz dos injustiçados, o religioso dos desesperados. Forjado pela têmpera das labaredas da luta pela Luz, lapidado pela orientação dos guias, elevado por sua postura exemplar."

Muitos dos encarnados vieram do Embaixo e estão aqui vivendo a oportunidade de se resignar; a espiritualidade nos dá esta condição e este caminho. A compreensão da mediunidade e sua utilização são pontos intrínsecos no sucesso de suas novas passagens. E aqueles que já vieram de locais privilegiados espiritualmente nem sempre vivem a contento em relação ao grau já adquirido; por muitas vezes se desvirtuam de suas tarefas do bem e passam a ser sérios candidatos ao retorno para as esferas inferiores degeneradas.

Eu mesmo já me deparei com pessoas que se diziam encarnação de mestres da espiritualidade, de seres de alto grau espiritual, mas, na verdade, se deixaram levar pela vaidade, pela ganância e por sua postura arrogante desrespeitosa. Por outro lado, seres que vieram em busca de seu resgate procuram fazer sua parte, estudam e se elevam nas tarefas do bem. Não digo que isto seja regra; nós, seres humanos, não somos iguais uns aos outros e cada caminho é um caminho diferente. É fundamental entender que todo aquele que hoje é um sacerdote, um escritor, um mestre em sua egrégora, não é melhor que ninguém; tais seres são os que têm o dever de servir de exemplo, respeitando, sendo humildes, agindo de maneira condizente com seus posicionamentos. Contudo, jamais idolatrem tais pessoas, porque estão fazendo aquilo a que se propuseram e seu posicionamento não é mérito, mas sim um dever assumido outrora!

Interpretar a mediunidade sempre passará por apontamentos de conduta, pela compreensão dos mecanismos energéticos e da conexão médium-guia espiritual. Para isso, existem obras que citam o óbvio acerca dos centros de força (chacras) e sobre as glândulas que influenciam diretamente a mediunidade, hipófise ou pituitária e pineal ou epífise. Todavia, esclarecemos com apontamentos importantes para quem estuda esse mecanismo, bem como mostramos o nosso posicionamento da escola de Umbanda de Oxalá, Templo Portais de Umbanda. Citamos que interpretar os mecanismos da mediunidade se faz fundamental e de suma importância aos estudiosos de Umbanda.

A hipófise não age sozinha, depende do hipotálamo na produção de sete tipos de hormônios que são responsáveis por vários aspectos importantes para a pessoa. Esses hormônios estão ligados principalmente ao humor, à libido, à fixação do aprendizado, entre outros, e que por sua vez interferem diretamente nos aspectos de qualidade de vida das pessoas e em seu influxo mediúnico. Como citado, a hipófise é extremante importante, pois interfere diretamente sobre todas as glândulas, mas a característica científica pode ser adquirida facilmente na mídia eletrônica.

O importante é se compreender que existe uma influência direta com a mediunidade; a hipófise está ligada diretamente com o chamado terceiro olho, é a expansão da mediunidade. A hipófise controla a memória, é aonde se fixa o aprendizado, estando ligada à inteligência e ao pensamento. Na manifestação espiritual, os guias plugam ou canalizam por meio desta glândula, permitindo com que sejam manipuladas as energias dos centros de força. É aonde ocorre a conexão das forças espirituais pelos filamentos extrafísicos que permitem que os guias atuem influenciando o meio neutro humano.

A glândula pineal tem também uma das funções mais interessantes no comportamento de nossa mediunidade; é através desta glândula, que fica no centro do cérebro, que também são conectadas as forças da espiritualidade. Muitos videntes já observaram que os guias, ou forças da espiritualidade em geral na canalização de energias, no ato de ligar estes finíssimos filamentos, atuam diretamente conectando-se à nuca do medianeiro. Esta ligação vai diretamente à glândula pineal, que também coordena o sistema nervoso central.

Esta interligação permite aos guias atuarem no equilíbrio do medianeiro, influenciando também a visão física e a espiritual. A ligação da pineal ao cerebelo, que fica localizado na parte posterior do crânio, permite com que na manifestação ou incorporação, os guias atuem no comando dos membros do medianeiro. O cerebelo, cientificamente falando, age no controle dos membros, no controle do tônus muscular; funcionando como um computador, ele envia os impulsos que coordenam os movimentos, agindo, ainda, na influência auditiva. Observando estes pontos importantes, classificamos esta ligação da pineal e cerebelo como fundamentais na mediunidade de incorporação ou mesmo na canalização. Ressalto que todos os seres humanos possuem qualidades mediúnicas, todos mediam forças o tempo todo, e utilizamos muito pouco deste potencial. Como os seres humanos tendem ao negativismo pela busca do poder, muitas ações de aperfeiçoamento desta faculdade ficam veladas, para evitar a queda destes encarnados.

É importante reafirmar que não existe a "coisa" de o espírito entrar em nosso corpo, como muitos ainda acreditam; os espíritos guias se conectam ou plugam-se às glândulas em seu lado energético espiritual extrafísico, que por sua vez agem coordenando e enviando os influxos aos assistidos e ao ambiente em que se encontram. E com este mecanismo ainda enviam seus influxos a distância beneficiando um necessitado ou mesmo um ambiente.

Uma pergunta que muitos médiuns me fazem. Você é médium inconsciente?

Consciente, semi-consciente e inconsciente são classificações para medianeiros dentro dos trabalhos de Umbanda, e mesmo no Espiritismo o termo é utilizado. Penso que as melhores formas são, consciente e semiconsciente, ocasião em que o médium atua na espiritualidade e tem ainda a oportunidade de aprender com os guias quando estes verbalizam. É claro que o médium deve estar preparado ou se preparar até chegar ao ponto de realizar uma consulta a um assistido; a ética e a moral devem ser pontos fixos dentro dessa tarefa das mais nobres dentro da espiritualidade de Umbanda.

Médium inconsciente, além de raro, em meus vinte e um anos de casa aberta só conheci dois, um em São Caetano do Sul e outro que trabalhava no terreiro do meu avô de santo. Em meus 21 anos de casa aberta não encontrei outros médiuns que tenham essa característica. A espiritualidade de hoje é diferente de tempos remotos, quando esse tipo de mediunidade realmente era necessário; hoje a necessidade é de se estimular a fé; um médium, quando acredita, ele faz, não precisa ser inconsciente, e mesmo em relação ao assistido, ele age com a fé.

Logo, quem não possui fé não se encaixa neste perfil de médium; por isso que se deve estudar, ajudando no entendimento e na interpretação dos fatos.

Este tema é tabu para muitos umbandistas. Já encontrei médiuns que se diziam inconscientes, apenas para não perder uma falsa visão de credibilidade, ou mesmo por outro motivo, a manipulação de pessoas. É uma ação que não se encaixa no perfil do verdadeiro medianeiro; é antiético, e atitudes como essas devem ser rechaçadas do meio. Pela informação e a formação poderemos dar amparo para conseguirmos instruir os médiuns sobre este tema importante.

Mas, independentemente de tipo de mediunidade, o mais importante é ser um médium voltado aos aspectos elevados da espiritualidade, sabedor de suas obrigações e direcionador do bem. Deve ser estudioso e compreensivo para com os demais, sendo um foco de Luz na maneira que se comporta, com a mente aberta pelo seu desenvolvimento diário e constante de sua mediunidade.

O desenvolvimento desta faculdade começa sempre na absorção dos ensinos sobre a doutrina Crística, que consiste na conscientização sobre os textos que falam de Jesus Cristo. O médium de Umbanda deve vivenciar esses ensinamentos, e, em paralelo, o sacerdote realiza seus preparos com banhos de ervas que ajudam no ajuste do campo energético e espiritual do médium. A prática da meditação contemplativa faz diferença no campo espiritual de um medianeiro, elevando suas vibrações e magnetismos, tornando este médium um verdadeiro religioso, pois este passa a sentir em seu âmago o poder da Criação. Sentir isto é para aqueles que se encontraram dentro de seu campo religioso espiritual.

Alguns procedimentos podem ser adotados por qualquer templo: incentivar a leitura dos textos, ou mesmo a leitura de uma oração, a evocação deste poder com a finalidade de sentir em sua mente e coração a entrega total aos poderes de Deus, incentivar o médium a pedir aos seus próprios guias e criar nele mesmo esta crença em si mesmo. Os demais fatores, sejam eles litúrgicos ou mesmo de preparos, em que entram as oferendas, formam um campo vasto, sendo que cada vertente, ou cada mentor espiritual possui suas particularidades, que são riquezas espirituais importantes. A única coisa com a qual eu particularmente não concordo é o fato do sacerdote deixar entrar uma pessoa em sua gira sem que este não saiba do ritual do qual ele vai participar. Fato este normal em muitos lugares, aonde a pessoa vai visitar e logo é convidada a entrar, colocando branco e colares no pescoço, sem saber os fundamentos para tal fator importante.

Mediunidade na religião de Umbanda é de imensa responsabilidade, para a vida de quem pratica e para a vida dos demais que estiverem envolvidos neste trabalho. Um médium dentro de um terreiro, ou mesmo no dia a dia de sua vida é um representante de sua religião; quando questionado sobre seu credo, ou se alguém pede uma ajuda, ele é um representante da Umbanda, e, portanto, o conhecimento se faz fundamental.

A responsabilidade está sobre qualquer religioso que é nada mais, nada menos do que um representante de 110 anos de história de uma religião. Por mais que o leitor pense que o que estou citando seja pouco, não é. Por ser uma religião recente, por ser uma religião que ainda em 2019 não tem representatividade política, e, portanto não entra na grande mídia televisiva, é o religioso que defendo, com conhecimento, com a fé que professa, que será o grande representante da continuidade e crescimento da Umbanda. Por este motivo, o estudo se faz sempre fundamental em todos os sentidos na vida de um médium de Umbanda. Quero aproveitar e citar que se entende que a religião de Umbanda foi documentada de maneira inicial em 1908, porém, as manifestações são centenárias senão milenares em relação aos guias espirituais.

Aproveitando o comentário sobre o tema mediunidade, quero abordar algumas coisas curiosas dentro dos trabalhos espirituais de Umbanda que muitas das vezes passam despercebidas, ou até são visualizadas em nosso cotidiano espiritual, porém não formulamos o questionamento por pensarmos que não existem correlações espirituais importantes. Uma delas é sobre o estalar de dedos. Por que os nossos guias estalam os dedos? Tudo o que existe dentro de um rito espiritual são energias que passam a ser manipuladas, forças e mistérios que nos elevam dentro das giras de Umbanda. No entanto, qualquer gesto, ou mesmo ações que os nossos guias executam, por mais simples que possam parecer são formas de intensificar um processo espiritual. Poderia citar outras tantas ações, mais vamos apenas elucidar, dentro de uma visão, algumas características. Mesmo por que, cada espírito guia que se manifesta nos milhares de trabalhos existentes possui imensa variedade de fatores espirituais que seria muita pretensão de quem quer que seja tentar esclarecer todas as ações.

O estalar de dedos feito pelos guias pode ser a ativação de um poder (mistério) que beneficiará o ambiente com várias atribuições. Este ato pode estar abrindo *Portais* que, ordenados pelo guia, ali se encontram forças de outros seres espirituais que dão sustentação ao trabalho executado. Esta passagem pode estar ligada ao ponto de força referente ao guia espiritual que está trabalhando, aonde ele atrai as místicas ao médium, ao assistido ou mesmo ao templo.

Todo guia espiritual trabalha com guardiões ao seu lado; como ele está em outro padrão de energia e vibração, em alguns casos, faz-se necessária a ativação para que haja a conexão – espírito guia de Direita com espírito guia de Esquerda, é assim que são realizadas tais ativações, com o estalar de dedos. Outra utilização do estalar de dedos é o desagregar de vibrações viciadas em torno do assistido, ou mesmo sobre o medianeiro; ainda este procedimento pode ser utilizado na tentativa do guia equilibrar o médium em sua contraparte magnética espiritual.

A segunda observação é quando os guias levantam o calcanhar. O que significa isto? Muitas vibrações são utilizadas pelos guias espirituais e algumas são ativadas quando ele levanta o calcanhar, pode estar recebendo um influxo que está sendo trabalhado para o médium ou para o ambiente. Pode estar também entrando em conexão com seres espirituais que estão em outros planos, atraindo assim aspectos necessários no momento do trabalho. Assim ocorre quando as entidades dançam, eles traçam com a dança pontos riscados de maneira espiritual, ou mesmo atraem influxos benéficos ao medianeiro, aos assistidos e ao ambiente.

O medianeiro é um instrumento importante para a captação de muitas vibrações que são emanadas a todos, assim se faz importante os preparos e preceitos. Até o caminhar de um guia espiritual dentro de um templo tem fundamentos, aonde ele pisa e como o faz. Lembrando que o médium conectado pelas místicas das forças espirituais é um aparelho captador e transmissor o tempo todo.

A terceira curiosidade é o porquê os guias se saudarem com os três toques nas mãos, ou mesmo os três toques nos ombros. Entre tantos fatores que acredito serem ativados, estes três toques representam do guia para com o assistido a abertura da vibração dele, assistido, que automaticamente se permite ser trabalhado pelo espírito guia, entrando, assim, em aspectos que possam ser tratados e trabalhados com a permissão da espiritualidade, agindo com a automática ação das Leis de atração e merecimento. De guia para guia, ou de guia para médium ou sacerdote, significa "saúdo a sua Esquerda e Direita em nome de Deus". Entramos também na compreensão do porquê do entrelaçar de dedos virados para baixo saudando a Esquerda. Na verdade é a permissão de atuarmos com os influxos de Esquerda a fim de atuar sobre os aspectos trevosos sustentados pelos maiorais do Embaixo. Uma saudação em respeito aos nossos guardiões, quando nos colocamos a serviço para com estes servidores da Luz. São curiosidades que atendem a vibrações medianeiras que estão em nosso campo mediúnico e se faz importante esclarecermos com explicações claras.

É lógico que existem casas que possuem ensinos que colocam tais características de outra maneira, é importante respeitarmos. Aqui não quero colocar quem está certo ou errado, isto não existe, é a pluralidade diversificada em vários campos da compreensão. Aproveito ainda para explicar sobre qual a diferença entre acender a vela com fósforo, ou isqueiro. Em relação a esta curiosidade na verdade entramos em uma ciência da espiritualidade. O isqueiro é bom, tem a chama que transcende a espiritualidade, porém, o fósforo age como pólvora, a explosão intensifica o acender da vela, do charuto, em que a mesmerização se potencializa. O próprio ato de acender uma vela para quebrar aspectos degenerados já se o faz no ato de acendê-la. É a junção, pensamento de desejo, com a mistura natural do elemento explosivo, que adentra as dimensões, o poder do guia e o fogo. Tudo age em sintonia mágica, importantes na tarefa executada, sem contar que a cópia astral do fósforo nas entregas acontece por se tratar de um elemento mais natural.

Mediunidade sempre deve ser tratada de maneira especial, pois tudo que realizamos tem uma grande influência planetária. As fases da Lua e o Sol são grandes influenciadores, e todos os demais de nosso sistema solar possuem também grande ação sobre o nosso campo mediúnico. Mas tenhamos atenção sobre as fases da Lua em relação aos trabalhos que executamos, logo teremos melhores resultados. Evidentemente, que os nossos guias em alguns momentos de atendimentos aos consulentes, ou mesmo para fazerem algo urgente o farão em qualquer fase lunar.

Lua Nova: esta fase tem grande influência sobre a mediunidade, uma vez que o médium pode utilizar desta força lunar para fazer seus assentamentos ou refazê-los. Iniciar novos projetos sempre, e mesmo que a pessoa não utilize de forma consciente a mediunidade recebe influxos positivos que propiciam boas coisas.

Lua Crescente: para os médiuns que estão em desenvolvimento, nesta fase ele se sentirá melhor, e também é uma fase propícia para os nossos guias atuarem em trabalhos de prosperidade, em firmezas e assentamentos de força. Quando um médium é recolhido nesta fase ele consegue sentir mais os influxos das forças repassadas nos assentamentos. As sensibilidades se aguçam, os centros de força do médium recebem desta fase lunar potencialização maior. Isso não significa que em outras fases não se receba, cada fase tem sua particularidade.

Lua Cheia: esta fase lunar é a mais chamativa e a mais mágica no que diz respeito à abertura de poderes mediúnicos. A mediunidade segue um padrão, o conceito religioso do médium, este por fim tem a responsabilidade em lidar com suas forças. Nesta fase, pedidos negativados podem atingir o alvo, pois a força da Lua Cheia está carregada de íons absorvidos do Sol, que se juntam aos magnetismos lunares dando amplitude às aberturas dos Portais espirituais. Porém, esta fase propicia grande força positiva também, lembrando que o que se vibra é o que se manipula.

Lua Minguante: ótima fase lunar para trabalhos de Esquerda, de descarrego, ou de anular forças ruins que possam estar atuando sobre o médium. O médium nesta fase tende a sentir mais próximo sua Esquerda, não significa características ruins, mas sim de uma proteção mais acentuada. No terreiro costuma-se fazer trabalhos de descarregos, ou de assentar forças de proteção ligadas ao Tempo e à Mãe Terra.

Para o médium que tem a percepção aguçada, logo perceberá que cada fase lunar traz características diferenciadas. Se todo médium tiver esta atenção, conseguirá potencializar seu trabalho mediúnico. É importante ressaltar que em todas as fases pode ser realizado qualquer trabalho, apenas as colocações de informações são para dinamizarmos algumas tarefas, caso o médium queira. Aconselho a todo médium que procure ter noções de astrologia, pois tudo o que trabalhamos em relação à mediunidade estará intimamente relacionada aos magnetismos planetários. Todos os elementos utilizados nos assentamentos, firmezas, sejam pedras ou ervas, são influenciados pelas fases lunares. A magia religiosa estará sempre ligada a esta grande força da natureza, magnetismos planetários essenciais a nós religiosos de Umbanda.

O sacerdote de Umbanda

Na verdade, todo tipo de sacerdócio é exercido por pessoas especiais; conduzir seres humanos sedentos de respostas, em busca do encanto de estar ligados ao Criador, este ato de realizar a liturgia com sabedoria é uma dádiva. Palavras edificantes esperadas pelo grupo de trabalhadores e assistidos, esperançosos da busca da força Maior. Estar à frente de um grupo é uma responsabilidade muito grande, requer habilidade, tato, equilíbrio, bom-senso e conhecimento do que se está realizando. Defendo profundamente as escolas de sacerdócio existentes, aonde são passadas formas de interpretação da religião e de como nos posicionar corretamente, além do entendimento sobre os fundamentos.

Só não aceito duas situações, que creio que o leitor haverá de concordar:

Primeiramente, a falta de vivência do médium – é preciso tempo para que a maturidade dê ao médium elementos que irão enriquecer seus conhecimentos: lidar com pessoas e participar de fundamentos do templo ao qual está ligado, sendo exemplo de disciplina aos demais e escutando seu orientador espiritual nas tarefas do templo com humildade.

Creio que um médium, para receber o título do sacerdócio, deve ser um médium apontado pelo seu dirigente espiritual, que este sabe e avaliou todas as condições do futuro Sacerdote. E se houver algum tipo de ritual nesta escola, o dirigente espiritual do médium tem de dar a outorga para tal fato, ou mesmo o próprio sacerdote realizar os fundamentos para o futuro Sacerdote. Normalmente, as escolas de sacerdócio realizam o amaci na coroa dos Iniciandos, bem como oferendam os Orixás. Mas, entendo que para isto, há de se ter o consentimento do guia-chefe do templo que ele frequenta e, infelizmente, esta atitude não é a mais comum.

Isso não significa que estejam fazendo o trabalho, em si, errado, mas o respeito à hierarquia deve começar nas escolas de Umbanda, e para um sacerdote este é um dos pontos que fundamentam sua força, o axé do zelador. Devo mencionar, ainda, o que ocorre com alguns "médiuns prontos" ao exercício do sacerdócio, que são podados pelos seus próprios dirigentes; neste caso, pede-se agô, pedindo licença aos guias e mentores que comandam seu lado espiritual e faz-se sua iniciação. É importante tocar neste tema, pois em minha casa já apareceram médiuns que foram cerceados no direito de se tornarem sacerdotes pelos próprios dirigentes espirituais. A exposição destas mazelas se torna salutar, para que haja nova linhagem de pensadores, formando assim verdadeiras pessoas preocupadas com a expansão da visão religiosa. A Umbanda não é isto; o verdadeiro sacerdote prepara e ajuda os filhos a terem seu próprio templo, ele ensina e apresenta este filho a Deus e aos Orixás como um sacerdote de Umbanda. A multiplicação de conhecimentos e a abertura de novos locais de cultos são pontos importantes com os quais todos os sacerdotes deveriam se preocupar. Ninguém tem o direito de prender pessoas que, com o adequado preparo, desejam levar a religião de Umbanda a outras pessoas.

Em segundo lugar, toda escola deve ensinar o respeito à diversidade existente, sem o aspecto tendencioso de algumas vertentes, que atentam contra a unidade religiosa. Deve-se explicar ainda que os fundamentos passados ainda absorverão a particularidade do mentor do médium.

Conheço muitas escolas de sacerdócio de Umbanda, mas até agora apenas conheci uma que possui estas duas características do lado positivo. Creio que este comportamento será uma tendência, pois tais diversidades, mesmo com a divergência das vertentes sobre muitos temas, irão buscar na base dos ensinos de Oxalá os aspectos que proporcionarão o crescimento da religião. Acredito nisso por se tratar de pessoas religiosas que, mesmo ainda na imaturidade momentânea, vão acordar para esta necessidade.

Contudo, não acredito que alguns ícones de hoje possam fazer algo, pois estão preocupados apenas em defender os "seus" pontos de vista, que visam a tantas coisas, menos ao verdadeiro caminho sacerdotal da religião de Umbanda. Porém, acredito plenamente nos que hoje estão aparecendo e naqueles que ainda surgirão. Estes novos sacerdotes de Umbanda vão observar a importância da diversidade e realizarão a comunhão de todos os templos e vertentes que estão levando o nome da Umbanda à frente. Por mais que este apontamento pareça uma crítica dura, vejo-o como algo necessário e benéfico, por se tratar de uma obra que visa ao aprendizado, e, este capítulo trata de um dos temas que vai focar naqueles que são e serão formadores de opinião, os sacerdotes.

Penso que o médium que pretende ser um sacerdote, ou mesmo os sacerdotes já formados, e eu me incluo nessa categoria, devemos todos ter em mente critérios que permitirão sermos orientadores e expliquemos as diversidades existentes na religião, pois assim não haverá os impactos negativos, para que possamos direcionar as pessoas que adentram os nossos templos, sem que se sintam perdidas na incompreensão dos trabalhos.

A mente de um orientador espiritual deve sempre estar apontada para o futuro; as marcas e mágoas do passado, as pessoas negativadas devem estar e ficar no passado; os faróis da vida de um sacerdote só iluminam seus passos para frente, a caminho do futuro. Nas muitas maneiras de organizarmos nossos trabalhos, a fé deve ser inabalável, contemplar suas forças espirituais, entrar em sintonia harmoniosa diante de seu altar e sentir seus guias falando aos seus ouvidos, direcionando-o na tarefa edificante que lhe foi concedida por Olorum. Mas muitas vezes, a postura firme perante um grupo de pessoas se fará necessária; firme não quer dizer descontrolado ou nervoso, mas sim sereno em seus pensamentos e sentimentos, direto em seus propósitos. Para poder explicar isto recorro a um exemplo que entendo extremamente pertinente.

Li um livro, cujo título é "A Arte da Guerra" do militar Sun Tzu, em que este estrategista militar faz alguns apontamentos e exemplos que acredito que servem para a nossa realidade de vida dentro dos templos de Umbanda.

Em uma passagem ele cita um episódio em que tinha de treinar um grupo de soldados femininos, sendo a grande maioria delas concubinas do rei. Ele, de forma minuciosa, explanou e explicou as regras militares, especialmente as relativas à marcha militar.

Após suas explicações, ele ordenou ao grupo de soldados femininos que marchassem; estas, por sua vez, não obedeceram e riram da situação, desobedecendo completamente às ordens do general. Sun Tzu, com muita paciência, digna de um monge, deu novamente todas as explicações com mais riqueza de detalhes e de forma mais pausada, de maneira que qualquer pessoa, mesmo sem nenhuma noção militar, soubesse executar.

Elas agiram da mesma maneira, continuaram paradas e riram da situação, fazendo com que o general ficasse pensativo por um instante, observando-as. Sun Tzu, então, mandou alguns de seus melhores soldados executarem as líderes. Naquele momento, um informante do rei foi avisá-lo do ocorrido, e o rei, sabendo dos fatos, mandou o seu mensageiro levar o recado para que suas concubinas não fossem executadas.

O general, recebendo as ordens do rei, não titubeou e continuou seu plano de execução, e o fez. Executadas as líderes do grupo, que estavam sabotando as ordens do general, em seguida ele ordenou novamente aos soldados femininos que marchassem; estas, por sua vez, sem expressarem nenhum tipo de falha, executaram a tarefa de forma exemplar, com riqueza de detalhes, que somente um grupo de soldados bem treinados o faria. Sun Tsu, o grande general, respeitado por sua inteligência por seus inimigos de outros reinos, nos deixou um dos exemplos mais claros de como conduzir uma situação.

Trazendo este exemplo aos padrões existentes dentro da nossa realidade de comandar templos de Umbanda, não é para nenhum sacerdote executar quem quer que seja. Brincadeira à parte, a explicação é muito séria; costumo dizer que para comandarmos um grupo, devemos estar atentos a alguns acontecimentos. Quando ordenamos algo que não é executado, com certeza estamos diante de líderes dentro do grupo, que influenciam negativamente, desrespeitam e sabotam.

Um dos apontamentos mais importantes para um sacerdote foi passado pelo mentor de Chico Xavier, Emmanuel, ocasião em que ele disse que o mais importante para ser médium é a disciplina, aspecto defendido também pelo general Sun Tsu. Sem disciplina, o sacerdote não será um bom dirigente espiritual, e automaticamente os seus médiuns não terão esta disciplina também. Mas, se o sacerdote é disciplinado e passa ao grupo de médiuns todos os fundamentos da casa, insistentemente, explica e dá chances àqueles que estão em seu templo, e mesmo assim eles continuam indisciplinados, sem respeitar as determinações do dirigente, é hora de saber direcionar os líderes desse grupo a abrirem suas próprias casas, ou mesmo convidá-los a sair, já que não respeitam as diretrizes do templo que os acolheu.

Este procedimento se faz necessário; ser sacerdote é perdoar e amar; é ter o senso de justiça; mas o sacerdote deve ter atitudes que vão preservar seu trabalho, que é árduo, e só ele pode mensurar, entender e compreender o que outro sacerdote passa.

Uma das coisas em que acredito profundamente é que não existe trabalho espiritual (demanda) desvirtuado que venha a derrubar ou a fechar uma casa, mas sim médiuns mal instruídos ou um dirigente que não se posiciona; aí o templo fecha e o sacerdote cai.

Um sacerdote, por muitas vezes, chora sozinho, passando por suas provações. Mas jamais pode demonstrar fragilidade aos médiuns; tem de estar, na medida do possível, sempre sorrindo. Um sacerdote precisa ter respostas certas para as perguntas que virão, e muitas vezes estas perguntas virão na forma de desafios, ou mesmo como uma forma de teste.

O sacerdote de Umbanda deve ser tudo o que foi mencionado sobre ser um médium com algo a mais; ele é responsável por muitas pessoas que semanalmente vêm em busca do auxílio espiritual, bem como é responsável pelo lado espiritual de seus filhos de santo.

É fundamental que o dirigente espiritual seja acessível, mesmo que seja um dia na semana, ou mesmo quinzenalmente, para dar aulas e responder a perguntas pertinentes à religião, tendo ainda de ter tempo para ouvir os médiuns sobre seus problemas pessoais. Além disso, penso que jamais se deva cobrar pela realização de um trabalho ou atendimento a um filho, ou mesmo assistido. Tais cobranças não são de característica religiosa altruísta de Umbanda, tratando-se de ação de mercadores da fé, que infelizmente encontramos em todos os seguimentos. O ato de estar a serviço das pessoas é a obrigação colocada em seu juramento como sacerdote perante as forças de Deus e dos Orixás. Eventualmente, admito apenas a possibilidade de se cobrar pelos elementos que serão utilizados em trabalhos específicos.

O sacerdote deve ser uma pessoa exemplar, sabedor que ele é o alvo; é a pessoa que, por mais que não perceba, estará sempre sendo vigiado e comparado com outros. Quando faz algo pelas pessoas, dificilmente será elogiado, o que, aliás, nem deve ser buscado; mas, se fizer algo que esteja fora do contexto será vilipendiado, julgado e condenado. Ser dirigente espiritual não é tarefa para fracos, para pessoas que se melindram diante das adversidades da vida e da espiritualidade.

Entendo que sobre os trabalhos espirituais, o sacerdote tem uma obrigação fundamental, qual seja, a de, em todas as sessões espirituais, de forma contundente, realizar uma palestra explicativa sobre o trabalho de cada dia. Explicar que as pessoas que ali se encontram estão indo a uma religião e não à "macumba", forma pejorativa que muitos utilizam, por falta de conhecimento. Deve sempre citar a importância de se acreditar em Deus, colocando a Fé como fator preponderante para se postar frente às forças do Criador. O assistido só estará em contato com os poderes divinos quando estiver em sintonia com os mesmos – é a Lei de Afinidade. Esta responsabilidade sacerdotal é que fará a diferença na religião nos próximos anos, quando em todos os templos de Umbanda esta catequese deverá ocorrer.

Embora os grupos, na maioria dos templos, sejam pequenos, vejo um crescimento nos próximos anos e esta formatação vai além do que imaginamos; assim não perderemos mais nossos fiéis para outras religiões; estas não são melhores; é que as pessoas necessitam de uma diretriz, um direcionamento sobre o que está se realizando ou buscando. Todos necessitam ouvir uma explicação sobre como Deus atua em suas vidas. E isto falta na Umbanda e sobra em outras religiões.

Olhar nos olhos dos assistidos e falar sobre Umbanda é muito bom, explicar que a palavra Umbanda significa "**Um,** Deus – **Banda,** Nós" para que eles passem a compreender algo simples, porém valiosíssimo. Que a palavra Orixá significa "**Ori,** Cabeça – **Xá,** Pai ou Mãe", entre tantas explanações que podem ser dadas de forma salutar a todos os assistidos. Quando questionado qual o fundamento de sua religião, explique que a religião de Umbanda está fundamentada nos ensinos de Jesus Cristo, nosso amado e Médium Supremo Pai Oxalá. As palavras de Jesus devem ser as máximas da espiritualidade para os ouvidos dos necessitados de Deus; nossos guias assim ensinam quando falam de Oxalá.

Os exemplos que mencionei e outros que o serão ao longo deste escrito devem enriquecer a diversidade que existe na religião, e, o sacerdote precisa, a seu modo, analisar o tema com muita responsabilidade. O sacerdote ou sacerdotisa, dirigente espiritual, ou de forma popular pai ou mãe de santo, jamais deve deixar de se posicionar, não se colocando como melhor do que ninguém, mas mantendo uma hierarquia, não abrindo mão de seu grau espiritual.

Todo religioso de Umbanda, principalmente os dirigentes, tem responsabilidade perante a religião. Não pensem que religião se aplica somente dentro das quatro paredes; vai muito além; precisamos ocupar os hospitais, as reuniões de comunidade de bairro, colocar nossos pensamentos dentro das federações, ou criar um grupo de sacerdotes que pensem em organização religiosa. Estes procedimentos são aplicados por outras religiões e por isto elas chegaram onde estão.

A verdadeira prática da religião é levá-la aonde nunca ouviram; não espere que as pessoas venham; chame-as, faça movimentos dentro de seus terreiros, realizando palestras e pequenos eventos. O sacerdote deve se inter-relacionar com as pessoas e colocar o nome da Umbanda em todos os lugares que puder. Estes procedimentos são de atribuição e responsabilidade dos sacerdotes; chega de pensar que a gira é tudo; é parte fundamental, porém não é tudo. Somos mais fortes que imaginamos, mas esta força só se erguerá quando nos conscientizarmos.

Juramento do Sacerdote

Coloco-me perante as forças de Deus e de joelhos rogo Vossa Luz neste juramento.

Comprometo-me a cumprir com minhas obrigações, respeitando a base Crística de Oxalá perante a Cúpula da religião de Umbanda e perante o Criador.

Jamais cobrarei pela obrigação de servir aos necessitados e aos meus filhos.

Dedicar-me-ei a ser exemplo para enaltecer o nome de minha religião.

Mesmo diante de minhas fragilidades, mesmo se estiver em dificuldades, não virarei as costas a quem necessita.

Levarei sempre a palavra do bem, respeitando as Leis do Universo.

Ensinarei o que sei aos meus iniciados.

Juro e comprometo-me com minha religião e responderei ao Criador pelas minhas falhas.

Juro, como sacerdote de Umbanda, ser leal aos desígnios da espiritualidade maior, sendo humilde e levando o amor a todos os irmãos sem distinção!

Preparo Mediúnico

Mediunidade é uma coisa séria. Citado anteriormente, todos nós possuímos esta qualidade enquanto ser humano encarnado; o que imaginamos, atraímos, e mesmo sem saber, manipulamos esses influxos de forças que influenciarão o meio, o medianeiro e as pessoas ao seu redor. E assim como imãs ou como antenas, captamos informações e as passamos o tempo todo. Somos bombardeados por forças e informações e muitas vezes acabamos por pensar ou fazer coisas que não faríamos; é quando se fazem necessários o preparo e a compreensão da espiritualidade, pois podem ser forças de ordem luminosa ou degeneradas, forças que ajudam e forças que atrapalham.

Quando cito de ordem luminosa é quando estamos interagindo com o nosso conceito que é a compreensão do Todo, com as místicas da espiritualidade elevada, momento em que espíritos de Luz ligam-se à nossa frequência. Quando cito as forças degeneradas quero dizer, existem os desajustes em nós, geradas por pensamentos pervertidos, tais quais raiva, inveja, ciúme e vaidade, diferentemente das trevas existentes do Embaixo, onde existem seres mantenedores desta energia, densa e absorvedora de seus afins. A energia do Embaixo só é acessada por encarnados vibrando as trevas que estão neles, ligando-os por afinidade a energias que se transformam em distorção astral pelo emocional desequilibrado da pessoa. Desta maneira os seres negativados passam a ser manipulados, mesmo que sem querer, por estas pessoas desvirtuadas em seu campo mental e emocional. As trevas não atuam sem que um encarnado não faça a conexão! E o mesmo ocorre com os seres de Luz, que atuam pelas vibrações virtuosas existentes na pessoa – mecanismos espirituais existentes que são manipulados através das mentes e pensamentos dos encarnados, criando uma egrégora mental em torno do planeta, tornando as vibrações grosseiras mais intensas e as sublimes mais salutares.

Em um mundo dominado por incertezas, voltado ao poder globalizado por meio do capitalismo, em que as diferenças sociais são imensas, acabamos entendendo que as vibrações mentais degeneradas são dominadoras, sendo assim o que é projetado de maneira negativada pelo encarnado toma um volume muito maior. Com isto, chamo atenção quanto à necessidade de um preparo espiritual diferenciado, dotando o médium de Umbanda de capacidade espiritual, mental e emocional condizentes com as necessidades daqueles que irão recorrer a esse auxílio.

A falta de preparo, de fundamentos e assentamentos pode acarretar a um médium, que se propõe a atuar como medianeiro das forças de Umbanda, ações desfavoráveis, e isso também influencia seu desempenho no auxílio aos assistidos e na sustentação das vibrações espirituais do templo.

Para o ser humano comum, ou profano, assim entendido, aquele que não está dentro de um campo espiritual, as coisas acontecem frequentemente, e estes passam a ser envolvidos por forças degeneradas de ordem trevosa e são levados, são manipulados por agentes obscuros da espiritualidade. Independentemente de religião, o ser humano deve estar em comunhão com Deus, pois se assim não for, muitas vezes sofrerá consequências, um impacto natural pela ignorância que lhe cega, tornando-se um grande alvo das baixas vibrações e seres que estão na sua linha vibratória de afinidade.

Ser médium dentro de um trabalho espiritual, seja na Umbanda, seja no Espiritismo, ou em outro trabalho que exija esta qualificação, faz do ser humano um instrumento de trabalho espiritual, em que se faz necessário à manifestação, e as coisas são e se tornam totalmente diferentes.

Por que diferente? O que é ser médium de Umbanda?

Um médium de Umbanda é totalmente diferente de um médium espírita, ou de um médium candomblecista. Os preparos são distintos, embora qualquer medianeiro possa utilizar o preparo que apresento, mas o campo mediúnico espiritual do médium de Umbanda é diferente.

A estrutura espiritual de um médium de Umbanda transcende, uma vez que o medianeiro é capaz de atuar com as forças mais sublimes da Criação, bem como está preparado para os impactos de vibrações grosseiras provenientes de agentes espirituais desequilibrados, lembrando que trevas e suas forças devem ser muito bem entendidas. Ele pode estar em ambientes distintos como os citados de forma simultânea, dando a este médium condição excelsa de atuação, pelo fato de estar dentro da egrégora regida pela cúpula da Umbanda.

Digo que um médium bem preparado é capaz de curar, é capaz de enfrentar verdadeiras hostes do Embaixo, sem ao menos ter os respingos de tais vibrações degeneradas. Muito pelo contrário, o médium que atua dentro deste campo de ação se fortalece a cada batalha, recebe verdadeiros escudos espirituais que lhe permitirão atuar cada vez mais na ajuda e auxílio aos necessitados.

Quando digo Embaixo, não quero dizer que somos super médiuns, devemos respeitar tudo que existe na espiritualidade, entendendo que tudo foi criado com propósitos, entre eles a escolha do encarnado em utilizar de seu livre-arbítrio. O Embaixo não atua no meio humano sem que haja a interferência de um encarnado. Se a ação é para destruir e prejudicar alguém, o médium de Umbanda tem os recursos para desfazer o mal feito, é isto que quero que entendam, as capacidades de quem está preparado. A arrogância e a falta de respeito pelos seres existentes sejam eles da luz ou não, descapacita uma pessoa a atuar de forma eficaz na espiritualidade.

É fato que para ter esta condição o primeiro preparo, incontestavelmente, é a fé e a maneira de se disponibilizar para a tarefa de servir, cujo respeito é base para tal tarefa. Digo que fora da caridade não existe salvação! O médium que tem por lema de sua vida espiritual servir de maneira incondicional sem ver a quem e segue os aspectos dos espíritos de Luz e os ensinos de nosso pai Oxalá, mestre Jesus Cristo, já mencionados, tem esplendidamente uma aura e um campo espiritual protegido.

O médium religioso é o contemplativo, é aquele que se reveste das forças dos Orixás, sendo a própria virtude que eles vibram; não guarda rancores e não possui inimigos. Pode ter os contrários, que por sua vez promovem sua evolução; o fato de ter o perdão em seu conceito de vida faz com que os seus vínculos de afinidade estejam ligados apenas às esferas superiores, ficando capacitado ao máximo na exímia utilização de suas faculdades. Este preparo inicial requer desprendimento, requer *disciplina* em sua vida natural e principalmente na espiritual.

A caridade também deve ser bem entendida, pois receber em um trabalho religioso pessoas que vêm em busca da palavra do Criador através de nossos guias, recebendo um passe, isto faz parte de nosso trabalho caritativo. Iniciar, ensinar, abrir um oráculo, são atividades que desprendem tempo e materiais. Então, as energias de troca devem existir para que o facilitador não seja alvo de vibrações de miséria bloqueando assim seu progresso financeiro, de saúde e de relacionamento.

As características espirituais atuam através do campo mental do medianeiro; sua mente só se tornará elevada no momento em que os conflitos internos forem exauridos de sua vibração mental. Os medos devem ser tratados; jamais devemos temer agentes espirituais, sejam eles quais forem; respeitaremos sempre; nunca os confrontaremos com ira; nunca iremos desafiá-los; jamais a arrogância deve ser princípio de qualquer ação na espiritualidade. Mas, se estamos sobre a égide do Criador, somos palacianos na corte de Luz da cúpula resplandecente de Umbanda, e nada devemos temer, pois o medo corrompe e sabota a mediunidade, fragiliza o mental e o emocional, que por sua vez abre um campo vasto para seres e forças degeneradas atuarem.

O conhecimento se faz necessário, principalmente sobre as Leis do Bem, recitadas por meio de ensinamentos dos nossos guias nas tarefas do terreiro constantemente, ressaltando sempre que a base da Umbanda determina amar ter paz, ser humilde e ter fé na ação criadora. É bom conhecer sobre ervas que vibram aspectos dos Orixás, forças de Deus que estão à nossa disposição e que possibilitam inundarmos nossos campos espirituais mediúnicos com vibrações que nos dão afinidades a correntes espirituais de proteção. Propiciam um bem fascinante na parte energética, através dos chacras, e vibrações que em influxos ressoam a ação límpida dos poderes de cura que serão manipulados pelos medianeiros. Mas, se não existir conduta que coadune com virtudes de elevação, não adianta assentamentos e nenhum tipo de arsenal espiritual.

Como a parte mental é importante para uma boa atuação dentro dos campos espirituais, faz-se necessário o aprendizado sobre práticas meditativas, embora a meditação seja uma ação natural quando contemplamos as forças da Criação. Busquemos adquirir o hábito meditativo. Este ato promove importantes vibrações de preparo ao medianeiro, facilitando aos guias a conexão de seus filamentos energéticos às glândulas que sustentam a ligação de manifestações espirituais. Cada um deve buscar em sua mente o sentido de seu trabalho religioso, o entendimento de sua encarnação e o porquê se está em um templo religioso, dotando-se de um preparo límpido os quais os espíritos guias se utilizarão.

O médium, quando entra nesta egrégora umbandista, é apresentado pelo batismo, ou através de um cruzamento que simboliza o adentrar deste irmão ao mistério religioso de Umbanda. A utilização de pemba, água do mar ou cachoeira, de símbolos permite que o guia faça a conexão deste novo membro às telas da Criação, ou às telas das divindades Orixás. Um símbolo do mentor de um templo fixa-se no campo espiritual mediúnico do iniciado, sendo esta apresentação o direcionamento a uma nova esfera à qual ele passa a pertencer sendo assim regido e protegido.

Embora a ritualística caiba a cada caso e a cada templo, na Umbanda em suas ações sempre serão de forma a se ligar ao poder da natureza e sempre em contemplação, mesmo entre tanta pluralidade de informações. Muitos médiuns, quando iniciados, são levados às cachoeiras, ou mesmo ao mar, sendo colocados diante do poder do Orixá, sentindo em si o acolhimento de sua religião. Embora os rituais sejam distintos em vários templos, sempre respeitarão a ordem natural dos guias de luz, cujo amparo se faz presente no preparo e apresentação do iniciado.

Para podermos distinguir sobre um iniciado na Umbanda, e, por exemplo, um iniciado no culto de nação, da cultura do povo Ketu, conhecido como Iaô (ou Iyao), explico que um Iaô faz o buri e é recolhido, recebendo os assentamentos iniciais de suas forças relacionados a esta cultura religiosa. Ele é chamado de Iaô dentro do período dos primeiros sete anos; após, passa a ser denominado de Egbomi (irmão mais velho) e antes de se tornar Iaô, é chamado de Abian (ou Abiã, que significa "novato"). Este rito é proveniente do culto de nação, embora seja executado em muitos templos de Umbanda, chamada Umbanda Omolokô, Umbanda africanizada. A Umbanda Omolokô traz em sua base muitas características africanas, dando a entender que existe uma mistura com o Candomblé, mas se trata de uma modalidade de Umbanda.

É importante ressaltar que se faz necessário respeitarmos este rito, pois é aceito por muitos guias espirituais que militam na religião de Umbanda; sendo assim asseguro ser viável dentro dos padrões espirituais de Umbanda, em que existe a agregação da compreensão africana que se faz presente, embora eu não pratique tais ritos relacionados diretamente a Umbanda Omolokô. Aproveitando este tema, tenho certeza de que muitos já ouviram falar sobre *Umbandomblé*, uma mistura de Umbanda com Candomblé. Bem, esta é uma questão diferente, pois são duas religiões distintas, e como água e óleo, não se misturam. Embora tenhamos os Orixás como ponto em comum, não absorvemos o contexto ritualístico do Candomblé, mas sim da miscigenação cultural do povo Banto e de outros povos, em que agregamos por sincretismo o nome Orixás. Ressalto que o Candomblé, assim como o conhecemos, existe apenas aqui no Brasil, pois na África encontramos o culto de Nação. Não vamos confundir a Umbanda Omolokô, que não é Candomblé, com Umbandomblé!

Entendendo este ponto que é complexo e tema de muitas discussões, pois muitos não aceitam e outros sim, retomemos nossa linha de raciocínio e vamos ao preparo do médium antes de sua tarefa dentro do trabalho espiritual.

Nosso campo energético interage o tempo todo com o meio em que estamos; assim sendo, é importante que o médium tenha atenção sobre alguns locais, que na verdade estão com suas vibrações viciadas, que por sua vez sustentam seres degenerados. Lugares como bares, hospitais, cemitérios, boates, motéis são ambientes com atividades constantes de forças que não condizem com a vibração de um trabalho espiritual de Umbanda. É lógico que se for necessário entrar em um cemitério ou em um hospital, nada que um pensamento voltado às forças dos guias de Luz e banhos de ervas não resolvam. E os nossos guias espirituais, bem como os Orixás, compreenderão se o medianeiro trabalhar nestes locais; aí se faz necessário que o dirigente espiritual faça um trabalho preparatório diferenciado a este médium; este preparo é personalizado e depende de cada caso bem como da regência do templo espiritual deste médium.

Uma observação: é natural o médium em desenvolvimento ser curioso; o ser humano por natureza é assim. Existem muitos templos que se dizem de Umbanda, mas não o são; atuam com trabalhos destrutivos, aonde possíveis desafetos recebem de frequentadores ataques terríveis. Estou entrando neste assunto, pois já estive nessa fase de querer aprender acerca do assunto e acabei entrando em lugares desse tipo, aonde o dirigente espiritual se diz religioso, ou umbandista, mas na verdade está em comunhão com as forças degeneradas atuando com forças negativadas, através da chamada magia negra, ou magia da noite. Lembrando que a magia da noite existe para ser utilizada de forma elevada e não dedegenerada como muitos fazem.

Vamos entender que nomenclaturas como magia negra são equivocadas. Existe a Quimbanda Luciferiana e devemos entender as questões de uma religião sem negativar as pessoas, compreendendo que o mal é algo que está no ser humano, não propriamente na espiritualidade. Estes vivem dentro dos aspectos da ilusão, acabam assim influenciando todos, atingindo famílias com os desajustes dos influxos desprendidos de trabalhos ruins, chamo isto de desinteligência humana. No capítulo Quimbanda o leitor compreenderá a mística da Quimbanda Luciferiana e acredito que se surpreenderá.

Para identificarmos tais locais é sempre bom perguntar qual a base daquela casa; se for dito que a base foi a estabelecida pelos espíritos fundadores da Umbanda, você pode estar no local ideal, ainda tendo que verificar se as atitudes dos filhos e do dirigente condizem com a realidade apresentada. Uma sugestão: se você é médium em busca de uma casa, visite o local por pelo menos três meses, e depois tire sua conclusão, lembrando que não é você quem escolhe a casa, mas sim os seus mentores espirituais. Se você é um médium visitante e está em um templo verdadeiramente religioso, ótimo. Se estiver em um templo degenerado, vai sofrer as consequências e os impactos serão inevitáveis. Cabe sempre um preparo, antes mesmo de visitar qualquer local, como o acender de uma vela ao anjo protetor ou mesmo às suas forças e um banho de ervas, para se proteger. O mesmo vale para o dirigente espiritual, pois não pense que todas as pessoas que querem entrar em sua casa são perfeitas ou que estão ali te amando, e se vão ser verdadeiros. Cabe ter critérios para receber alguém em sua casa. Antes de qualquer coisa, se for médium de outro local veja o porquê este deixou de frequentar, e faça-o seguir a casa por um período antes de pertencer à corrente.

Adentrando o assunto depuração de nossas vibrações antes de irmos aos trabalhos espirituais, procuremos compreender sobre a alimentação.

Para aqueles que se alimentam de carne, é necessário que resguardem pelo menos vinte e quatro horas antes do trabalho, mas o ideal é quarenta e oito horas, tempo indicado para a eliminação do alimento. Por que isto? O animal possui suas vibrações naturais, que não condizem com a vibração do medianeiro, bem como as vibrações do sofrimento do animal ficam no campo espiritual e energético das pessoas através das toxinas e da dimensão espiritual distinta do animal. Não é indicada a ingestão de carne por este motivo. Colocando as palavras de Ramatis: "Vocês que se alimentam de carne estão saciando sua fome com cadáveres". Isto, sem nos esquecermos de que para a digestão da carne há um dispêndio de energia da pessoa que ingeriu, o que também compromete o trabalho ao qual ela se dedica. Não comer carne não quer dizer que você é mais evoluído que outra pessoa que come carne. Pois, entendemos que o que importa é o que sai pela sua boca, não pelo que está sendo ingerido. Jesus Cristo se alimentava de carne e Hitler era vegetariano, então neste aspecto desconsideramos a questão de ser evoluído ou não.

Mas, aqui segue uma experiência própria, muito embora tenha a convicção de que muitos irmãos não veem da mesma forma que eu vejo. Um medianeiro que atua nos campos de descarregos, desobssesões, atuando nos maiores impactos dentro da espiritualidade, aonde trabalha com seus guardiões, na linhagem de desfazer trabalhos de ordem trevosa, necessita de alimentos que contenham sangue.

Um medianeiro vegetariano, embora com sua aura límpida, não tem sustentação para confrontar e eliminar trabalhos em que, na grande maioria, foi utilizado o sacrifício animal. Sou médium desde meus nove anos de idade; terminei meu desenvolvimento com a firmeza de preparo aos dezoito anos; desde então, nas giras *de Esquerda*, meu Exu indica que eu coma carne nos dias desses trabalhos. Isto eu, pois a regra geral é para que os médiuns não ingiram carne horas antes dos trabalhos espirituais. Parece um contrassenso, porém, toda regra tem suas exceções, em que, neste caso, invariavelmente encontram-se certos atributos que vão favorecer um determinado trabalho, ou médium, a fim de exaurir por completo as nocividades excedentes no meio humano. Um dia pode até ser que eu mesmo vire um vegetariano; mas acredito que quando isto ocorrer, algumas tarefas na linha em que atuo serão modificadas, ou mesmo outro medianeiro passe a exercer a função determinada a mim, e há outros que com certeza atuam desta maneira. Lembro que respeito a opinião alheia e quis desta maneira colocar uma experiência própria; há formas de interpretarmos tudo isto e para mim quanto mais informações, mesmo que não sejam utilizadas, melhor.

Alimentar-se de frutas, verduras e leguminosas dará ao medianeiro excelente vibração espiritual; seu campo áurico estará propício para as tarefas de cura. Beber água é uma fonte rica de energias positivas; o ser humano deve tomar no mínimo um litro e meio de água para um bom funcionamento de seu corpo. O ideal, para não fazermos distinção entre o homem e a mulher, é um consumo de cerca de três litros por dia, incluindo o que consumimos de líquidos através, inclusive, dos alimentos. Assim acontece com o medianeiro que toma água; indo além, quando se ingere água, permite-se atuar melhor no descarrego, e na parte curadora.

Os espíritos guias encontram vibrações que são exuberantes através do chacra umbilical, possibilitando o envolvimento dos seres degenerados, que são levados aos campos aos quais pertencem, isto na desobsessão. Na cura, os espíritos que atuam na corrente médica usam os influxos do medianeiro para beneficiar o assistido; assim eles conseguem manipular fórmulas curadoras que utilizam nos necessitados. A alimentação, bem como a ingestão de água de maneira correta, melhora a atuação do medianeiro, sendo fonte importante do preparo de seu campo mediúnico espiritual. Também se deve tomar cuidado para não ingerir água demais. Se tudo que é bom tem na sua falta uma fonte de problemas, o excesso também deve ser evitado. O baixo consumo de água traz questões metabólicas e funcionais ao organismo humano. O excesso deve ser evitado em razão não apenas da toxicidade existente na nossa água, bem como porque os rins têm uma taxa de eliminação de líquidos que deve ser respeitada.

Médiuns que possuem algum tipo de vício têm sérias dificuldades no trato espiritual; o alcoolismo degenera o campo espiritual, dotando o medianeiro de vibrações que se tornam afins com seres mais densos. O tabaco atua no bloqueio de energias que são regeneradoras dos campos vibratórios dos assistidos, bem como dificulta a conexão do médium com o guia. A maconha segue com os mesmos sintomas do tabaco, porém, com nuances que ligam o campo do medianeiro a espíritos sofredores. Quando se fuma maconha, entra-se em um estado de euforia que ilumina o campo energético relacionado ao chacra básico, atraindo estes irmãos negativados. Drogas como a cocaína, anfetamina, crack e outras do gênero atuam destruindo os centros de força, desregulando-os totalmente; tais medianeiros passam a ser vampirizados por seres de ordem densa, acontecendo o bloqueio espiritual entre médium e guia de luz. Os filamentos citados na incorporação se rompem, deixando aberturas de vibrações que os seres desajustados passam a aproveitar. Em hipótese alguma um médium deve entrar em uma sessão após ingerir bebidas alcoólicas ou fazer uso de drogas. Em relação ao tabaco existe certa tolerância, mas deve ser evitado o quanto possível.

O preparo de um médium sempre deve ocorrer pelo compartilhamento com a mãe natureza, lembrando que a Umbanda é um culto à natureza. Nossos campos mediúnico espiritual, energético, mental, emocional são sensíveis às energias existentes, sejam elas de cunho positivo ou não. Desta forma, as pessoas em geral muitas vezes se sobrecarregam de fatores energomagnéticos, nocivos ou não, e são influenciadas diretamente. Como citado em relação a ambientes que possuem cargas viciadas que os medianeiros devem evitar antes de ir ao seu trabalho litúrgico, digo que em outros ambientes comuns encontramos, igualmente, forças estagnadas que nos envolvem. (o vocábulo não consta no dicionário)

Desta maneira, necessitamos de forças relacionadas ao sol, à chuva, à terra, à água, ao ar, e tudo isto de uma só vez; assim estaremos livres de aspectos degenerados e ainda positivando toda a esfera de forças que possuímos. Esta aglutinação de forças só se faz presente nas ervas, sendo ainda que as ervas, em sua variedade e dotadas de uma pluralidade de vibrações, nos dão a condição de classificá-las e distingui-las em suas ondas vibratórias a determinadas forças dos Orixás. Assim, encontramos, por exemplo, o boldo, que pode ser relacionado a Oxalá, também conhecido como tapete de Oxalá; o manjericão, para Xangô; aroeira para Ogum ou Exu; o peregum a Obaluaê; hortelã a Oxum; eucalipto a Oxóssi; a alfazema a Iemanjá e assim por diante, em que determinadas ervas são direcionadoras destas forças de nossos pais Orixás.

Cada templo e cada dirigente espiritual possuem seus próprios fundamentos em relação às ervas e as indicam de forma direcionada aos seus filhos. Podemos classificar algumas mais conhecidas, porém, existe uma variedade esplêndida de ervas que darão aos médiuns o preparo necessário para suas atividades espirituais. Deve-se lembrar de que as ervas ainda são utilizadas para banhos dos assistidos, por recomendação dos espíritos guias, inclusive na forma de chás, para beneficiá-los. Indico que cada terreiro de Umbanda deva ter os assentamentos dos Orixás e seus respectivos quartilhões com os banhos para os filhos e para aqueles que buscam a ajuda espiritual.

Em minha casa, todo filho que é indicado pelo guia-chefe para compor a corrente mediúnica passa a possuir um assentamento de força que vejo como vital em meu trabalho. Este assentamento de força está direcionado ao anjo protetor, ou anjo da guarda. Faz-se necessário, como preparo, que o medianeiro tenha o hábito de firmar seu anjo protetor. Só para que possamos compreender o termo "firmar", explica-se que se trata de um ato de comunhão de introspecção, momento em que passa a existir a contemplação de suas forças. Faz-se fundamental que o dirigente ensine esta necessidade de oração, de meditação. O acender de uma vela deixa de ser um ato apenas ritual, para ser um ato contemplativo de grande valor religioso. É o próprio religar a Deus, tornando-se um ato único e que define uma força que chamamos de fé atuante, representada pelo fogo da vela, que expande os poderes da Criação ao medianeiro, abre dimensões e se liga às forças mentalizadas. É desta maneira que os espíritos guias atuam em relação a acender uma vela quando em trabalho, fixando suas forças, ionizando o ambiente, trazendo os aspectos de seus mistérios ao templo, ao medianeiro e ao assistido. Estes fundamentos são o ponto crucial de preparo do médium; quando este passa a compreender tais ritos, ele abre em seu campo mental o que é chamado de poder atômico. As forças dos Orixás se conectam aos seus centros de força, permitindo a canalização e, em trabalhos espirituais, a manifestação.

Após o médium receber todos esses preparos iniciais são feitos os assentamentos dos Orixás. Particularmente, faço o levantamento dos pais de cabeça, faço estes assentamentos como preparo inicial junto ao assentamento de Oxalá e anjo de guarda. O assentamento de Esquerda, como os recursos aqui elencados, isto para um filho que entra na casa e quando o guia-chefe determina este procedimento seja realizado.

O processo que eu, especialmente, faço é o de recolher o médium em local preparado para esta finalidade, no templo, ficando por quatro dias recebendo os banhos em horários indicados de acordo com o Orixá que rege sua coroa. Cada terreiro tem seus fundamentos, com a quantidade necessária de dias para tal preparo; o médium que será recolhido por quatro dias estará de preceito três dias antes e três dias após.

No caso de filhos que serão preparados para se tornarem dirigentes espirituais a deitada é realizada com todos os Orixás cultuados e revelados nesta obra. Normalmente, nos preparos realizados em feituras o assentamento se refere apenas aos Orixás que regem o médium diretamente. No preparo que eu realizo para dirigentes espirituais (sacerdotes/sacerdotisas) faço o assentamento de todos os Orixás, assim este passa a ter mão no preparo de um filho que necessite da força de qualquer Orixá. Significa que o dirigente espiritual tem acesso a fundamentos de todos os Orixás em suas mãos para preparar um iniciado. Chamo atenção em relação a este procedimento, uma vez que não retira o poder do Orixá que rege o médium, pois existe uma hierarquia espiritual respeitada, e a inteligência da espiritualidade está acima de tudo através do Poder Criador e dos Orixás.

A sequência que realizo na deitada: o preparo do amací, bem como os demais elementos, quartinhas, pedras, ervas, frutas, bebidas, comidas, já preparados por médiuns que ficam no suporte do trabalho. Estar em contato com qualquer parte do preparo exige consagração de cambonos, ogãs com mão de ervas e de faca.

O médium em preparo passa primeiramente por exu para que sejam realizados assentamentos relacionados às forças de Esquerda do médium. Após, este passa por descarrego de pólvora. Posteriormente, passa por descarrego de grãos, passa-se ovo para desagregação de forças e seres que não pertencem ao trabalho, banho de ervas de roupa e tudo que já estava feito de maneira ritualística pelo dirigente espiritual.

Este médium retira a roupa que será descartada, colocando posteriormente a roupa que foi preparada para esta finalidade da deitada, passa por defumação e entra na camarinha. Na camarinha já está a esteira com as ervas colocadas sobre ela com as rezas e preparos da esteira com pó de pemba ritual. A canjica para Oxalá regada com mel, grãos salpicados na esteira acima das ervas relacionadas aos Orixás do médium em preparo. As quartinhas ao redor com as velas e respectivas frutas e bebidas junto aos alimentos dos Orixás. Tudo isto com as rezas e pontos específicos de cada passo. Entendam que esses procedimentos aqui citados seguem um formato do qual trago desde meu avô de santo.

O preparo do médium passa também pelo aspecto de como ele interpreta algumas ações dentro do templo. O adentrar em solo sagrado, que é o seu templo de Umbanda aonde ele atua como religioso, possui fundamentos e forças que se tornam parte de suas próprias energias. Antes de qualquer trabalho religioso, o médium faz o que já foi mencionado, tomando seu banho de ervas, firmando seu anjo protetor, colocando sua roupa ritualística religiosa, e, chegando ao templo, saúda a entrada, tocando o solo com o sinal da cruz. Desta maneira, o medianeiro saudou o Alto, o Embaixo, a Direita e a Esquerda do templo. Vai até a tronqueira e reverencia os guardiões pedindo licença. Vai até o seu dirigente, lhe pedindo a benção. Vai até o altar e, tocando seu frontal nele, pede licença para sua tarefa espiritual, entregando-se como médium de Umbanda, para a prática da caridade.

Disciplina é um fundamento necessário para todos estes preparos; ser médium de Umbanda requer este atributo; creio que os preceitos só são realizados pelo medianeiro que possui esta disciplina. O preparo anterior aos trabalhos espirituais também envolve o lado sexual, pois a troca de influxos através do ato sexual faz com que o campo mediúnico fique defasado em vibrações vitais que são utilizadas pelos espíritos guias. Sendo assim, nas vinte e quatro horas que antecedem o trabalho, evita-se o contato sexual, bem como nas três horas seguintes. É importante entender que o ato sexual não é visto como força negativa, ou pecaminosa; muito pelo contrário, é um aspecto importante, não só em razão da reprodução, como também para o equilíbrio de nossas energias. As glândulas, através dos hormônios, regulam-se quando existe esta troca; as glândulas eliminam e produzem efeitos que ajudam o bom andamento de nossos órgãos e, por consequência, nossas energias e a nossa própria saúde.

A disciplina envolve tudo dentro de um templo religioso; o médium deve sempre observar os fundamentos que a casa traz e assim seguir esse padrão. Os espíritos guias agem da mesma forma, pois entram em sintonia espiritual com a coroa do templo e assim atuam seguindo a hierarquia natural da casa aonde prestará o auxílio como espírito guia.

Ressalto mais uma vez em relação às vestes, que é fundamental que as roupas sejam consagradas ao trabalho espiritual, trazendo em si um aspecto comportamental. Vestes decotadas, curtas ou apertadas não condizem com o meio ritualístico religioso, sendo sábia e prudente a utilização de uma vestimenta ritualística adequada. Os preparos dos médiuns possuem uma variação de acordo com a doutrina aplicada; é e sempre será fundamental o médium seguir as normas da casa, mesmo que estas sejam diferentes daquelas aqui mencionadas; este trabalho escrito tem apenas um cunho informativo sobre esse tema tão relevante.

Umbanda e seus Conceitos

Embora já existam várias formas de interpretarmos e explicarmos a religião de Umbanda, principalmente sobre a ótica dos Orixás, alguns escritores foram muito felizes em explanar este tema, tornando a religião rica em informações. Embora ressalto que, por mais que se explique sobre o tema, ainda haverá muito a ser explorado. A formatação através dos Orixás se deu ao longo de décadas em que esses pais e mães se tornaram parte das pilastras para nossa religião. Antes mesmo destes se tornarem esses pilares, houve vários acontecimentos históricos e se faz fundamental explanarmos de forma sucinta para, assim, conhecermos os fatos de maneira clara sobre a cúpula espiritual na criação da religião de Umbanda.

Toda religião passa por longos tempos se estruturando, criando seus dogmas que estabelecem os conceitos naturais que são apregoados dentro de seu entendimento, tornando-se uma filosofia que passa a se desenvolver ao longo dos anos, amparando seus afins. Assim, o homem tenta interpretar Deus, dentro de um conceito que lhe permite educar seus filhos e levar para a família o Divino.

A interpretação natural da Criação, na grande maioria, baseia-se nas escrituras antigas e em lendas que foram passadas de forma oral; esta forma de entendimento, na Umbanda e também no Espiritismo, foi passada por mensagens dos guias espirituais, que alimentaram e alimentam de informações os médiuns em geral.

Os indígenas brasileiros, bem como as tribos africanas, passavam este conceito do Criador e da criação por oratória; não havia outra forma de se registrar os acontecimentos e a cultura, senão pela oratória. As tribos indígenas, assim também as tribos africanas tinham esta forma natural de repassarem culturas milenares aos seus descendentes, organizando seu povo em torno do lado espiritual.

A Umbanda e, igualmente, o Candomblé, basearam-se nesses ensinos e mitos das tribos indígenas e africanas. É importante ressaltar que distorções ocorreram naturalmente, uma vez que as passagens orais de tais culturas ora acrescentava algo que não havia anteriormente, ora retirava algo. Isto é bem do ser humano. Basta nos remetermos à nossa infância e nos lembrarmos das brincadeiras de "telefone sem fio", cujo resultado final é, muitas vezes, bastante diferente da informação inicial. Isto ajuda a explicar um pouco, mas não de forma única, a diversidade que encontramos nas lendas e mitos que nos chegaram.

Se por um lado parabenizamos esses irmãos ancestrais, por outro lado as dificuldades e fragilidades foram inúmeras. Muitas coisas se perderam e outras foram acrescentadas. Digo que tudo é bom para o homem, tornando-se fundamento de força, e isso ocorreu e ocorre dentro da Umbanda até hoje.

Quando observamos o Catolicismo encontramos em suas escrituras textos que, em sua maioria, foram criados para direcionar (ou anular) um povo em uma época distinta; acredito que muitas explicações e ensinos foram escritos para dominar as pessoas, cerceando as ações naturais de mediunidade.

A Inquisição, com sua intolerância, mostrou muito bem isso, perseguindo e deixando um legado que nós religiosos de matriz africana e ameríndia sentimos na pele. Todos sabem que quase a totalidade do Antigo Testamento nos chegou de forma oral, sendo compilado muito tempo depois. Todos sabem que o Novo Testamento só tomou a forma como o encontramos muito tempo depois da desencarnação do Mestre Jesus, sem nos esquecermos dos chamados "evangelhos apócrifos", desprezados por aqueles que tomaram para si a incumbência de reunir aquilo que conhecemos hoje. Se na Bíblia encontramos quatro evangelhos, pergunto onde estão os outros dezesseis, pois eram vinte evangelhos e muitos com textos os quais são a demonstração de uma espiritualidade próxima da que conhecemos.

Também não podemos nos esquecer de que o conteúdo compilado ao longo do tempo atendia a interesses políticos, econômicos do grupo dominante da época, e, assim, dentro do meio humano, conceitos e entendimentos seguiam o que interessava a tal grupo. Não é diferente hoje, quando ainda o sistema monárquico se prevalece na Igreja Católica, e as manipulações mentais continuam na forma protestante de pregação. Não somos contra nenhuma religião, porém oferecer aqui informações que municiem o médium para sua defesa é lícito.

Sobre o Espiritismo fica muito mais fácil de citarmos pelo fato de ser uma religião que se baseia na manifestação de espíritos, embora sejamos classificados de baixo Espiritismo pelos seguidores de Kardec. Entendemos que os espíritos não são carregados de vaidades e agem em comunhão nos planos espirituais sem distinguir religião, mas sim a tarefa dada. Ao mesmo damos aos santos católicos, estes não estão dentro do padrão humano seguindo dogmas fechados, pois são seres de alta Luz que ajudam na tarefa edificante de elevar a religião de Umbanda.

Tudo que existe seja no Espiritismo, seja no Catolicismo, ou mesmo em outras religiões como a Hindu, encontraremos referências daquilo que os espíritos fundadores da Umbanda deixaram, e os nossos guias aplicam hoje. Entendendo o Espiritismo e tratando-se de uma doutrina nova, codificada por Allan Kardec, teve a tipografia a seu dispor, desde o início, o que facilitou com que aquilo que foi revelado nos chegasse de forma pouco distorcida. O mecanismo de mediunidade, bem como algumas colocações doutrinárias, foram absorvidos de maneira importante pela religião de Umbanda. Ou melhor, por alguns templos de Umbanda, respeitando a diversidade que existe, pois existem templos de Umbanda que não seguem este conceito, só se utilizando dos fundamentos de culto de nação, chamada de Umbanda Omolokô.

Na Umbanda as interpretações são muitas e todas valiosíssimas, pois formam uma síntese de forças e compreensões sobre o poder de Deus. Observamos o nosso mundo, onde existe e já existiram culturas diversas, umas já extintas e outras que se sustentam através do eixo de sua cultura e crença. O Brasil leva vantagens por ser um país que tem pluralidade cultural e esta diversidade entra também nas muitas formas de se entender a Criação nos conceitos da pluralidade religiosa brasileira. Um país que teve o culto à natureza através dos índios, sendo em seu seio uma das primeiras religiões do continente, se não do planeta.

A religião indígena, de forma natural com seu culto à natureza, é uma grande base para a compreensão de parte da Umbanda em sua crença pela pajelança. Ligamos os Orixás aos chamados pontos de força, como matas, mar, rios e cachoeiras, e os índios sempre cultuaram esta natureza; assim absorvemos como grande exemplo para nosso campo espiritual. A colaboração é direta sobre os conceitos das divindades Orixás que existem dentro da Umbanda. Isto trouxe este aspecto direcionador multicultural que é valioso até hoje, cuja manifestação de um índio na formatação inicial e na fundação desta religião fortalece os laços de entendimento do uso de ervas em banhos e chás, que são a extensão de Deus através das matas.

Em todo o planeta as religiões puras, chamadas de naturais, acabaram por influenciar a Umbanda, de forma direta ou indireta, tornando-a plural, e assim consegue-se atingir muitas pessoas, tocando-as em seu lado mediúnico espiritual. É importantíssima a ligação do ser humano a este ponto de força ancestral, ajudando na conexão mediúnica mental e emocional do indivíduo com o Ser Supremo. A contemplação é a forma mais pura de interpretarmos esta força da natureza em nós, que se manifesta de maneira natural, ressaltando que quanto mais exaltarmos este lado contemplativo, maior será o resultado religioso, o Poder de Deus está dentro de nós, portanto Orixá já existe dentro de cada pessoa. Assim deixamos a fantasia, a mágica de lado, e entramos nos aspectos mais sublimes entre o homem e a divindade.

Quando os espíritos de Luz, entre eles o Caboclo das Sete Encruzilhadas[1], fundaram a religião chamada de Umbanda não havia tambores, não havia o estudo sobre Orixá, não havia as diversidades de linhas como existe hoje, e isto foi se desenvolvendo; existiam, sim, espíritos benfeitores que se manifestavam na prática da caridade, apresentavam-se em sessões de passes e orientação. Espíritos que, através da prática da caridade a serviço do poder de Deus, ensinavam o fundamento da humildade e da serenidade, com o aspecto primordial de atuar na espiritualidade sem preconceitos, sem escolher a pessoa por sua posição social ou racial.

Foi desta forma que foram acontecendo as sessões espirituais do início da Umbanda, e até hoje encontramos centros que praticam esses trabalhos ape-

---

1. Quero aproveitar e reiterar uma posição, embora muitos citem o Caboclo das Sete Encruzilhadas, por quem tenho todo respeito, digo que existem outras formas de interpretação sobre o início desta grande religião. Os espíritos de Luz jamais se apegariam ao ego, não reivindicariam tal feito, todos os guias que militam a religião são importantes, e toda história deve ser respeitada. Cito ainda que em viagens pelo Brasil visitando terreiros de Umbanda, alguns nunca ouviram falar de Caboclo das Sete Encruzilhadas. Portanto, é história da Umbanda, é a vinda do povo Banto e a união do povo indígena, com as forças dos espíritos de Luz, com os Santos que se deu a Umbanda!

nas com os cânticos e o bater de palmas. Os atabaques não eram utilizados no início da religião, eles foram incorporados no decorrer dos tempos, através da influência banto e a pedido dos guias que chefiam os terreiros com o intuito de ajudar as conexões espirituais. Ainda, no início não havia trabalhos com Exus e Pombas Giras (exus femininos) e estes também foram absorvidos no decorrer do tempo com o desenvolvimento da religião.

Como já mencionado, as religiões tiveram décadas para se aperfeiçoarem, e, a religião de Umbanda, mesmo sendo uma religião recente, tem características que a fundamentam de maneira exemplar. Excetuadas as mazelas que ocorrem por conta do ser humano, a cúpula espiritual de Umbanda está satisfeita pelo andamento desta recente religião. Um ponto comum é necessário mencionar: todos os grupos e vertentes ou modalidades de Umbanda precisam se basear nos ensinos dos espíritos de Luz, levando em conta o que o mestre Jesus Cristo, nosso Pai Oxalá nos deixou, para, assim, reunir todas essas formas de trabalho em um Único formato interpretativo. Assim, o religioso estará no caminho adequado e livre, sem ter seu campo mental envolvido por ensinos inadequados, dentro de seus trabalhos, os quais correm por conta dos seres humanos, uma vez que os guias e espíritos que atuam na prática caritativa não comungam com tais posicionamentos desajustados de pseudo-codificadores.

Ainda sobre os trabalhos e suas adaptações, encontramos os nossos Exus e Pombas Giras, que foram incorporados no decorrer dos tempos dentro do conceito religioso de Umbanda. No entanto, ainda existem templos de Umbanda que trabalham sem a manifestação destes guardiões e se denominam também de Umbanda, com alguns afirmando que se trata de Umbanda branca, Umbanda Pura ou outras denominações, que não fazem o menor sentido.

É imperioso mencionar, também, os templos de Umbanda que se autodenominam Umbanda esotérica, unindo o esoterismo aos trabalhos de Umbanda. Tudo é válido quando se pratica a caridade e proporciona a elevação do ser humano. Creio que os espíritos que direcionam esses médiuns, que já passaram por grandes lojas esotéricas no astral, trouxeram esta mística para a religião, tendo em vista que os próprios pontos riscados são um trato de grande magia religiosa unindo todo um lado místico esotérico existente na espiritualidade.

O fato é um só. Umbanda é Umbanda. Dirigida ao bem, à caridade, voltada a auxiliar aos necessitados, tem os ensinamentos dos espíritos de Luz, pouco importa a denominação de vertente ou modalidade. Esta diversidade deve ser compreendida por todos os religiosos de Umbanda, e demonstra o quanto rica é a espiritualidade que atua pelos padrões magnéticos que determinam uma variante de ondas e planos abrangendo o universo de espíritos que encontram sua maneira de interpretar e evoluir seu espírito.

"É importante reafirmar uma das maneiras que a Umbanda se apresentou." Dentre várias formas existiu a manifestação dos espíritos de Umbanda dentro de um centro espírita. O médium Zélio Fernandino de Moraes foi acometido, em sua juventude, por dores pelo corpo, febre, convulsões, e, um médico vendo que não havia patologia, aconselhou à família a procurar um centro espírita. Encontramos aí um dos traços iniciais de uma religião, em que existe a manifestação de um índio trazendo consigo os conhecimentos da terra mãe, e o Espiritismo.

Ainda existem outros posicionamentos; um deles é que a religião foi tomando formato ao longo de centenas de anos, relato de espíritos trazendo mensagens de paz e elevação dentro dos arquétipos conhecidos na religião de Umbanda. Outra foi o início da religião na Atlântida, conceito esotérico com muitos seguidores.

A Umbanda foi formatada no astral por ordens divinas tendo como um dos motivos se tornar a força combatente dos feitiços que aconteciam nas chamadas "macumbas" dos morros cariocas. O Brasil passava por um processo de mudança social muito forte, ainda existindo os influxos energéticos negativados da escravidão, e os negros conhecedores dos trabalhos densos os realizavam contra seus desafetos. Como este processo era crescente, o surgimento de uma religião natural e contemplativa seria necessária para combater o crescimento desordenado destes ataques. Além desse aspecto, o de entendermos que todos nós passamos por grande transformação e evolução espiritual; os choques existem constantemente em que espíritos encarnados, com a mente ainda ligada nas influências de encarnações anteriores, trazem em si traços distorcidos em seu lado espiritual. E a Umbanda dá a esses seres encarnados uma maneira de descarregar tais impactos distorcidos através da mediunidade de Umbanda, mas infelizmente muitos ainda sucumbem por dar vazão a seu próprio negativismo interno. Contudo, a religião vem para combater esse campo negativado proveniente da mente maldosa do encarnado.

Então, a Umbanda, assim também qualquer religião ao longo dos anos, foi se adaptando aos padrões espirituais do Brasil. Além dos traços indígenas, da influência espírita, houve a necessidade de se difundir essa religião. Considerando que o país era em sua maioria católica, sendo padrão inclusive social, para estabelecer a ligação dos crentes católicos aos trabalhos de Umbanda se incorporou os santos aos altares. Quero deixar claro que não houve por parte de nenhum povo, ou de outras religiões a interferência na formação da Umbanda, houve sim a contribuição dos espíritos de Luz que trouxeram formas das quais seriam absorvidas de maneira clara e objetiva pela Umbanda, dando aos seus seguidores uma base interpretativa melhor.

Mas, existe outro polo de interpretação em relação aos escravos, que impedidos de cultuar seus Orixás utilizaram-se dos santos católicos em lugar de suas divindades. Assim entende-se, também, que o sincretismo com os santos católicos aconteceu em razão dos escravos serem proibidos pelos seus senhores de praticar a religião que professavam e, para que pudessem louvar os Orixás sem sofrer castigos, passaram a se utilizar de imagens de santos católicos para representá-los. De fato, sob as imagens dos santos católicos os escravos colocavam os elementos que representavam os Orixás e assim se iniciaram as associações que existem até hoje, como por exemplo, Ogum com São Jorge, Oxalá com Jesus Cristo, Ewá com Santa Luzia (Santa Lúcia de Siracusa), Xangô com São João Batista, Iemanjá com Nossa Senhora e tantas outras, inclusive com variantes pelo Brasil afora, em razão da mistura de culturas dos povos africanos que existia nas senzalas. É por esta razão que há lugares que sincretizam Ogum com São Jerônimo, Xangô com São Pedro, Oxum com uma das aparições de Nossa Senhora, Iemanjá com outra aparição de Nossa Senhora, dentre tantos outros exemplos. Com isso, os senhores acreditavam que os escravos haviam sido convertidos ao seu credo, o Catolicismo, deixando-os, desse modo, em paz.

A inclusão e miscigenação dos Orixás africanos ao culto de Umbanda deram-se pelo sincretismo natural de força de Orixá e características, análogas ou idênticas aos santos católicos. Os frequentadores, indo aos terreiros de Umbanda, sentiam-se plenamente à vontade pelo fato de ter no altar os santos de devoção. É fundamental esta explicação para que possamos entender a relação Orixá-médium de Umbanda e Orixá-assistido, atingindo o lado religioso, sem ferir conceitos já bem estabelecidos no Brasil.

Toda religião acontece para os fiéis debaixo para cima e não de cima para baixo; isto quer dizer que entramos em comunhão com Deus, quando vertemos de nosso íntimo o desejo, a vontade, o clamor, a devoção, a entrega e assim contemplamos. É sempre pela Fé que o mistério do Poder Divino age na vida dos fiéis, ou seja, debaixo para cima. O ser humano que não acredita e que não se entrega a esse momento divinizado, não contempla e, portanto não é alcançado pelo Mistério de Deus. Não que o mistério, em si, não esteja sobre ele, mas, sim, que ele deu as costas para esta Luz. Quando negamos ou não aceitamos as forças de Deus em nossa vida, essas vibram sobre nós, mas não nos atingem, já que nos fechamos a este mistério divino. É o livre-arbítrio de cada um; somos nós que escolhemos os caminhos e determinamos o que vamos ser e o que vamos receber.

Compreendendo a importância de estarmos em comunhão com o Divino, em contemplação, interpretamos o papel do médium em relação aos Orixás.

Entendemos que a união entre o Espiritismo, o lado indígena, o culto banto através do nome dos Orixás e o Catolicismo pelo sincretismo com os Orixás dão à Umbanda uma linha plural cultural e espiritual abrangente jamais encontrada em outra religião. Podemos citar ainda a Jurema, rica em informações e com muita força no nordeste do Brasil. Muitos juremeiros foram levados pelos seus mestres espirituais a conhecerem a religião de Umbanda, em que, por meio de alguns elementos encontraram analogias mostrando que a espiritualidade se une na diversidade de informações sobre os elementos ritualísticos, atuando com essa riqueza mística da natureza.

E ainda encontramos, nas diversas manifestações dentro dos templos de Umbanda, espíritos que já militaram em outras religiões, algumas até extintas. Por tal motivo os mentores dos milhares de templos possuem suas particularidades nos fundamentos espirituais, sendo improvável qualquer tipo de codificação umbandista. Tudo isso, sem contar que encontramos também espíritos que se manifestam na linha do oriente, que têm em seu mistério o conhecimento hindu, sendo este conhecimento que nos traz a compreensão sobre os chacras, um estudo utilizado pelo Espiritismo e pela Umbanda no entendimento dos passes magnéticos e da incorporação.

É natural observarmos a utilização de forças piramidais, cristais e pedras que apontam para outras culturas, diversificando ainda mais a religião. Se buscarmos os Lemurianos, os Celtas, Maias, Astecas, Egípcios encontraremos sempre algo que identificaremos dentro de trabalhos em templos de Umbanda pelo mundo. Embora existam essas diversidades, à parte da liturgia particular de cada templo religioso, os guias trabalham quase sempre dentro de uma mesma linha de ação, qual seja, ajudar o próximo sem distinção. Isto é Umbanda.

Gostaria de fazer uma pergunta a você, amigo leitor. Por que das sete linhas de Umbanda? Por que não oito, treze, ou vinte e uma linhas de Umbanda? Será que seria por serem sete dias da semana, ou por que temos sete chacras principais, que muitos criam analogia com os Orixás? No trabalho da Ordem Iniciática Portais de Libertação, possuímos sete Portais. Explico por meio do giro do planeta, criando o tempo na esfera humana, e através da posição lunar contamos os ciclos, criando-se no plano neutro a contagem dos sete dias. Seria esta explicação que também proporciona as sete linhas de Umbanda? Será que está agregado à religião o lado cabalístico?

Particularmente, respeito o conteúdo das muitas vertentes que escrevem sobre as sete linhas de Umbanda, mas acredito que existe muito mais que a visão limitante de "sete". Sem querer criar polêmica, vejamos uma linha de trabalho dentro da Umbanda, como por exemplo, a linha dos caboclos de Oxóssi, seria uma das sete? Vendo como uma linha de trabalho, assim também as outras, chegaremos a um número de quase vinte, ou mais talvez, linhas de trabalho dentro da Umbanda; seria bom pensarmos a respeito. Mas os guias, bem como os Orixás, não se preocupam com isso, pois o mais importante é o trabalho edificante e esta forma foi uma maneira de começarmos a organizar a religião.

Contudo, acredito que muitos ainda se percam com a explicação sobre o assunto tema, que se faz importante ser explicado ainda mais pelos pensadores da religião. É importante nos liberarmos do pensamento tacanho buscando os porquês das coisas de nossa religião, abrindo nossas mentes. Creio que a partir do momento em que sairmos desses campos, impostos muitas vezes, limitadores e paralisadores, estaremos mais próximos da pureza e riqueza da religião de Umbanda.

Ressalto ainda acerca do Sete no conceito da astrologia e do magnetismo do planeta Terra. Creio que o "sete" é utilizado como fonte destes magnetismos manipulados pelos nossos guias espirituais. Tudo que está ligado aos elementos utilizados nas mais diversas formas de trabalhos na Umbanda está ligado a este poder magnético dos sete! Dentro do conceito de Umbanda que pratico através da Gênese da Cruz, o Alto, o Embaixo, a Direita e a Esquerda formam uma cruz, sinal bem comum entre os católicos, mas aqui trago outra interpretação. Colocando-se o plano humano e sua evolução na sétupla vibração, estamos em um planeta até então único, com vibração sétupla. Entendemos os sete dias da semana, sete centros de força que possuímos, sete cores do arco-íris, ações naturais que determinam o nossa evolução, na Gênese da Cruz interpreta-se sete planos acima, sete abaixo, sete à Esquerda e sete à Direita.

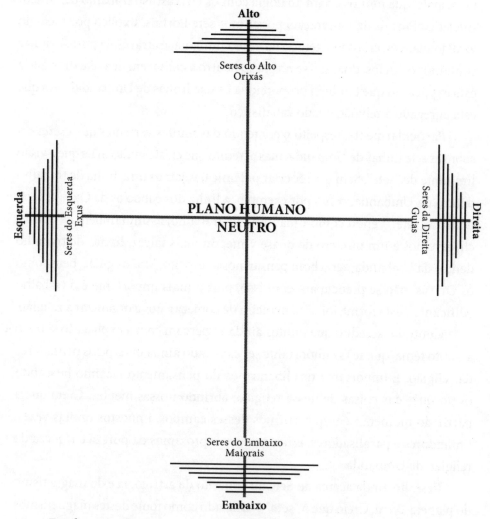

Fundamento da Cruz, interpretação de Gênese de Umbanda onde estão posicionadas todas as forças que compõem o universo evolutivo humano!

A Umbanda, sendo uma religião também ritualística, passa a ser plural na disposição dos elementos rituais e na compreensão dos mesmos. Tomemos, por exemplo, um altar, ou peji, aonde encontramos diversos elementos: pedras, ervas, águas, metais, símbolos, santos, africanos e tantos outros, diversidade ritualística esssa que dispersa, muitas vezes, o foco e o entendimento do medianeiro.

Como o enfoque deste trabalho é do médium em relação ao entendimento de si mesmo, compreendendo de baixo para cima, ou melhor, de sua fé para com o divino, vamos entrar em uma viagem mental e espiritual sobre a interpretação do poder da Umbanda, seus elementos e Orixá. Mas, para que haja sempre mais entendimento, é fundamental pensarmos acerca da vertente estabelecida em sua casa.

Existem "Umbandas" que têm sua base apenas na visão ritualística, deixando o lado religioso em segundo plano. Acender velas, ter ritos e místicas faz parte da religião, porém, deve haver algo mais, diferenciar o medianeiro ritualístico, magístico, do religioso contemplativo. Lembrando que nossa mente manipula o tempo todo os magnetismos juntamente com nossos guias espirituais, à medida que se comtempla e pratica os rituais.

Um dos aspectos mais importantes em relação à Umbanda é que ela não pode ser vista apenas como uma religião magística; a Umbanda deve ser vista como uma religião contemplativa. Explico: sendo apenas magística, esta passa a agir apenas por determinação, com a utilização do campo mediúnico racional; sendo um trabalho contemplativo passa a agir de acordo com a fé do religioso, unindo o racional, ao espiritual e ao emocional.

Pela maneira contemplativa, conseguimos mudar o padrão do médium, ou melhor, melhorar seu campo mental, emocional e espiritual. O contemplativo vibra os aspectos crísticos, determinando um poder totalmente voltado à pureza cristalina da Criação. Já o racional, apenas, não sustenta o lado religioso, estando a pessoa propensa à utilização de suas forças de maneira desordenada, ou acabando por sucumbir, passando a ser manipulado por forças das trevas. O contemplativo possibilita ao medianeiro lidar o tempo todo com seu íntimo religioso, aperfeiçoando-se a cada dia, vislumbrando Deus, os Orixás e seus guias espirituais

O medianeiro jamais se utilizará de suas faculdades ou forças de maneira danosa, uma vez que já adquiriu a consciência trazida de maneira natural pela espiritualidade contemplativa. Desse modo, unem-se o ritualismo místico ao religioso, pois o aspecto ritual sem o conhecimento do "ser" religioso torna-se um campo movediço desconhecido e perigoso. A religião de Umbanda, como trata desses aspectos, em que existe a possibilidade da manipulação de forças através de mediunidade, passa a ser uma religião que depende de seus sacerdotes, ou dirigentes espirituais diretamente. A formação destes seguidores, sem a devida providência de informação religiosa, leva tanto seguidores médiuns, quanto seguidores assistidos a estarem em um campo ilusório; mais cedo ou mais tarde, tenderão ao desestímulo de sua fé e frequência ao templo.

Somente a forma contemplativa pode trazer essa visão mental e espiritual mais ampla, tornando-se favorável ao médium que estará interpretando de maneira religiosa a sua filosofia espiritual. Uma das formas que nos levam a entender como ocorre uma parte do fator contemplativo é observarmos o próprio sincretismo; o lado contemplativo dos que acreditam nos santos aproximou pessoas para a religião de Umbanda, a identificação dos Santos católicos com os Orixás trouxe base de fundamento na religião de Umbanda. Dessa forma, temos de explorar mais e mais essa forma de compreendermos as ações dentro do contexto religioso, criando essa afinidade espiritual visual, com o acreditar nos aspectos de Deus.

De modo similar, ocorre com os símbolos: a flecha, ligamos a Oxóssi, os raios, a Iansã e Xangô, a espada, a Ogum, o tridente, a Exu e Pomba Gira, a cruz, a Oxalá. As estrelas, a lua, o sol, o machado, o coração, as ondas do mar, todos se transformam em símbolos que permitem com que os médiuns entendam e passem assim a entrelaçar de maneira espiritual e contemplativa dentro dos ritos.

Podemos, igualmente, citar as cores dentro do universo "Orixá". Ao afirmarmos que tal cor pertence a determinado Orixá, creio que passamos a limitar a força de uma divindade. No meu trabalho uso o branco para Oxalá e Obaluaê, o rosa e amarelo para Oxum, o vermelho e marrom para Xangô, o verde para Oxóssi, vermelho e azul-escuro para Ogum, vermelho e preto para Exu e Pomba Gira, o amarelo e laranja para Iansã. Isto em minha casa, contudo existe uma diversidade muito grande em relação às cores para as divindades Orixás, e estaria limitando se eu descrevesse que isso é o fundamento de Umbanda; é isso e muito mais. Todavia, o mais importante é que, além de cores ou que tipo de pedra, é a fé, é a maneira com que nos entregamos a este universo espiritual para a prática da caridade.

Antes de iniciar breves comentários acerca dos Orixás, é importante frisar dois pontos. O número de Orixás é incalculável. Não podemos nos limitar a sete ou catorze ou a um número tão pequeno. A natureza não é tão pequena assim. Na Umbanda, esse número pode ser tomado como sete, catorze ou um número pequeno em razão da evolução da religião, que aos poucos vai se abrindo. Certamente, ainda veremos a abertura de muitos Mistérios Orixás. Outro ponto é quanto à grafia dos nomes dos Orixás. Não é demais relembrar que esses nomes foram emprestados da cultura africana e, sendo assim, é natural que encontremos grafias diferentes conforme os lugares e os autores.

Pai Oxalá, sincretizado com Jesus Cristo, é a base de parte de conceitos na religião de Umbanda; ele foi anunciado pelo Caboclo das Sete Encruzilhadas como a fonte inicial do nascimento desta nova religião, através de seus ensinamentos.

Entendemos que Zélio Fernandino de Moraes registrou o nome Umbanda, mas ressalto outras interpretações que devem ser vistas como positivas. No tocante a Oxalá na Umbanda sincretizado a Jesus Cristo, é base dentro do conceito evolutivo e caritativo existente nos ensinos de textos reconhecidos. Oxalufan e Oxaguian são cultuados em muitos terreiros no arquétipo de Oxalá de Umbanda, trazendo as mesmas características e formas de sustentação divina dentro dos ritos e fundamentos de terreiro. Entretanto, passamos a entender que os ensinamentos do amar, perdoar, não julgar, dos aspectos de se doar ao próximo são atributos das máximas de Oxalá, pois ele nos traz a formação espiritual primeira, por meio da qual passamos a aprender e a exercer sobre o lado contemplativo da divindade. Somos envolvidos pelo poder Orixá quando o compreendemos de maneira transformadora de nossas vidas. Isto é crer. A contemplação une o lado mais sublime do religioso com Deus, é quando sentimos em nosso íntimo algo que alimenta uma força interior que nada abala, ou nada nos atinge. Chamo isto de Fé.

Pergunte-se, caro leitor, os ensinamentos do amar, perdoar, não julgar, dos aspectos de se doar ao próximo são exclusivos de Oxalá? Ou será que pertencem a todas as divindades? Será que não provêm, antes e acima de tudo, de Deus?

Oxalá é a fonte que une todos os conceitos de todos os Orixás. Embora acredite que este não seja um pensamento unânime, creio que está perto de ser um dos pontos mais importantes para que haja a compreensão do todo, e por mais que existam adversidades, encontraremos em Oxalá o norte a ser seguido.

Xangô, o pai da justiça, sincretizado com São Jerônimo, São João Batista, Moisés, é uma força importante na vida de um religioso. Porém, constatamos muitas vezes falta de compreensão quando citamos justiça; não podemos confundir com vingança, mas infelizmente isso ocorre. Eu já observei muitos irmãos de fé confundirem o aspecto espiritual deste pai, irem às pedreiras, arriarem suas oferendas e pedirem justiça. Bem, suponhamos que esses foram lesados de alguma forma, prejudicados, e assim, acharam por bem pedir a este pai que seja feita a justiça. Mas, e se o que este irmão passou foi um resgate? Ou mesmo ele tinha que passar por tal circunstância? Recebeu um ataque trevoso por magia? Se ele recebeu um ataque, será que ele não foi merecedor? É complexo, mas muitas vezes as pessoas recebem ataques espirituais por estarem afins com aquele tipo de pensamento, ou seja, vertendo de seu íntimo a raiva, a intolerância.

Xangô para o religioso tem de representar o equilíbrio em sua vida; é o Orixá que nos dá a tranquilidade de viver bem, a serenidade em relação à vida. Ao invés do esbravejar do intolerante, do arrogante, do impaciente, a paciência do religioso, sabedor de que quem merece recebe. O religioso não carrega seus pensamentos de vontades mundanas, prejudiciais ao caráter religioso, mas sim a tranquilidade de ser Umbandista.

Tenho um irmão umbandista, que quando fala a respeito destes aspectos atribuídos erroneamente ao Orixá Xangô, em especial em relação à justiça pedida de forma equivocada por alguns, sempre conclui: "Ao você pedir justiça a Xangô, cuidado, você pode consegui-la".

Mãe Oxum, sincretizada com Nossa Senhora da Aparecida em algumas de suas aparições, traz aspectos importantes dentro da cultura espiritual da Umbanda. Orixá das cachoeiras, do ouro, é cultuado como uma mãe carinhosa que nos reveste de riquezas espirituais das mais valiosas. Para que sejamos alcançados pelo poder de um Orixá, no caso Mamãe Oxum, é fundamental um ponto já distintamente colocado como crístico: o perdão. Um sacerdote, ou dirigente espiritual, deve ser o exemplo máximo de perdão; muitas vezes ele é mal interpretado, é vilipendiado e criticado; sua atitude deve ser honrosa, perdoando, pois ele é a representatividade máxima diante do campo espiritual em seu templo, no campo em que esta mãe rege, que é o lado emocional. O exemplo passa a ser seguido pelos filhos espirituais, os médiuns, que por sua vez acabam por colaborar com os influxos existentes dentro das ingiras espirituais.

O medianeiro, ao procurar se melhorar, tem a seu favor as vibrações desse Orixá, que por sua vez direciona ao médium fluídos purificadores ao seu campo mediúnico. Os benefícios de Mamãe Oxum são absorvidos quando o médium, ou mesmo um assistido, entra em sintonia com o poder que purifica e regenera o campo energético, que por sua vez transcende o lado espiritual. Desta forma, interpretamos quando existe um milagre; é quando o assistido, o médium e o templo estão dentro deste mesmo padrão.

Embora seja em longo prazo, deve-se atingir esse grau de sintonia entre todos os envolvidos, passando então a ser o objetivo de todos, todos os dias. Uma mãe que proporciona a ligação com os planos mais sublimes da espiritualidade, sendo alguns destes tão puros, que só um grupo de médiuns bem instruídos e preparados, com assistidos buscando o mesmo intuito, podem abrir poderes de alto grau regenerador; assim passamos a interpretar o poder de Mãe Oxum dentro da Umbanda.

Estar de roupa branca não garante que ali esteja um médium preparado; depende de seu campo vibratório mental e emocional. É pela maneira de se perdoar que interpretamos onde está seu compromisso religioso; isto também depende do caráter e vontade de "ser" deste medianeiro. Um templo não depende apenas do sacerdote ou dirigente espiritual, mas do material humano que lhe foi direcionado, pois cada sacerdote tem para si aqueles que lhe são designados pela espiritualidade, e muitas vezes ali estão resgates importantes do dirigente. Tudo isso está sob as forças de Mãe Oxum; é ela quem ampara o sacerdote, bem como envia influxos para que haja a recuperação daqueles que lhe foram direcionados.

Mas, é importante ressaltar que perdoar não significa ser submisso a ações contrárias ao que se acredita. Ou, também, não significa que temos de concordar com o que não nos agrada, mas sim ser sincero – estar dentro do padrão de elevação e jamais utilizar suas forças de maneira torpe para negativar, atacar ou tirar proveito de algo que lhe favoreça, de forma desonrosa.

Pai Ogum, sincretizado com São Jorge, é o Orixá vencedor das batalhas, com sua espada na mão, trazendo o significado da Lei de Deus. Para a grande maioria, esta representatividade dá a esse Orixá um papel de destaque; é o grande guardião das forças de Direita, anterior a uma gira de Esquerda, na qual nossos Exus e Pombas Giras vêm trazendo seus aspectos de ajuda ao assistido. Ogum resguarda o trabalho. Mas fica a pergunta: Como este Orixá deve ser visto pelo medianeiro? A visão do grande guerreiro é muitas vezes mal interpretada; confunde-se o atributo dele com as características humanas. Sua manifestação dá ao medianeiro uma das coisas mais sublimes que existe: a certeza e a serenidade.

Ao recebermos os influxos deste pai, passamos por uma transformação em nosso interior; mas para isso, o medianeiro deve se permitir. Esta transmutação é da força da espiritualidade do religioso que compreende um poder da espiritualidade, não confundindo o guerreiro protetor com um ser grosseiro e vingativo. O fato de sentirmos a força deste poderoso Orixá nos dá essa condição, de nos tornarmos pessoas melhores e confiantes em nossa proteção. Jamais um filho de Orixá, que acredita, e, é realmente religioso, sucumbirá às forças das trevas, pois estas apenas nos atingem quando estamos afins com tais vibrações degeneradas. Assim, compreendemos o poder de nosso pai Ogum, Orixá que já venceu todas as batalhas para nós, meros seres humanos.

Iemanjá é um dos Orixás mais populares devido às festividades que ocorrem por todo o Brasil. Encontramos pessoas religiosas de Umbanda e até pessoas que são simpatizantes, reverenciando este Orixá através de seu sincretismo com Nossa Senhora. As flores oferendadas no mar, bem como sabonetes com pedidos, espelhos, champanhe, as velas azuis, tudo faz parte de um ritual que acontece há anos. O mar é um ponto de força que possui vibrações das mais benéficas às pessoas; os influxos do mar regeneram e fortalece o nosso campo energético.

Orixá gerador, interpretado como a grande Mãe, reflete ao religioso a purificação através das águas. Como a proposta de nosso trabalho é a de como os medianeiros, assim também os religiosos assistidos devem vibrar seus pensamentos e sentimentos para que estejam em sintonia com a nossa Mãe Iemanjá, volto a comentar sobre a família. Um filho, quando respeita sua família, principalmente agindo com honra em relação a seus pais, respeitando os mais velhos, sendo uma pessoa religiosa, uma pessoa do bem, é o tipo de pessoa que já tem a proteção de nossa Mãe Iemanjá. Conheço muitos filhos de Umbanda e também de outras religiões que se dizem religiosos, mas não respeitam seus pais, os maltratam e não dão o devido valor. Outros ainda colocam seus avós, ou mesmo os pais em asilos deixando-os esquecidos. Honrar seu dirigente espiritual, que possui a posição de pai espiritual é fundamento. Esta grande divindade vibra sua Luz, sua proteção aos que seguem as Leis de Deus; e honrar pai e mãe é uma das Leis mais importantes a todos os tipos de religiosos. Nosso mental e emocional, quando virtuosos, permitem-nos receber as vibrações desta mãe protetora; quando respeitamos nossos ancestrais entramos em contato com a força deste poderoso Orixá.

Oxóssi, sincretizado com São Sebastião, é também uma das divindades mais populares do Brasil. Orixá das matas. As matas, ponto de força deste Orixá, é um dos pilares que fundamentam a própria religião de Umbanda, lembrando que a manifestação das forças das ervas veio inicialmente com o exemplo deixado pelo ainda jovem Zélio Fernandino de Moraes, em um trabalho de mesa espírita, quando levantou-se e disse: Falta algo aqui nesta mesa! Foi ao jardim e, pegando uma flor, colocou-a em um vaso sobre a mesa. Aí já temos o indício da força da natureza, bem como as vibrações que aquela flor produziu no trabalho de auxílio aos espíritos necessitados.

As ervas se tornaram fundamento dos mais importantes na ritualística da religião de Umbanda e das demais religiões chamadas de naturais; as ervas são fonte importante de energias e fazem parte desta liturgia sagrada dentro dos conceitos espirituais milenares, em que nosso pai Oxóssi reina. Mas é fundamental ressaltar que Ossain é o Orixá que dá a sustentação ao mistério das ervas (das plantas, em geral), enquanto Oxóssi reina nas matas; Ossain dá a este Orixá as místicas na utilização do poder de cada erva.

A comunhão do medianeiro em relação à natureza, em relação aos banhos que são recomendados para seu preparo mediúnico, faz com que a união de vibrações seja perfeita dentro da ritualística. Quando o médium sabe que esse fundamento se faz necessário, ele está pronto para a tarefa. Aquele que respeita a natureza recebe o axé desses Orixás, e o respeito se torna um grande fundamento de elevação ao medianeiro e aos assistidos que recebem a força das ervas. Oxóssi, bem como Ossain, tornam-se uma só força, que é repassada em forma de fundamento a todos os demais Orixás com as forças das ervas. O caçador de almas é o poder direcionador de nossas vidas pela consciência que ele nos traz.

Obaluaê, grande Orixá da transformação, sincretizado com São Lázaro, é o sustentador das passagens. Reverência, entrega, fé e resignação são atributos que o médium necessita ter em sua base para com as forças deste Orixá. Um médium não se faz apenas com rituais, se faz com a interiorização das forças, atributos e virtudes deste grande Orixá.

Rei da calunga pequena (cemitério), Obaluaê guarda as passagens dos espíritos em relação aos planos espirituais, atuando no comando dos espíritos socorristas e na corrente médica espiritual que operam dentro da Umbanda. Espíritos debilitados, sofredores, caídos, ou mesmo eguns, sustentam-se em nosso meio através dos encarnados; estes seres se alimentam das energias dos encarnados pela linha de afinidade, por projeção de outras pessoas através do mental, e, até mesmo em razão de trabalhos onde são ativados elementos negativados. Nesse caso, nosso pai Obaluaê abre seus portais para encaminhar tais espíritos aos seus devidos lugares, rompendo as vibrações grosseiras que estejam sobre as pessoas. Ao compreendermos de forma sábia a espiritualidade, quando entramos neste conceito e vertemos através de nossas ações, demonstramos que estamos em sintonia com os fundamentos e atributos deste grande pai. Lembrando que ele não vem até nós, mas quando vertemos este entendimento, nós estamos diante dele.

Pai Omulú, sincretizado com São Roque, é cultuado por muitas "Umbandas" em conjunto com nosso pai Obaluaê dentro do mesmo rito, porém, se trata de um Orixá com características próprias. É o senhor das almas, com o mesmo ponto de força de Obaluaê, mas também rege a beira-mar (calunga grande). Representa o lado seco de nosso corpo, o esqueleto – é assim que podemos interpretá-lo.

Enquanto para nós pai Obaluaê é o próprio fio de prata que sustenta a ligação do espírito ao corpo físico, pai Omulú representa o rompimento deste fio, quando desencarnamos. Por este motivo ele é visto no astral com seu alfanje (foice) nas mãos. Comanda as falanges de guardiões que militam a calunga grande e a calunga pequena, sendo reconhecido de maneira importante no culto aos Orixás. Pai Omulú é dentre os Orixás o que possui uma falange de guardiões que incide diretamente na anulação de enfermidades decorrentes de forças trevosas.

Iansã é um Orixá sincretizado com Santa Bárbara. Quanta história já se ouviu dentro da religião, quando uma pessoa se encontrava tempestuosa, irritada ou mesmo mal humorada, classificando-a como filho ou filha de Iansã. Uma forma equivocada e inaceitável dentro do conceito religioso espiritual da religião de Umbanda. Atributos, fragilidades e sentimentos humanos jamais podem ser relacionados a uma divindade, seria um contrassenso tal conotação. Embora exista até esse costume entre muitos adeptos da religião, o de agir desta forma, se analisado corretamente, verificamos que nós mesmos sabotamos nossa imagem e os próprios ideais que se predispõe uma religião.

Este Orixá traz para nós, religiosos de Umbanda, os ventos bons da bem-aventurança, afasta as negatividades e nos permite ter a tranquilidade, a passividade, pois a sua proteção nos dá a condição de sermos e estarmos seguros por sua força. Ela é guerreira nos campos de batalha espiritual; aqui é a representação da Lei de Deus em execução. Rege vários pontos da espiritualidade, mais destaco o direcionamento de eguns e de pessoas com vícios.

Nanã Buruquê, sincretizada com Santa Ana, é o Orixá ancião que traz a elevação para nós seres humanos. Todos reverenciam esta grande mãe como a mãe de todos os Orixás, Orixá da renovação que indica o caminho da serenidade. Um médium que tem em sua filosofia de vida a passividade, a serenidade, é uma pessoa que está sendo alcançada pelos poderes de nossa amada mãe Nanã. A beira dos lagos, lagoas e rios são os seus pontos de força, aonde entramos em sintonia harmônica com este Orixá. Como Orixá ancião, ela é sustentadora, junto com Omulú e Obaluaê, da corrente de nossos negos velhos. Digo que mãe Nanã é o poder do saber criador, ela nos eleva em suas vibrações dando-nos a condição de entendermos nossa jornada terrena, sabedores que estamos em um processo transitório. Ela nos acolherá quando adentrarmos os campos da espiritualidade. É a síntese da maturidade e da racionalidade, decantando emocionais desequilibrados.

Egunitá, sincretizada com Santa Sara Kali, é cultuada por muitos como Orixá, mas é, dentro de muitas interpretações, uma qualidade de Iansã. Sua atuação na âmbito da espiritualidade é dentro dos campos da justiça como fogo em ação, consumidor dos aspectos negativados dos seres desajustados e desequilibrados. Para que um medianeiro esteja em sintonia com o seu poder basta estar com seu coração aberto, vibrando as virtudes do bem e assim será assistido e protegido por esta mãe. Por mais que não cultuemos este Orixá é fundamental citar sua ação na mística da religião de Umbanda na modalidade

Umbanda Sagrada. Quando não evocada em rituais mais tradicionais, este Orixá se faz presente nas vibrações de nossa mãe Iansã. Para mim, enquanto autor, trata-se de uma força de Iansã, mas respeito aqueles que cultuam como Orixá.

Oiá é sincretizada com a Santa Joana D'arc ou Santa Terezinha. Também cultuada por muitos tal qual Iansã, é assim fundamentada como uma qualidade de Iansã, sendo a mãe que comanda o tempo cronológico, enquanto a mãe Iansã rege o tempo meteorológico. Dar ao tempo o tempo certo para que tudo seja possível. Do tempo ninguém escapa e tudo e todos estão no tempo. Mãe Oiá é vista, analogamente, como outro Orixá do tempo, chamado Roko ou Irocô. Irocô é representado como a primeira árvore que foi plantada no planeta, representando o tempo e espaço; rei do tempo cronológico também domina o tempo meteorológico. Ele representa a ancestralidade, nossos antepassados, representa a morada dos Orixás; é um dos principais assentamentos das roças de culto de nação. Mas, respeito quem cultua mãe Oiá como Orixá que polariza no campo da Fé com Oxalá.

Tempo

Nos cultos de matriz africana existe o culto ao tempo, Orixá Roko, Irocô, Kitembo ou Kindembu que de forma milenar tem dado aos adeptos da religião afro a base necessária para trabalhar a espiritualidade na compreensão do tempo cronológico. Na Umbanda, há ritos que cultuam estes grandes Orixás, realizando seu assentamento sempre fora do terreiro com fundamentos de grande valor. Não vou falar acerca desses Orixás, falarei a respeito de outro conceito existente sobre o Tempo, "O Tempo da Criação"!

Quero aqui expor uma maneira de atuação com o poder do tempo, de uma forma que foi direcionado por um espírito por quem tenho respeito – uma visão ameríndia trazida pelo Caboclo Ubiratã. Ressaltando que tudo que existe na espiritualidade do culto afro deve ser respeitado, então, aqui apenas retratarei uma forma diferenciada de cultuar esse poder, dentro dos preceitos de um guia de Umbanda.

Sempre que realizamos um trabalho de assentamentos procuramos entender os fundamentos e se existe fundamento. Em relação às formas de atuação na espiritualidade, quero aqui ressaltar que tudo que está nas explanações sobre o Criador em qualquer esfera religiosa refere-se a conceitos dentro de teorias, que posteriormente se tornaram base de várias formas de interpretação do Criador.

Coerência, bom-senso, resultado e ciência espiritual se aplicam a trabalhos que se mantiveram com ensinos, sejam eles através da forma oral ou escrita. Este livro tem a função de mostrar que existem várias formas de atuação, sem a pretensão de se sobrepor a nenhum tipo de qualificação religiosa existente com seus fundamentos milenares. Porém, aqui ressalto uma tratativa que a religião como culto à natureza tem nela sua totalidade de forças, possuindo todos os recursos existentes. Todos os Orixás são poderes desta natureza a qual estão sustentados como fundamentos colocados e direcionados nesta obra!

O Tempo pode ser retratado aqui como um Poder do Criador, ou O próprio Criador. O culto ao tempo de Deus acontece desde o início dos tempos. Quando se formaram todas as coisas das quais temos conhecimento o tempo lá se encontra. Tudo está dentro do Tempo, em que o mistério de todas as crenças se unem, os planos da espiritualidade e nossos sagrados Orixás.

O tempo é o espaço, a chama de uma vela, o ar, a terra e a água, formando tudo e todos, tendo o Tempo Poder sobre tudo que é existente, pois Ele é o próprio Senhor da Criação. Nada escapa ao tempo. Onde existem ações positivas tudo está no Tempo, onde existem ações degeneradas estará sendo registrado no Tempo. Senhor de todas as coisas, Ele determina o início, meio e fim de tudo. A nós seres humanos, que entramos em contato com o poder da espiritualidade e passamos a interpretar o Tempo de forma correta, realizando seu assentamento e evocando-o no início, meio e fim de seus trabalhos, de seu dia e de tudo que compõe sua existência.

Na Umbanda, o assentamento das forças do Tempo é preparado por nossos caboclos, onde em uma moringa estará o elemento sagrado de Poder do Tempo da Criação, ou Poder do Criador. Um cristal de quartzo representando a pureza, magnetizado por sete dias e sete noites nas vibrações do Sol e da Lua. Este elemento é colocado dentro da moringa consagrada, aonde receberá água da fonte, elemento que semanalmente estará se esvaindo conforme as necessidades espirituais dos trabalhos. Esta moringa fica em local elevado fora do terreiro, sendo iluminado sempre por uma vela branca.

Digo que um médium que segue os preceitos de sua religião, e que, tem como fonte o positivismo determinante de um ser humano dotado das capacidades de interagir os planos espirituais, tendo em seus fundamentos os poderes do Criador assentados a fim de lhe proporcionar discernimento e proteção, este jamais sucumbirá diante dos aspectos degenerativos da espiritualidade de baixa vibração. Dentro de uma sessão espiritual, onde estão assentadas tais forças, os trabalhos estarão sempre resguardados e elevados em padrão sublime, evitando que os trabalhos sejam permeados por seres ou energias que não condizem com as tarefas de luz dos nossos amados guias espirituais.

Mãe Terra

A Umbanda é uma religião de grandes sínteses da espiritualidade, com um vasto campo de assentamentos fundamentando a religião e dando ao templo (terreiro) e aos médiuns a segurança e caminhos. Entendendo o Tempo como o Próprio Criador na ação da existência, seguimos nesta gênese de compreensões vendo o nosso planeta como uma Grande Mãe.

Tudo que conhecemos no que diz respeito aos planos espirituais, bem como aos poderes dos sagrados Orixás, estão baseados em Mãe Terra. Não se trata de força orixá, mas de um poder que deve ser compreendido como ligação de todas as forças conectadas aos nossos Orixás, guias, mentores e tudo que compõem o homem em evolução constante na espiritualidade.

É na Terra que está a base de tudo, é na terra que saudamos nossas forças, assentamos nossos Orixás; é da Terra que vem o alimento sustentado por nosso pai Oxossí, as ervas de Ossain, as montanhas de Xangô, o campo santo de nosso pai Obaluaye, o jardim encantado dos Ibejis. É na Mãe Terra que estão acolhidas as águas de Iemanjá, as cachoeiras de Mãe Oxum, os lagos da vó Nanã. É na Mãe Terra que se assentam os poderes do Tempo, as vibrações de Mãe Ewá, a transmutação de pai Oxumaré, a flexibilidade do poder de Logum-Edé, os ventos de Iansã. É no poder de Mãe Terra que está o metal da espada protetora de Ogum, as encruzilhadas de Exu e Pomba Gira.

Portanto, os nossos dirigentes espirituais, quando tocam sua mão no solo sagrado significa que lá estarão sempre os poderes de Mãe Terra. Nosso terreiro consagrado aos poderes desta Mãe se completa o respeito dos fundamentos do chão, aonde o sacerdote evoca, canta e assenta os elementos consagrados. Ao termos uma quartinha de barro com terras de vários lugares, colhidas com o pedido de licença, aonde é depositada sempre uma moeda, podemos colher as vibrações e poderes para ser fonte de sustentação das defesas de nossas tarefas espirituais dentro do terreiro, trazendo o equilíbrio de todas as forças aos frequentadores.

Assentamento: a quartinha pode ser colocada dentro do terreiro sempre no Alto elevando o poder das vibrações da Grande Mãe, sendo consagrado pelos caboclos na vibração de todos os Orixás já assentados no terreiro. Os impactos negativados trabalhados comumente dentro das ingiras são captadas na força da Grande Mãe fragmentando tais forças degeneradas. O elemento terra, atribuído normalmente a pai Obaluaye neste caso estará na vibração do planeta, sendo força equilibradora dentro do terreiro.

A vela que pode ser colocada pode ser de sete dias branca, ou mesmo a vela de cor azul-escura que está em sintonia com a atmosfera vibratória do planeta.

Oxumaré

Sincretismo com São Bartolomeu – é a divindade do arco-íris sagrado, a grande serpente, rege o campo emocional dos seres, representa os ciclos da vida. Representado como a grande serpente que envolve a Terra, é dito que ele comanda seus movimentos e ciclos, por este motivo é explicado que em tempos é masculino e em outro feminino. Mas ele, por reger ciclos, é mal compreendido e na verdade se trata de um Orixá masculino. Todo aquele que se encontra desajustado em seu emocional, ou usa de seu emocional de maneira desajustada, acaba dentro do campo deste pai que o reconduzirá ao caminho virtuoso. Oxumaré faz par com Mãe Oxum, enquanto Oxum vibra seu amor a todos, uma vez que ele absorve os negativados emocionalmente. Representa a renovação do ser após a decantação de seus desajustes.

Sincretismo com Santa Catarina, é um Orixá que requer duas explicações distintas. A primeira que ela é um Orixá que representa o fogo dentro do culto de nação, aonde ainda este Orixá representa a paixão. Este Orixá ainda através das lendas havia se transformado em um rio, que encanta os religiosos e decanta as trevas. Mas também existe a interpretação que Obá faz par com Oxóssi, fundamentando a força do conhecimento. Telúrico-vegetal representa a fixação dos conhecimentos. Um medianeiro que tem em seu caminho a compreensão da necessidade de se elevar, é alcançado pelas forças desta mãe. Ter os pés no chão e respeitar todos os tipos de conhecimento faz com que o poder de Obá se estabeleça em sua vida. Para aqueles que desvirtuam o sagrado passam a ser desmagnetizados por este Orixá, para não deturparem os caminhos divinos.

Todas as formas e forças das divindades Orixás devem ser compreendidas e respeitadas, mesmo que não faça parte de seu culto, lembrando que no início da religião de Umbanda não havia os fundamentos de Orixás, mas sim espíritos guias que vinham a serviço do bem e para a prática da caridade. E foi dito pelos espíritos guias que existe no panteão Orixás cerca de duzentos revelados e outros duzentos não revelados. Em verdade, muito mais do que esse número. Podemos fazer analogias com as diversas divindades existentes em outras religiões, sendo importante ressaltar que Deus emana para nós seres humanos suas forças. Estas, por sua vez, passamos a interpretar feito divindades, e podemos distingui-las através de seus atributos e virtudes. Assim entendemos, dentro de nossa limitação humana, como Deus emana suas forças a fim de que possamos interpretá-las, e assim, por meio delas, nos melhorarmos e nos aperfeiçoarmos como seres humanos em constante evolução.

Faz-se sempre fundamental termos em mente a tranquilidade em relação ao estudo religioso sobre esse tema, pois as Leis da Criação, O Criador, querem de nós este aperfeiçoamento e, por meio da religião de Umbanda também ajudar os necessitados e transformá-los em religiosos. Por mais que entendamos sobre as forças do universo, jamais deixemos de vivenciar, na prática, a base de nossa religião, que vejo como as máximas da espiritualidade, que são os ensinamentos Crísticos.

Portanto, vejo que nos trabalhos mais simples, em que existe este vivenciar da espiritualidade, é aonde o Poder de Deus vibra, e onde existe este Poder jamais existirão trevas, ou dúvidas acerca de seu caminho espiritual. É ainda fundamental ressaltarmos que muitos templos de Umbanda se utilizam de forças de Divindades que normalmente não são cultuadas dentro do conceito puro. Mas, ainda reforçando a necessidade de saber que existem tais forças e são expressivas para nós no tocante aos estudos de religião.

Assentamentos de força para o médium

O médium deve receber de seu dirigente espiritual todo o amparo necessário para que tenha suas forças fundamentadas, amacis, assentamentos de Orixás, preparo de suas guias (colares de conta), entregas e obrigações. Lembro que a maior força do médium é a fé, seguindo ainda os atributos pertinentes à elevação de seu padrão mediúnico relatados nesta obra. Respeitando cada templo em seu rito, vou explicar aqui formas de assentamento de força para os médiuns em relação à força de seu Orixá. Esses mesmos assentamentos o sacerdote também tem o dever de assentá-los no templo do médium coroado como dirigente espiritual. Porém, existem muitos templos de Umbanda que não se utilizam desses recursos, mas é necessário entendermos que esses templos possuem fundamentos dentro dos padrões espirituais e realizam, com a mesma destreza e elevação, grandes trabalhos dentro da espiritualidade de Umbanda.

As várias modalidades de Umbanda são um padrão que compõe a Umbanda Cruzada ou Umbanda da Cruz em que se fundamentam dentro dos preceitos que aqui se encontram. Sobre os assentamentos, no que se refere à posição que estarão os elementos, o que determina suas funções é a magnetização colocada pelo sacerdote, ocasião em que ele invoca os mistérios da espiritualidade através do entoar de cânticos, orações e evocações. A Umbanda tem fundamento e esses devem ser respeitados, uma vez que aqui não temos nenhum recurso que não seja único e exclusivo da religião. Como existe uma diversidade sobre o tema, apresento uma ação básica, com fundamentos que dão ao terreiro e ao médium o que é necessário. Ainda em relação aos elementos que vão dentro das quartinhas quando é realizado o assentamento de força nas deitadas, lembro como já citei, que nem todos os templos se utilizam deste recurso e respeito todas as formas de manifestação da fé.

Todo ser humano é regido por uma força divindade; a realização desse rito fundamenta as vibrações dessa força através do elemento afim com a divindade Orixá. Quando digo elemento falo sobre as pedras, as ervas, as bebidas, frutas e comidas, tudo é energia, tudo tem vibração e magnetismo próprio que pode ser manipulado. Tudo isso está na física quântica, estudo do qual recomendo a todo médium para que ele entenda um universo diferenciado. Alguns estudos fora da religião melhoram nossa forma de enxergar o que realizamos, portanto estudar meditação e outros conceitos religiosos tornará o médium uma pessoa melhor no que diz respeito às interpretações do que é realizado dentro dos trabalhos litúrgicos e seus fundamentos.

Realizo esses assentamentos sempre por meio de um rito para esses pai e mãe Orixás que regem o médium diretamente; é sempre um casal de força masculina e feminina que rege a cabeça, o ori do médium. Por que isto? Existem nas vibrações humanas aspectos duais em relação ao positivo e negativo, não significa bom ou ruim, mas polaridades naturais dos seres humanos. Assim, a regência espiritual traz o equilíbrio através dos Orixás sendo um masculino e outro feminino. O Orixá regente do médium é assentado primeiro, ou na frente, o outro segue fundamentando essa polaridade de vibrações extremamente salutar ao iniciado. Na quartinha do Orixá regente o diferencial do que está descrito nas próximas páginas é a colocação da aliança representando o elo maior do Orixá com o Ori do médium.

O mistério de Deus é vasto, suas forças e poderes se estendem através das diversas divindades que sustentam a espiritualidade na dimensão evolutiva humana. Estes poderes de Deus existem de maneira que possamos interpretá-los separadamente, e assim cultuamos dentro do conceito ritualístico de Umbanda. É necessário que o medianeiro tenha em mente que devemos cultuar todas as forças, todos os Orixás, mesmo porque entendemos que a força Orixá é uma extensão das vibrações do Criador. Embora alguns Orixás citados não sejam cultuados de forma natural na Umbanda, acredito que seja válido revelar como a Umbanda Cruzada fundamenta os Orixás, mostrar forças e mistério de maneira que os dirigentes possam interpretar e assentá-los no terreiro. Acredito que todas as forças, mesmo que não sejam normalmente interpretadas e cultuadas na Umbanda, são manipuladas pelos nossos guias espirituais. Entendemos que tudo que está na natureza faz parte da Umbanda, portanto, da mesma forma, todas as forças dos Orixás. Ao realizarmos as firmezas com esses fundamentos nossos Orixás acabam por nos favorecer trazendo suas vibrações a todos nós.

Assim, estaremos recebendo as vibrações de Toda Criação de maneira sempre completa quando entendemos que todos os Orixás são nossos pais e mães. Contudo, o recurso de termos esses assentamentos torna-se valioso em relação à firmeza do trabalho do medianeiro; um amparo, cuja fundamentação dessas forças passa a ser atraída do ponto de força da divindade Orixá até o ambiente e ao trabalho que está sendo executado.

Volto a dizer que o assentamento é um recurso extremamente importante, porém, este recurso somente se faz imperioso quando o médium está em ressonância com os aspectos de elevação. Se tornar médium é ser exemplo de ser humano, é ter as características elevadas apontadas nessas linhas. O recurso de fundamentação de forças proporciona ao medianeiro, quando manifestado na força da Divindade Orixá, receber seu mistério em seu campo mediúnico.

Assim, os espíritos guias se servem desse mistério que é repassado ao assistido, ao ambiente onde este se encontra. É uma forma também de proteção ao medianeiro, em que toda e qualquer força negativada, que vem como forma de impacto, não chega ao seu campo espiritual e energético, pois esses são absorvidos pelo assentamento que também é uma fonte de proteção.

O médium devidamente preparado se eleva a cada tarefa de auxílio ao próximo, as cargas se tornam fonte de elevação e não de negativação. Creio que uma pessoa preparada na vida, seja para o que for logo alcançará o sucesso. Por que digo isso? Naturalmente, o conforto de ser feliz está ligado intimamente ao nosso campo mediúnico, estando bem estaremos vibrando essa condição aos demais que nos cercam. Realizamos nossos trabalhos, bem como nossos assentamentos com a finalidade de estar realmente dentro das vibrações das quais acreditamos. É inteligente entender o que se faz, e racionalizando a fé sem estar fora do que é puro e sagrado, seja nas palavras de paz, seja nos elementos de origem sagrada.

O poder Orixá está em nossa vida. Devemos crer em um Poder Superior e só assim ele se tornará presente em nossa existência.

Oxalá

Oxaguiã e Oxalufã como se apresenta Oxalá nos cultos africanos. Oxaguiã em sua forma jovem e guerreiro e Oxalufã como ancião apoiado em seu cajado trazendo a força do saber. Ambas as formas são também cultuadas dentro de algumas modalidades de Umbanda. Sincretizado com Jesus de Nazaré está no alto do peji comandando a Umbanda. Orixá da pureza rege os mistérios cristalinos da fé, a pureza da alma, o Pai de todos os Orixás. Oxalá como a força máxima na Umbanda está em todos os assentamentos que eu realizo. Muitos irmãos só assentam Oxalá se este rege a coroa (Ori) do médium, porém dentro da Umbanda ele como Orixá Maior está em tudo e em todos primeiramente, portanto, está em todos os fundamentos dos que realizo. Em seu assentamento de força vai um cristal de quartzo e um quartzo rutilado, jade oliva, pedra cruz, dendrita, howlita, zircão com água da fonte. Ervas que podem ser colocadas na esteira e para banhos: saião/folha da costa, boldo, girassol, malva, alecrim, algodoeiro, alfavaca. Frutas colocadas na folha da bananeira, ou em um prato branco: uva Itália, fruta do conde, coco. Comida: canjica com mel, fatias de coco sempre na direção da cabeça do médium na esteira. A quartinha de Oxalá é branca, e de acordo com o dirigente os elementos acima são dispostos dentro, e no caso de médium iniciante um búzio claro. De acordo com os anos e deitadas o número de búzios aumenta representando o grau do médium. Bebida: vinho branco ou água da fonte. Cor utilizada na Umbanda – branco. Ponto de força: todos os locais na natureza pertencem a Oxalá!

Peço ao meu pai Oxalá que traga suas forças para este médium. Meu pai senhor da Luz cristalina que sustenta a Umbanda, rogo seu poder neste momento! Oxalá é meu pai. Êpa Babá

Xangô

Sincretismo – São Jerônimo. Orixá do equilíbrio, que rege os mistérios da justiça, senhor das pedreiras e do fogo. Em seu assentamento de força vai uma pedra extraída diretamente da terra, de preferência de uma montanha, ou ainda, olho de tigre, bronzita, fugorito, ágata de fogo, jaspe, obsidiana mogno, jade oliva, moukaita e labradorita. Ervas que podem ser colocadas na esteira e para banhos: umbaúba, levante, taioba, manjericão, angico, arruda, aroeira, folhas de romã, pau-tenente. Frutas colocadas na folha da bananeira, ou gamela: melão, fruta do conde, romã, tamoia. No caso do médium ser filho de Pai Xangô a comida é: quiabo, pimenta-da-costa, azeite de dendê (Amalá de Xangô). Na quartinha de Xangô as pedras são dispostas com búzios que podem ser claros ou escuros de acordo com a qualidade do Orixá. A quantidade de búzios representa o grau do médium, anos de feitura. Bebida: cerveja preta ou vinho tinto seco. Cores utilizadas na Umbanda – marrom e vermelho. Ponto de força: montanhas e pedreiras.

Pai Xangô, senhor da justiça, traga a este médium o equilíbrio necessário sobre seu ori, seu poder de elevação direcionado por suas mãos! Kâo Kabecilê

Oxum

Sincretismo – Nossa Senhora Aparecida. Orixá da pureza, que rege os mistérios da concepção, traz as forças das cachoeiras em nossa vida. Em seu assentamento de força vai água de cachoeira com uma pedra de rio, ou ainda, topázio, opala, moukaita, berilo, cristal, quartzo rutilado, zircão. Ervas que podem ser colocadas na esteira ou para banhos: hortelã, calêndula, erva-doce, malva, melissa, jasmim, alecrim. Frutas colocadas na folha da bananeira, ou alguidar: uvas, pêssego, maçã, pera, morango. Comida para Oxum na Umbanda pode ser: feijão fradinho com canjica regado com mel. Em sua quartinha são colocadas água e a pedra de fundamento. Bebida: vinho licoroso ou água da fonte. Cores utilizadas na Umbanda – amarelo e azul-marinho. Ponto de força: cachoeiras e beira-mar.

Minha mãe Oxum, cubra com seu manto este filho trazendo seu poder sobre ele ligando as forças das águas sagradas sobre sua vida. Ora – Aieieo

Oxóssi

Sincretismo – São Sebastião. Orixá direcionador de vidas, que rege os mistérios das matas, do conhecimento, o caçador de almas, senhor da fartura. Em seu assentamento vão sete tipos de folhas ou sementes diferentes. As pedras podem ser jade, jade oliva, ágata verde, quartzo verde, amazonita, âmbar, diopsídio, esmeralda, aventurina, olho de falcão e rodocrosita. Ervas que podem ser colocadas na esteira ou para banhos: folha da goiabeira, eucalipto, hortelã, folha de abacateiro, cidreira, samambaia, sene, guiné, abre caminho, arruda, todos os cipós. Frutas colocadas na folha da bananeira, ou alguidar: banana, laranja, caju, ameixa, amoras, figo, goiaba, abacate. Entra o jatobá na preparação de cruzamento do filho de Oxóssi no fundamento para sacerdote no lugar da pemba. Banho sagrado para filhos de Oxóssi: cana-de-açúcar (garapa), vinho tinto seco, noz-moscada e imburana ralada, pemba branca ralada. Consagrar na feitura e se banhar na deitada da camarinha. Comida: milho cozido. Em sua quartinha, sementes búzios, pedras. Bebida: vinho tinto seco. Cor utilizada na Umbanda: verde. Ponto de força: matas.

Pai Oxóssi, senhor da fartura, traga caminhos a este filho, e que o poder das matas e sua luz estejam sobre sua vida. Okê Arô

Iemanjá

Sincretismo – Imaculada Conceição. Orixá da vida – rege os mistérios do mar, da geração, da purificação. Em seu assentamento vão água do mar, uma pedra água-marinha, coral, cristal de quartzo, pérola, zircão, ametista. Ervas que podem ser colocadas na esteira ou para banhos: alcaparreira, malva, alfazema, jasmim, lírio, erva-de-santa-maria, anis-estrelado, alecrim. Frutas colocadas na folha de bananeira, prato branco, ou alguidar: uvas, pera, pêssego, ameixa, acerola, amora. Em sua quartinha vão conchas, búzios, as pedras de fundamento, água do mar. Comida: arroz cozido apenas com água. Bebidas: vinho licoroso, champanhe rosé. Cor utilizada na Umbanda: azul-claro. Ponto de força: beira-mar e mar aberto.

Mãe Iemanjá, rainha do mar, que as forças das ondas sagradas protejam este filho com sua força e luz. Odoia ou Odociaba.

Iansã

Sincretismo – Santa Bárbara. Orixá dos ventos, que rege o mistério do resgate de almas perdidas, encaminha eguns. Em seu assentamento vão sementes de girassol, pedra olho-de-gato, esmeralda, opala, topázio Imperial, ágata de fogo, berilo, diamante, citrino. Ervas que podem ser colocadas na esteira ou para banhos: folhas de bambu, aroeira, sementes de imburana, pitanga, jasmim, macela, espada-de-santa-bárbara, pariparoba. Frutas colocadas na folha da bananeira: peregum verde ou no alguidar: carambola, caju, abacaxi, limão, fruta-do-conde. Em sua quartinha vão as pedras de fundamento e búzios. Comida de Iansã: curau de milho ou acarajé. Bebidas: vinho branco seco ou cerveja branca. Cores utilizadas na Umbanda: laranja e amarelo. Ponto de força: bambuzal e cemitérios.

Mãe Iansã, que as forças dos vossos ventos, do fogo, tragam as energias necessárias para este filho (a) elevando-o em vossa luz. Epa Hei Oiá.

Ogum

Sincretismo – São Jorge. Orixá que rege os caminhos, o centro das encruzilhadas, as portas da calunga pequena, general da Umbanda, com sua espada nos traz a paz, é a Lei de Deus em movimento. Em seu assentamento vão o elemento ferro, pedras hematita, magnetita, granada, jaspe, galena, pedra da lua, pirita, cornalina. Ervas que podem ser colocadas na esteira ou para banhos: losna, peregum verde, folha de pitangueira, levante, guiné, cavalinha, espada-de-são-jorge, gengibre, lança-de-são-jorge. Frutas colocadas na folha da bananeira, ou alguidar: melancia, graviola, jaca, maçã, romã, manga. Em sua quartinha vão o elemento metal, pode ser uma pequena espada ou bigorna, búzios e as pedras de fundamento. Comida de Ogum: inhame assado regado com azeite de dendê. Bebida: cerveja branca. Cores utilizadas na Umbanda: vermelho e azul-escuro. Ponto de força: trilhos de trem, caminhos, meio da encruzilhada.

Pai Ogum, senhor vencedor de todas as batalhas, esteja com sua força sobre este médium elevando-o através de sua espada e escudo. Ogum Iê meu pai.

Obaluaê

Sincretismo – São Lázaro. Orixá encaminhador de almas, da cura, transformação. Em seu assentamento entram areia do mar seca, folhas de losna seca e sementes secas de romã, pedras zircão, pedra cruz, granito, basalto (pedra vulcânica), quartzo fumê, howlita. Ervas que podem ser colocadas na esteira ou para banhos: jurubeba, peregum roxo, dama da noite, capim-cidreira, grama, incenso, folha do limoeiro, arruda, anis-estrelado, mentruz. Frutas colocadas na folha da bananeira ou prato branco: coco, romã, pitanga, caju, figo, jabuticaba. No caso destes Orixás, pipoca estourada na areia do mar é fundamento para transformar a doença em saúde, o negativo em positivo. Em sua quartinha vão: areia do mar seca, búzios claros, pedras. A pipoca estourada na areia da praia traz a magia deste orixá na cura. Comida: pipoca regada com azeite de dendê com coco em tiras por cima. Bebida: vinho branco seco. Cores utilizadas na Umbanda – branco e preto. Ponto de força: beira-mar e cemitérios.

Meu pai Obaluaê, abra seus portais e traga a proteção a este filho, cubra-o com sua cura e proteja-o nos caminhos da vida. Atotô meu pai Obaluaê!

Omulú

Sincretismo São Roque – Orixá que rege o final de ciclo, o cemitério, e a parte seca do corpo, o esqueleto. Em seu assentamento coloca-se pedra quartzo fumê, rodocrozita, brita, calcita, pedra cruz, jaspe leopardo, obsidiana, pedra de enxofre, obsidiana mogno, basalto, ônix e areia do mar seca. Ervas que podem ser colocadas na esteira ou para banhos: musgo, folha de fumo, mentruz, capim-cidreira, peregum roxo, arruda, guiné, jasmim. Frutas colocadas na folha da bananeira ou prato branco: romã, jatobá, embu, graviola, cambuci. Seguindo o mesmo caso do Orixá Obaluayê, estoura-se pipoca na areia do mar para transmutar o negativo em positivo. Para este Orixá tal recurso quebra magias negativadas e enfermidades. Em sua quartinha vão: búzios escuros, areia da praia seca, pedras. Comida: pipoca regada com azeite de dendê com camarão seco. Bebida: vinho tinto seco. Cores utilizadas na Umbanda: preto e branco, roxo escuro. Ponto de força: cemitérios e beira-mar.

Meu pai Omulú, proteja com seu alfanje este filho, afastando as forças que não pertencem a ele, cubra-o com seu poder. Atotô meu pai Omulú.

Nanã Buroquê

Sincretismo – Santa Ana. Orixá anciã rege o ressurgimento, o saber, o acolhimento, a decantação. Em seu assentamento vai água de chuva, rio ou fonte. Pedras: cristal de quartzo, ametista, quartzo fumê, cristal com lodo, crisocola, moukaita, selenita, ágatas. Ervas que podem ser colocadas na esteira ou para banhos: ipê-roxo, boldo, gervão, bardana, cipós todos, alfavaca, camomila, mentruz, arruda. Frutas colocadas na folha da bananeira, ou alguidar: jatobá, figo, uvas, acerola, manga, graviola. Em sua quartinha vão: água de chuva ou fonte, búzios e pedras. Comida: bolinho de batata-doce regada com azeite de dendê. Bebida: água da fonte. Cor utilizada na Umbanda: lilás. Ponto de força: beira de rios e lagos.

Minha vó Nanã, traga a este médium sua sabedoria elevando-o com sua luz protetora. Saluba Nanã.

Oxumaré

Sincretismo – São Bartolomeu. Orixá da multiplicidade da vida, da compaixão, da fartura e riqueza, decantador da desilusão. Orixá que representa a junção do masculino com o feminino, união da água com a terra. Em seu assentamento colocamos água de cachoeira, pedras de rio, cristal de quartzo rutilado, jaspe leopardo, moukaita, berilo, jade oliva, esmeralda, turmalina melancia, lepdolita. Ervas que podem ser colocadas na esteira ou para banhos: angico, folhas da graviola, alteia, angelicó, pata-de-vaca, grama, alfazema. Frutas colocadas na folha da bananeira ou alguidar: uvas, goiaba, ameixa, mamão. Em sua quartinha vão: água, búzios e as pedras. Comida: batata-doce com feijão fradinho e azeite de dendê, ou inhame com azeite de dendê, mel e camarão seco. Bebida: água de fonte. Cores utilizadas na Umbanda: todas as cores, pois este orixá representa o arco-íris. Ponto de força: cachoeira.

Meu pai Oxumaré, senhor da compaixão, senhor da riqueza e fartura, traga suas forças a este iniciado, para que ele seja sempre protegido por seu poder. Arroboboi Oxumaré.

Ossain

Sincretismo – São Benedito. Orixá da força rei das ervas, da seiva, do encanto, a própria fumaça que se desprende do turíbulo representa a saúde, o senhor do milagre. Em seu assentamento são colocados vinte e uma sementes diferentes e cipó. Pedras: amazonita, pedra cruz, madeira petrificada, cristal de quartzo, esmeralda, crisocola, jade oliva, berilo, moukaita, âmbar. No caso deste Orixá é sempre fundamental ter seu assentamento no altar do templo, aonde ele nos traz vibrações importantes que elevam o padrão das energias das ervas. Ervas que podem ser colocadas na esteira ou para banhos: todas as ervas mencionadas em relação aos demais Orixás são ervas de Ossain e podem ser utilizadas em sua firmeza. Assim ocorre com as frutas citadas, todas servem a esse Orixá. Em sua quartinha vão sementes, ervas, búzios e pedras. Comida:

folhas de fumo, inhame, mel e sal, regado com azeite de oliva. Bebida: vinho tinto seco. Cor utilizada na Umbanda: verde. Ponto de força: matas.

Meu pai Ossain, senhor das folhas, traga sua força e magia para este filho através das matas. Ewé ó.

Logunedé ou Logun Edé

Sincretismo – Santo Expedito. Orixá da riqueza, da pureza e da expansão. Em seu assentamento são colocadas pedras e ervas referentes à união dos Orixás Oxóssi e Oxum. As pedras podem ser jade, quartzo verde, amazonita, âmbar, diopsídio, aventurina, olho de falcão, rodocrosita, pedra de rio, ou ainda topázio, opala, cristal, quartzo rutilado, moukaita, berilo, jade oliva, ágata musgo, zircão. Ervas que podem ser colocadas na esteira ou para banhos: folha da goiabeira, eucalipto, hortelã, folha de abacateiro, cidreira, samambaia, sene, guiné, abre caminho, arruda, todos os cipós. Frutas colocadas na folha da bananeira, ou alguidar: banana, laranja, caju, ameixa, amoras, figo, goiaba, abacate. Sua quartinha deve permanecer seca se o médium for homem, se for mulher deve ter água de cachoeira. Os elementos: a união dos Orixás citados. Comida: Ovos, feijão fradinho, cebola e lascas de coco. Bebida: vinho licoroso. Cores utilizadas na Umbanda: amarelo e azul-escuro. Ponto de força: matas e cachoeiras.

Meu pai Logun Edé, traga a este filho sua pureza e elevação, que a mente deste filho se expanda com sua luz. Logun ó Akofá.

Obá

Sincretismo – Santa Catarina. Orixá das águas revoltas, do barro e águas paradas. Mãe Oba afasta as negatividades e fixa o conhecimento. Orixá que traz o poder da terra, da água e do fogo. Em seu assentamento pode-se colocar sete tipos de sementes, pedras amazonita, crisoprázio, crisocola, âmbar, esmeralda, berilo, ágata verde, madeira petrificada, malaquita. Ervas que podem ser colocadas na esteira ou para banhos: folhas de bambu, gengibre, cravo da índia, alface, louro. Frutas colocadas na folha da bananeira: banana da terra, caju, jambo, coquinho. Em sua quartinha vão búzios, sementes e pedras. Comida: milho, mel e azeite de dendê. Cores utilizadas na Umbanda: vermelho ou verde. Ponto de força: matas, rios e cachoeiras.

Minha mãe Oba, traga a este filho a firmeza necessária em sua vida, traga a positividade a este que caminha na espiritualidade. Obá Siré.

Ewá

Sincretismo – Santa Luzia. Orixá da vidência, que faz a ligação do Tempo da Criação com o Poder da Mãe Terra citados no capítulo anterior. Em seu assentamento de força vão água de cachoeira com uma pedra de rio, ou ainda, ágata, opala, cristal, basalto, moukaita, esmeralda, madeira petrificada, quartzo rutilado, bronzita. Ervas que podem ser colocadas na esteira ou para banhos: hortelã, calêndula, erva-doce, malva, melissa, jasmim, alecrim. Frutas colocadas na folha da bananeira, ou alguidar: jatobá, uvas, pêssego, maçã, pera, melão. Comida: feijão fradinho, azeite de dendê, camarão seco. Cores utilizadas na Umbanda: vermelho e rosa. Ponto de força: beira de lagos e rios.

Minha mãe Ewá, traga a este filho sua luz e poder, eleve-o para que sua visão se expanda na espiritualidade. Rirô Ewá.

Oiá [2]

Sincretismos – Santa Joana D'arc ou Santa Terezinha. Orixá do tempo, das mudanças importantes, decantadora da fé exacerbada. Em seu assentamento colocamos água da fonte, pedra lápis lazuli, opalina (pedra reconstituída), zircão, galena, cristal de quartzo. Ervas que podem ser colocadas na esteira ou para

---

2. Estes e os próximos Orixás, para mim e para muitos, são modalidade do Orixá Iansã, porém alguns cultuam como forças separadas.

banhos: taquaril, balaio de velho, pitangueira, capim-cidreira. Frutas colocadas na folha da bananeira ou alguidar: pêra d'água, figo, romã, uva Itália. Em sua quartinha vão as pedras de fundamento e búzios. Comida de Oiá: a mesma de Iansã – curau de milho ou acarajé. Bebidas: vinho branco seco ou cerveja branca. Cores utilizadas na Umbanda: branco, azul-escuro e bicolor, preto e branco. Ponto de força: bambuzal, bosques e matas.

Egunitá

Sincretismo – Santa Kali. Orixá da justiça, o fogo em ação. Em seu assentamento vão ervas secas, carqueja, folha de pitangueira, arruda, pedras ágata de fogo, fulgorito, topázio imperial, magnetita. Ervas que podem ser colocadas na esteira ou para banhos: folhas de laranjeira, cipó, berilo, jade oliva, arruda, manjericão. Frutas colocadas na folha da bananeira ou alguidar: abacaxi, carambola, fruta-do-conde, caju. Em sua quartinha vão as pedras de fundamento e búzios. Comida de Egunitá: a mesma de Orixá Iansã – curau de milho ou acarajé. Bebidas: vinho branco seco ou cerveja branca. Cores utilizadas na Umbanda: laranja e amarelo. Ponto de força: bambuzal e cemitérios.

Exu

Em algumas casas exu é cultuado como Orixá e sendo assim não tem como não citá-lo. Embora, particularmente, eu me considero um filho de exu, eu não o tenho como regente de meu ori. A aproximação de exu junto a nós meros seres humanos nos dá esta sensação, de que exu nos rege como se fôssemos filhos. Para aqueles que realizam deitada para exu como Orixá aqui vão as ervas: mamona, peregum roxo, folhas de pimenta, aroeira, gengibre, dandá da costa, folha de limoeiro, folha de mangueira, folha de figueira. As pedras utilizadas para exu: ônix, (cianita negra) vassoura de bruxa, turmalina negra, granada, olho de falcão, olho de gato, olho de tigre, basalto, obsidiana mogno, jaspe sanguíneo, fluorita, jaspe, bronzita, hematita, pirita. Em sua quartinha (de barro) são utilizados búzios africanos, três tipos de pedras, cachaça. Em outra quartinha seca vão guiso, búzios, pedras, imã, moedas, terras dentro das descrições já passadas em relação à Esquerda e pólvora. Comida: padê com farinha crua, pimenta, azeite de dendê, coração de boi frito em tiras, cebola e cachaça. Este procedimento é diferente do assentamento apresentado, neste caso é na deitada onde o médium está em esteira recebendo a iniciação. Ponto de força: todos, porém são mais comuns: as encruzilhadas, portas de cemitérios e cruzeiros. Cores utilizadas na Umbanda: preto, vermelho, branco e roxo.

Todos os assentamentos aonde o médium se deita em esteira elas são recobertas de ervas referentes aos Orixás que regem sua coroa; ao lado das quartinhas são dispostas velas e frutas que são magnetizadas pelo guia-chefe e consagradas diretamente no ori do médium. Em cada assentamento coloca-se uma aliança de ouro significando o elo do Orixá regente do médium.

Estas firmezas servem para o médium ter em seu altar, aonde vai deixá-lo permanentemente aceso com velas de sete dias. Desta maneira, o sacerdote ensina ao medianeiro a meditar, contemplar, orar e evocar os mistérios dos Orixás, dos espíritos guias, de seu anjo protetor.

Como citei, realizo este procedimento dentro de meu rito em meu Templo; os elementos rituais variam e diversificam, mas é dentro da simplicidade que encontramos o Poder do Criador e a força dos nossos Orixás. A manutenção das quartinhas deve ser a cada sete dias, uma vez que elas devem estar limpas com os elementos que se deterioram sendo trocados a cada semana. Foi apresentada uma diversidade de pedras para que haja uma maneira de se escolher através de intuição qual será colocada no fundamento das forças do médium.

Ainda realizo para todos os médiuns o assentamento do anjo da guarda. Na verdade, deve ser um dos primeiros fundamentos, por vários aspectos. São eles: ter um ponto aonde o medianeiro faça suas preces, permitir que este assentamento seja uma forma de protegê-lo dos ataques em que se utilizam de vibrações que atentem contra ele e seu anjo protetor.

É importante também lembrarmos que se houver um ataque espiritual, ou se alguém atentar contra a espiritualidade de alguém, o primeiro alvo é

Assentamentos de força para o médium **103**

seu anjo de guarda. Uma amarração é feita envolvendo o anjo da guarda da pessoa, mas menciono aqui como é feito este assentamento do anjo de guardo, que é extremamente eficaz. Não posso deixar de expressar mais uma vez sobre os tais ataques espirituais; existem sim, porém o maior ataque espiritual que normalmente acomete os médiuns é a sua própria ignorância, sua falta de fé e principalmente o desrespeito sobre a hierarquia. Insisto em que a partir do momento que o medianeiro segue as suas atribuições, jamais será obsedado, ou mesmo negativado por tais vibrações. Vai sentir? Vai sim! Mas, digo que um médium é como bambu, enverga, mas não quebra.

Os elementos que vão no assentamento do anjo da guarda: um cristal de quartzo e água mineral.

Aproveito para descrever características importantes de tais elementos utilizados para os muitos tipos de assentamentos. Um dos elementos mais utilizados em meu trabalho são os cristais, pedras semipreciosas e preciosas. Cada Pai e Mãe Orixá possuem um campo distinto de ação, pontos de força diversificados, nos quais as ações mudam, através das ervas, das essências, das velas, das pedras, cada qual direcionado para fundamentar as forças existentes. Digo que não é apenas colocar a pedra ou a erva, ou qualquer que seja o elemento sem sentir, sem ter o envolvimento contemplativo com a divindade, sem ter a oração e os cantos como forma de ligar o poder Orixá com o médium. Estes elementos, antes do trabalho ritual, receberam magnetismos que permitem que as forças dos Orixás vibrem intensamente sobre o médium. Ondas de vibração se ligam por meio dos pontos de força dos Orixás, dos planos espirituais e por fim outorgado através do dirigente espiritual devidamente preparado para sua função. Uma quartinha contém a essência divina que está ligada ao campo mediúnico do médium; este passa a ter o amparo constante desta vibração. Mas, por que existem essas firmezas? Um médium, quando pertence a um grupo de trabalhadores em que é normal se colocar em prática caritativa através das manifestações, necessita de forças, de para-raios e caminhos na vida. Os guias espirituais utilizam destes elementos e das vibrações contidas ali para atuar sobre o assistido e sobre o ambiente em que se encontram. Acaba sendo um poderoso suporte espiritual e protetor do campo mediúnico, ajudando ainda na ação da manifestação, pois filamentos energéticos e magnéticos vibram em conjunto com o guia espiritual até as glândulas pineal e hipófise. Os elementos da natureza ainda permitem que o medianeiro, em suas orações, esteja usufruindo desses magnetismos; os choques, mesmo que existam, não interromperão os influxos divinizados que foram assentados, favorecendo o medianeiro. As frutas foram criadas e geradas através de vibrações distintas provenientes da ação criadora; possuem sintonias distintas que pertencem a um grupo de poderes divinizados. Quando são utilizadas em rituais, transformam-se em emanadoras de poderosas vibrações que permanecem no campo espiritual do medianeiro através de suas cópias astrais. O mesmo ocorre com as comidas, preparadas dentro de uma magia religiosa, e servem como meio de conexão com o poder Orixá.

Cada Divindade Orixá vibra no Universo através de sua tela, uma imensa teia que nos influencia, também as ervas, as pedras e todos os elementos. Um cristal de quartzo, por exemplo, possui em sua vibração filamentos energéticos formados pelas microestruturas chamadas de gelosia que determina através de sua estrutura a ligação com a tela dos Orixás. Assim ocorre com cada pedra determinada aos Orixás. Existem nessas pedras estes filamentos que se entrelaçam na formação estrutural das pedras e cristais. Porém, é importante ressaltarmos que não podemos dizer que uma determinada pedra pertence apenas a um Orixá, assim também as ervas ou frutas, pois em suas estruturas existem ligações com a diversidade quântica universal da Criação.

Essas forças e essências sempre são repassadas ao médium; é o alimento da alma, são vibrações únicas em trabalhos de assentamentos de força. O conhecimento dos fatos nos permite a entrega total de nossa matéria dentro da tarefa espiritual; este é o objetivo: reforçar o médium e mostrar que a Umbanda tem seus fundamentos, sempre fazer com que as compreensões sejam além dos elementos dispostos, que possuem suas forças, e, quando interpretamos a necessidade de sermos religiosos, contemplando o poder de Deus, tudo fica ainda melhor. Estas forças são transformadas em alegria, em energias do bem viver, o sentir dos Poderes de Deus.[3]

---

3. Neste capítulo foi citado sobre os Orixás de Umbanda e seus fundamentos para os assentamentos. Quero aqui esclarecer que tais procedimentos de feitura só devem ser realizados com médiuns que possuem grau de Ministro Religioso (sacerdote, dirigente espiritual, babalorixá, yalorixá). Quero deixar claro que os fundamentos seguem os critérios da Umbanda baseada nos ensinos dos guias espirituais, seguindo a evolução e respeitando a tradição da religião.

Como preparar seu terreiro

A religião de Umbanda existe para combater os impactos negativados existentes, sejam eles oriundos de projeções de possíveis trabalhos realizados, até de situações autogeradas por pessoas desfavorecidas de esclarecimento espiritual. Para que haja trabalhos com êxito total é necessário local apropriado para essa finalidade. Sem contar que médiuns que buscam o desenvolvimento necessitam desses locais livres de qualquer tipo de força contrária aos propósitos elevados. Para tanto, segue colocações que servirão como base de preparo do terreiro. Quero ressaltar que todo tipo de preparo ou assentamento respeita os fundamentos da religião de Umbanda, sendo aqui uma maneira de informar "um tipo" de preparo.

Todo dirigente espiritual deve ter os assentamentos descritos no capítulo anterior; os mesmos assentamentos dos Orixás devem compor as forças do terreiro.

Os Orixás possuem seus pontos de força, assim também nossa Esquerda, nossos Exus e Pombas Giras. Estes pontos de força devem vibrar nos terreiros de Umbanda através dos fundamentos assentados de forma ritualística dentro de nossas casas. Quando cito ritual digo que os assentamentos seguem com oferendas, cantigas e rezas com referência ao poder firmado pelo dirigente.

Sempre que se abre um terreiro de Umbanda, um dos primeiros pilares assentados é o da Esquerda, Exu e Pomba Gira sempre à frente. A tronqueira segue os mesmos ritos do assentamento do dirigente já citado, com o diferencial de que os elementos servirão aos guardiões responsáveis pelo bem-estar do terreiro. No meu caso, em minha linha de trabalho, quem rege minha Esquerda sempre será Lúcifer e Belzebu. Em seguida, vêm os Exus e Pombas Giras ligados ao dirigente. Uma tronqueira, de preferência, deve ter acesso à terra, ou melhor, estar na terra ou ter um buraco ligado ao chão de terra.

Neste local são feitos os primeiros preparos, com os elementos já descritos no assentamento dos Exus e Pombas Giras, acrescido das particularidades da força do dirigente. Neste buraco é necessário, caso o local seja novo, pedir licença à possível força existente, em seguida colocar fogo com álcool. O elemento fogo faz a assepsia vibracional proporcionando a limpeza de qualquer força desnecessária. Antes mesmo de colocar os elementos, de fazer o assentamento em si, traga as primeiras forças fazendo com velas, bebida, charuto e padê de exu. O padê neste caso feito de farinha de mandioca crua, água, pinga, azeite de dendê, moedas, uma cebola cortada em quatro. Este padê serve para pedir licença e atrair as primeiras vibrações necessárias dentro do assentamento, a forma de montagem do trabalho sempre respeitando os critérios da casa.

A terra dos pontos de força da Esquerda, estrada, cemitério, beira-mar, montanha, encruzilhadas, caminhos e do chão do próprio terreiro, todas essas terras devem ser retiradas de forma ritual, pedindo licença, acendendo vela, charuto, dando bebida e moedas aos donos dos locais. Assim, esses elementos servirão de maneira completa dentro do trabalho, trazendo todas as forças existentes nesses locais.

O dirigente deve andar em todo perímetro do terreiro, após isso retirar o pó que esteja em seus pés, afirmando enquanto anda que aquele local tem dono e proteção de sua Esquerda (mentalize os Exus, Pombas Giras e Exu Mirim de sua coroa). Assim, ninguém deturpará suas forças de seu chão, pois esses estarão dentro de sua ritualística, ou melhor, dentro das vibrações de sua tronqueira. Quais forças devem estar fundamentadas na tronqueira? Seu Exu, sua Pomba Gira, Exu Mirim, Quimbandeiro. No meu caso, tenho um espírito de um quimbandeiro que raramente se manifesta, somente para ações específicas, e compõe meu trabalho de Esquerda.

Fundamentado a tronqueira, o próximo assentamento é o do Tempo, lembrando meus irmãos que não cultuo o Tempo Orixá, mas sim o Tempo da Criação, ou o Próprio Criador em Seu Tempo. Segue a ritualística com a moringa com água representando a força do Tempo, sendo necessário completar semanalmente esta água. O Tempo colocado no alto, ou em altar no fundo do terreiro, sempre acendendo vela branca e evocando sua força.

Dentro do espaço cerimonial, aonde ocorrem às sessões religiosas é solo sagrado. Neste solo, no meio do salão, deve ser feito um buraco com acesso à terra, ali estarão os fundamentos de todos os Orixás cultuados na casa, ou este assentamento fica no meio do terreiro no alto, caso não possa fazer o buraco. Segue ali a ritualística do chefe da casa, aonde as particularidades das oferendas serão arriadas no momento da feitura. Os elementos são os mesmos descritos que servem para os fundamentos dos médiuns; entram outras particularidades de cada vertente.

O altar (peji) deve ser feito de acordo com os critérios do guia-chefe, em sua maior parte encontraremos quartinhas dos Orixás que regem a casa, além disso, nos quatro cantos estarão firmados os Pretos Velhos, baianos, boiadeiros, ibejis (crianças), ciganos e marujos, dentre outras forças que se apresentam, como no meu caso Cipriano que se apresentou à parte dos guias citados.

É evidente que dentro de um local, as entidades chefe do terreiro realizam suas firmezas espirituais, invisíveis aos olhos humanos, que dão a sustentação e abertura de portais astrais existentes. Os assentamentos como procedimentos devem ser realizados, logicamente, respeitando o que os mentores determinam. É difícil manter harmonia de trabalho sem certos fundamentos, sejam eles para o médium, ou para o espaço que deve ser devidamente adequado aos ritos religiosos.

Sublinhas – Espíritos guias intermediários e intermediadores

Para complementarmos esta parte de nosso trabalho faz-se necessário explanarmos sobre as linhas de trabalho no culto de Umbanda, chamadas por muitos de sublinhas ou espíritos intermediários e intermediadores.

São eles: baianos, boiadeiros, marinheiros, Pretos Velhos, ciganos, crianças.

Baianos

Sempre que inicio uma gira de baianos digo assim: Por que baianos? Por que não paulistas, mineiros, sergipanos, alagoanos? A resposta é que no Brasil existe um polo de vibrações espirituais sobre a Bahia, com hospitais astrais, bem como cidades de Luz têm suas passagens sobre este ponto. Para podermos criar uma analogia, seria como um chacra do planeta. Esta grande concentração de espíritos elevados encontrou dentro do culto de Umbanda uma maneira de se manifestar, e assim surgiu a corrente espiritual dos baianos. Estes amigos espirituais atuam em orientações, quebrando mandingas e trabalhos de ordem trevosa. Muitos destes irmãos já passaram por outras religiões; desta maneira sempre trazem o conhecimento abrangente de forças espirituais diversas. Com isto, é importante ressaltar que a religião de Umbanda, com esta diversidade, sempre estará se transformando para melhor, com conceitos pluralizados, porém sempre ricos em informações no tocante à espiritualidade. Firmeza de baianos – elementos: quartinha de barro, cachaça, búzios, fumo de corda, pedra ágata de fogo, pedra olho de tigre, pedra berilo, pedra obsidiana mogno. Velas amarelas e pretas, coco verde, copo de barro, padê branco feito com água. A linha de baianos é mágica e eles atuam desde abertura de caminhos, até encaminhamentos de espíritos sofredores.

Boiadeiros

Em relação a nossos irmãos boiadeiros, entro no mesmo paradigma. Por que não padeiros, pedreiros, carroceiros, marceneiros? Por que boiadeiros? Existem, há milênios, seres que militam na espiritualidade superior que possuem em suas mãos feixes de vibrações que envolvem seres negativados, decantando-os e levando-os a prisões astrais. Nesses feixes, vistos como laços análogos aos dos boiadeiros, fundamentou-se a união desses seres de grande luz com o arquétipo regional.

A cúpula da Umbanda, quando estava sendo arquitetada, recebeu esses irmãos espirituais, que encontraram no boiadeiro uma forma de se manifestar e assim atuar dentro dos padrões de auxílio aos necessitados. Agem entre mundos distintos e podem sim transitar por regiões que pertencem aos nossos guardiões e retornarem as esferas às quais pertencem. Quero aproveitar e ressaltar que essa linha, como agentes que atuam sobre os ataques negativados, são exímios manipuladores da magia, embora a palavra magia seja extensa sob as várias formas encontradas.

Vejo que o trabalho dos guias supera muito em relação a receitas passadas por alguns iniciados. Não desmerecendo quem atua com magias populares, digo que a magia trazida por seres de Luz como baianos, boiadeiros, marinheiros, Pretos Velhos, ciganos vão muito além. Nas firmezas e assentamentos da força de um boiadeiro sempre encontraremos o laço, a cabaça, os búzios, a cachaça, velas de cores variadas, pedras que servem de otas, tais quais: obsidianas, ágatas, cristais, britas, basaltos, berilos.

Marinheiros

Nossos marujos – quem nunca se divertiu com o jeito extrovertido dessas entidades quando se manifestam dentro dos templos espirituais de Umbanda. Com sua forma carismática de ser, envolvem as pessoas e introduzem seu lado místico e religioso quando citam Nossa Senhora dos Navegantes em seus cânticos e orações. Mas se faz necessário compreender o porquê destes irmãos, quando manifestados em seus aparelhos, agirem como se estivessem embriagados. Mesmo eles falando que sim, que tomaram muito e, portanto estão a cambalear, na verdade eles são seres que vivem em esferas sobre o mar, e quando estes estão conectados aos seus aparelhos reproduzem o balançar das ondas. Assim envolvem as pessoas com vibrações salutares de Nossa mãe Iemanjá, beneficiando a todos que ali se encontram.

Nossos marujos como seres de proteção do templo, firmam suas energias utilizando da água do mar atraindo o poder deste ponto de força. Ainda com conchas, pedras, areia do mar, búzios introduzem tais energias que são perceptíveis a todos os médiuns e assistidos do terreiro.

Pretos Velhos

Salve a corrente das almas! De todas as forças espirituais que já se manifestaram em minha vida, tenho com os Pretos Velhos algo a mais. Foi o primeiro espírito guia que se manifestou em minha vida e me trouxe a vida. O que quero dizer? Esses servidores da Luz são anciões que possuem conhecimentos milenares, trazendo com isso toda uma tranquilidade, deixando o ambiente sereno pela força espiritual impressa sobre todos. Espíritos orientadores e disseminadores da espiritualidade religiosa cujo ensino sobre o Mestre Jesus Cristo é a base desses conhecimentos encantadores e reveladores da Paz para o mundo.

E uma curiosidade, nem todo Preto Velho é velho, ou preto, ou mesmo tenha servido como escravo em sua passagem terrena, mas este arquétipo é fundamento dentro do mistério espiritual desta linha de seres fantásticos. Por meio da linha de Preto Velho, percebi que a história da Umbanda vai mais além do que muitos pensam. O Preto Velho que me acompanha retrata atividades com esta linha em meados de mil oitocentos e cinquenta, mostrando o quanto é vasto este trabalho de nossa religião. Na firmeza de terreiro de Preto Velho: quartinha de barro, fumo de corda, búzios, água, pedra esmeralda. Estes elementos consagrados na linha de Preto Velho são poderosa força de anulação de descargas; atua também como atrativo da força anciã desta linha. A corrente das almas, ou Preto Velho é sustentado por pai Oxalá, Obaluaê, Nanã Buruque e Omulú. As sementes nos fios de conta constituem uma forma de atrair força de germinação da Luz do Criador sobre aqueles que serão assistidos. Normalmente, Preto Velho tem duas guias, a outra de cor preta e branca está ligada aos Orixás anciões.

Ciganos

O povo cigano é na verdade um dos mais místicos dos que já ouvi falar; a cultura é totalmente baseada em um regime sério, em que os homens possuem funções e características nas várias castas existentes. As mulheres possuem funções distintas, como a leitura de oráculos e trabalhos espirituais; os homens também realizam a abertura de oráculos, porém essa tarefa se encontra na cultura mais direcionada às mulheres. Esses irmãos espirituais são exímios manipuladores da arte dos oráculos, em que a quiromancia, bem como a leitura do baralho cigano e bola de cristal fazem deles seres à parte no mistério da espiritualidade. Esses amigos espirituais atuam muito bem com a lei de ação e reação, ou é dando que se recebe. Pois, a utilização de moedas em seus trabalhos mostra bem isto, no sentido de elemento de prosperidade, pois quem dá uma moeda recebe de volta as vibrações salutares da prosperidade.

Sou criterioso na evocação desses irmãos dentro de meu templo, e somente os evoco quando existe uma determinação do Orixá maior da casa e, mesmo assim, não costumo transformar o trabalho religioso em um trabalho oracular ou mesmo em um trabalho exibicionista. Eles, que têm por devoção Santa Sara, quando manifestados em seus aparelhos levam a mensagem espiritual de sorte e bem-aventuranças aos presentes na sessão. A firmeza de ciganos encontraremos em moedas, ferraduras, imãs, punhais, chaves, tesouras, incensos e velas.

Crianças/Ibeji

Corrente espiritual de Ibeji, ou Cosme e Damião, é uma das linhas de espíritos mais puras que existe. Na verdade, são espíritos que chegaram a um grau importante de sua evolução, e, embora se apresentem iguais a crianças, não o são. Tomemos um trecho das palavras de Jesus quando ele cita. "Vinde a Mim as criancinhas, pois é delas o reino dos céus". O que isto quer dizer? Quando chegarmos à pureza e inocência de uma criança significa que alcançamos o patamar mais elevado do reino de Deus.

Eles, com suas brincadeiras, trazem o afeto da espiritualidade, mostram que ser religioso é benção e alegria. Onde existe uma criança Ibeji não existem forças contrárias, pois estas não se sustentam pela tamanha vibração que esses espíritos guias possuem. Dentro dos trabalhos religiosos, a manifestação dessa linha afasta todo tipo de infortúnio.

Para um médium ter a incorporação das crianças deve estar com seu preceito em dia, seu campo mediúnico preparado para esta tarefa espiritual. Firmeza de Ibeji: pedras que são elementos de grande energia pura para essa finalidade. Quartinha branca, água de fonte, pedras cristal, pedra água marinha e quartzo rosa, velas azuis, brancas e rosa.

Linha de Cipriano

Venho ressaltar a força de São Cipriano, embora encontremos na corrente de Preto Velho o pai Cipriano, aqui não se trata deste Preto Velho que é um grande trabalhador da Umbanda. São Cipriano é conhecido pelos trabalhos de magia e pelo conceito atribuído a ele do estudo Luciferiano. Cipriano é o grande Mago da espiritualidade, uma força que deve ser entendida diante das distorções sobre seu arquétipo, afastando muitos de seu real trabalho. Na Umbanda ele vem como Cipriano, trazendo uma interpretação sobre a Criação e os planos espirituais de forma clara. Cipriano em sua oração reverência alguns Santos que sustentam poderes espirituais.

São eles: Santo Antônio, Santo Agostinho, São Bento, São Lázaro, Santo Onofre, Santa Bárbara, São Miguel, São Lucas, São Benedito, São Malaquias, São Bartolomeu e São Cipriano.

Na prece cada santo tem uma função dada por Cipriano:

Santo Antônio trabalha junto às hostes dos exus, trabalha também nas vibrações emocionais viciadas entre homem e mulher.

Santo Agostinho é detentor das aberturas das correntes médicas e comanda vários hospitais nos planos da espiritualidade.

São Bento, assim também São Cipriano sustentam os símbolos mágicos, trabalhando nas esferas elevadas e nas mais densas comandando milhares de espíritos.

São Lázaro atua contra as pragas e determinações de ódio de pessoas descontroladas mentalmente e emocionalmente.

Santo Onofre atua diretamente na proteção dos lares e das crianças, sendo responsável por espíritos infantis que atuam na espiritualidade.

Santa Bárbara comanda legiões de espíritos guerreiros e quando evocada estes isolam o perímetro espiritual.

São Miguel comanda os anjos que atuam nas quatro direções da Cruz; assentam-se em sua evocação os anjos do Alto, Embaixo, Direita e Esquerda.

São Lucas, guardião das forças dos seres elementais e comandante das forças dos quatro elementos.

São Benedito, comandante dos espíritos anciões, traz harmonia e eleva o padrão energético do ambiente.

São Malaquias – este santo foi um papa, responsável pelas hierarquias espirituais da Cruz Sagrada.

São Bartolomeu é o comandante das Hierarquias de Esquerda na Umbanda.

São Cipriano é o comandante das legiões de magos, feiticeiros, bruxos na Alta Magia da noite.

Os Santos são forças necessárias na reza de um espírito Cipriano. Ele sempre estará trabalhando fazendo menção a eles e à Sagrada Cruz da Criação!

O Criador deixou apenas sua força com a finalidade de dar ao encarnado caminhos e escolhas. Nada do que foi criado vem para destruir, pelo contrário, mas o encarnado na ânsia da destruição, da ambição e do ego usa dos poderes oferecidos para tirar vantagens indevidas. Meu punhal está à frente, não para ferir, mas sim proteger! Mas se vem ao encontro dele, a escolha foi sua! Se você toma o veneno como remédio será curado, mas se ingere para saciar sua sede de vingança logo morrerá! É justo? Eu sou Cipriano, caminho no Alto, no Embaixo, à Direita e à Esquerda da Cruz da Criação!

Firmeza de Cipriano: quartinha de barro, prato de barro, cinco chaves antigas, água, pólvora, pedra ônix, cachaça, cigarro, vela metade preta e metade amarela, ou preta e dourada. A montagem e rezas são trazidas por essa linha, que vem tanto na Direita quanto na Esquerda.

O Pai da Magia, o senhor dos caminhos!!!

Na espiritualidade vasta que encontramos muitas explicações positivas e elevadas, com vertentes e variações regionais e culturais, quero colocar aqui uma pequena explanação sobre espíritos de Feiticeiros (as), Magos (as), Bruxos (as).

Existe uma casta de seres na espiritualidade que atuam de maneira sutil e direta com aqueles que possuem o conhecimento, abertura e iniciação perante tais forças. Os feiticeiros, magos e bruxos são espíritos da natureza, médicos espirituais e defensores de seus médiuns. Tive o privilégio de em sessão de cura ter a presença de um feiticeiro, que através das vibrações que ele possui deu direcionamento a curas espirituais. O mesmo se dá por espíritos de magos, seres capazes de movimentar energias que beneficiam as pessoas. Posso citar que Cipriano está dentre essas castas de feiticeiro, mago e bruxo, no sentido mais elevado da compreensão.

Os bruxos entram em um grupo de seres que adentram várias esferas da espiritualidade, possuem definido como bruxaria um seguimento religioso e dão sustentação aos seus seguidores. Nós encarnados encontramos tais nomenclaturas naturalmente entre iniciados de feitiçaria, magia e bruxaria, adotando tais denominações. Quero ressaltar que essas denominações são graus que raríssimas pessoas encarnadas possuem. Para tanto, esses que se denominam feiticeiros, magos e bruxos são pessoas de vida exemplar, despidos das vaidades e ranços naturais dos encarnados. Para aqueles que possuem esses seres e são devotos a eles com certeza terão o amparo e caminhos abertos. O respeito a essas forças deve existir, pois eles estão ao nosso redor mesmo que não percebamos. Os nossos guias de Esquerda em particular possuem todas essas características, tendo ainda tais atributos de alguns guias de Direita; podemos dizer assim que grande parte de nossos guias são, portanto, magos, feiticeiros e bruxos.

Concluo esta parte sobre os guias espirituais que intermedeiam suas forças conosco da seguinte maneira e com uma pergunta: O que se busca quando estamos diante de um espírito guia? Infelizmente, hoje vivemos em todos os setores, sejam eles no campo religioso, profissional, seja na família, um padrão imediatista desenfreado. Todos querem tudo para agora, e nem sempre as pessoas têm o tempo de sentir o que é a força da espiritualidade. Todos querem saber o que vai acontecer amanhã, mas não buscam interpretar o porquê de muitas vezes acontecerem em suas vidas tantos obstáculos com situações desagradáveis. Acredito muito na Lei da Atração! Você é o que pensa, o que faz e o que determina em seu dia a dia. Ainda precisamos observar o que você veio passar aqui nesta fase, enquanto encarnado, o que foi que você determinou para sua existência, lembrando que, sim, pedimos para nascer. Deixemos de nos colocar como vítimas das circunstâncias.

Irmão umbandista, enquanto assistidos e médiuns buscarem dentro da religião apenas o massagear de seu ego, ou coisas imediatistas, continuaremos sempre com um problema dos mais sérios. Muitos encontram dentro deste posicionamento uma forma de poder e o usam para negativar outras pessoas com seu conhecimento. Não estou generalizando, porém é fato! Todo dirigente espiritual, bem como todo religioso de Umbanda tem o dever de cultuar sua Fé de maneira a se mostrar como religioso, não como um trabalho apenas ritualista. Sentir Deus, sentir a presença dos espíritos benfeitores já basta; creio que ter uma consulta é algo sério e importante, porém não determinante. Temos de fazer com que todos aprendam a contemplar Deus, a louvar os poderes criadores sem o exagero cometido em muitas casas, de apenas ver nos elementos, ou paramentos, as máximas da religião.

É necessário aprender a sentir o que está por detrás de tudo isso, que são as forças criadoras que não necessitam de muito, na verdade de bem pouco. Humildade, seriedade, espírito caritativo, perdão e amor a todos aqueles que estão vivenciando essa fase, enquanto espíritos em evolução, sem distinção.

Outro aspecto que assombra qualquer trabalho espiritual é em relação aos exageros cometidos, quando se diz que tudo é culpa de ataques espirituais. Volto a citar a Lei da Atração; acredito que os que cultuam e cultivam este pensamento desenfreado das demandas, dos ataques espirituais, acabam por atrair tais gêneros de força.

Eu, particularmente, não acredito que uma pessoa preparada espiritualmente possa ser alvo de tais forças. Tais ataques somente podem nos atingir quando baixamos a nossa guarda e nos negativamos, nos tornando afins a tais forças. E critico aquele que tem a sensibilidade de detectar que existe tal aspecto e fala para outra pessoa. Por que critico? Se a pessoa sabe, então desfaça, não havendo a necessidade de instigar o negativismo no outro. Isto acorre muito entre os protestantes, em que tudo ocorre em torno do nome de Satanás. Na religião de Umbanda existem muitos que se utilizam deste artifício para tirar proveito e dinheiro dos outros; usam o nome de uma religião sagrada, mas, quando agem assim, deixam de pertencer à egrégora do mistério religioso de Umbanda. Passam a servir seres negativados dentro dos padrões espirituais.

Religião é coisa séria e devemos estar sempre atentos para, ao nosso redor, formarmos verdadeiros religiosos, e assim realizarmos e proclamarmos esta força espiritual a todo mundo.[4]

---

4. Nos assentamentos dos Orixás, bem como nos assentamentos ou firmezas dos guias, foi citado sobre pedras, estas pedras são os Otas colocados nos fundamentos, seja na Umbanda ou mesmo no Candomblé, embora ao se falar de fundamentos e citar sobre o Ota, não se qualifica qual pedra e que tipo de onda magnética possui. As pedras possuem qualidades e estas qualidades estão em nível vibracional com determinadas forças. Definir a pedra e o Orixá dá ao assentamento Poder! Por este motivo foi citado nos assentamentos este fundamento de distinguir a qualidade do Ota.

Espíritos socorristas e corrente médica espiritual

Um dos trabalhos que deve ser incentivado nos ritos espirituais é aquele com a corrente médica espiritual. Sustentados pelo portal de nosso Pai Obaluaê e dirigidos pela vibração fraterna de nosso Mestre Jesus Cristo, Pai Oxalá, muitos irmãos recebem verdadeiras dádivas provenientes das esferas luminosas da Criação. Já tive oportunidades de realizar sessões com os nossos Pretos Velhos, ocasião em que os consulentes receberam seus passes e orientações e, à frente do Congá, médiuns manifestados com doutores da espiritualidade executaram tratamentos e cirurgias espirituais. Ao mesmo tempo, no lado astral, seres espirituais que desencarnaram e se encontravam perdidos e sofrendo, também foram assistidos e encaminhados através do trabalho edificante.

Creio profundamente que muitas casas realizam essa tarefa, talvez com trabalhos separados, o que é louvável, mas existe uma necessidade de expandirmos essa tarefa. Embora, como mencionei, tenha sido realizado dentro de uma gira de Preto Velho, já fiz também na linha de Oxóssi, ocasião em que os caboclos davam os passes com as ervas e estes irmãos da linha de cura executavam a tarefa de abençoar e curar as pessoas enfermas.

Um ponto fundamental a explanar é que há trinta, quarenta anos existiam muito mais trabalhos de cura, cujas manifestações de correntes médicas eram muito comuns e verdadeiros milagres ocorriam. Hoje, mesmo que um irmão assistido passe por um trabalho como esse, jamais ele deve deixar de ter acompanhamento médico, diferentemente de anos atrás, quando não havia recursos médicos como há atualmente.

A ciência avançou e muitos dedicam anos de estudo para poderem ajudar os enfermos, e não seria justo que todas as pessoas fossem curadas dentro de trabalhos espirituais, mesmo porque a evolução nossa se transformou e as necessidades são outras. Além disso, não se pode esquecer de que muitos trabalhos de cura tratam a contraparte espiritual dos órgãos, sendo que a parte física pode ter recebido choques que a atingiram e deve ser tratada pelo lado físico.

Embora pareça um contrassenso, digo que existe a necessidade de termos linhas de correntes médicas pelo fato da existência da doença do espírito, das vibrações provenientes do etéreo, sendo que para as doenças da matéria os homens preparados para tal estão aí para fazer valer seu papel. Dependendo, sim, das circunstâncias e do que chamamos de mérito, já se detectou curas fantásticas, mas, o propósito é a cura do lado espiritual do ser. Já houve o fato de pessoas acometidas de doenças gravíssimas serem tratadas e, mesmo doentes, passarem a ter mais qualidade de vida. E mesmo sobre as dores, muitas são atenuadas através dos trabalhos realizados pela corrente médica. É fato que todos nós um dia herdaremos as esferas da espiritualidade, mesmo que estejamos doentes em nossa matéria, nosso espírito estará curado no lado espiritual, pois esse já recebeu o amparo em trabalhos de cura em sessões de Umbanda.

Já tive a oportunidade de ver um Exu realizar uma cirurgia espiritual; lógico que essas não são invasivas; os cortes são no campo do perispírito do assistido. Foi-me dado a oportunidade de ver que a maioria desses trabalhos de cura ocorre pela imposição de mãos, ocasião em que se utiliza muito álcool, algodão e cristais, que são elementos comuns dentro de um rito sustentado pela força de uma corrente espiritual de trabalho, sendo assim resguardado de forma completa. Faço este tipo de relato para incentivar a multiplicação dessa ação, tão necessária a muitos que recorrem aos templos religiosos de Umbanda.

Dentro do rito de Umbanda possuímos a mesa de trabalho, aonde médiuns preparados sentam ao seu redor com a função de manifestar espíritos que serão encaminhados. Este trabalho não se trata da mesa branca espírita, mas de trabalho aberto na Umbanda, aonde espíritos sem luz, zombeteiros, seres trevosos se manifestam para que deixem de atuar sobre os encarnados. Lembro que todo tipo de trabalho que envolve características de densidade espiritual podem ser realizados somente em local adequado, preparado com os assentamentos devidamente firmados com seus fundamentos.

A orientação aos assistidos deve, igualmente, existir em relação a seus pensamentos e atitudes na vida. Normalmente, em tais procedimentos um guia espiritual, seja um caboclo ou um Preto Velho dá direcionamento na sessão espiritual. Inicialmente, os espíritos sem luz se manifestam, seguindo com os demais seres mais densos, todavia, no astral os nossos Exus atuam na esfera de proteção junto a nossos Orixás. Em todo o trabalho outros médiuns dão sustentação por meio de orações e cânticos harmoniosos auxiliando os irmãos que estão na mesa.

No decorrer do trabalho, o guia ou o dirigente espiritual direciona as vibrações e determina a troca de médiuns na mesa. Ainda as pessoas que estão na assistência podem se beneficiar diretamente, quando são chamadas e colocam suas mãos nos ombros dos médiuns, que por sua vez realizam os transportes dos seres que podem estar atuando negativamente sobre elas. Os médiuns, por sua vez, recebem grande fortalecimento após a participação de trabalhos como esses, pois a cada transporte realizado seu campo mediúnico adquire a mística e o conhecimento dos seres encaminhados.

Faz parte do ritual, na própria mesa, cada médium deixar seus guias de Esquerda descarregar os médiuns. A água consagrada serve para reequilibrar o campo mediúnico dos médiuns, atraindo forças de assepsia.

Paramentos

A utilização de paramentos remonta há muitos anos, uma vez que esse artifício se tornou um fundamento importante em muitos templos, instituindo arquétipos direcionadores, caracterizando cada linha de Umbanda, unindo ferramentas de trabalho, adornos e roupas que indicam sua ação dentro da espiritualidade, formando dessa forma uma corrente de vibrações no campo mental das pessoas presentes.

Quem nunca foi a um templo umbandista e não viu o senhor Ogum manifestado em um médium com sua roupagem característica, seu capacete, sua capa e a espada, dando um sentido de força da realeza que este sagrado Orixá traz para os templos religiosos? Um soldado da antiga Roma, ou a aproximação com a roupa característica de São Jorge – o guerreiro é a visão criada. Quem nunca observou os baianos ou os boiadeiros com seus chapéus, roupa de couro e chicote, atuando de maneira singular, demonstrando a habilidade no manejo de seu chicote, ou dançando e levando seu chapéu como uma rede que verte luz abrangendo a tudo e a todos? Ou ainda, os caboclos de Oxóssi com seus lindos penachos coloridos, representando sua falange, sua força e pontos onde estão ligadas suas irradiações?

Temos os exemplos dos Exus e Pombas Giras com suas capas, cartolas, chapéus e enfeites de cabelo, os tridentes e bengalas. São tantos exemplos para demonstrar a caracterização de cada linha, que é impossível descrever todos sem fugir ao tema propriamente dito. A existência de fundamentos neste universo dos paramentos é vasta, mas aponto duas ações bem distintas e importantes a serem ressaltadas dentro do culto religioso na utilização dos mesmos.

A primeira observação vem ao encontro da parte visual, que nos remete diretamente aos campos da espiritualidade, sendo um artifício utilizado como referência da força espiritual evocada dentro das vibrações espirituais religiosas.

Digo que se trata de um contexto necessário ao médium e aos assistidos, pois assim terão a referência do paramento indicando a linha que foi determinada pelo sacerdote no trabalho que será executado. Observando sobre a ótica do próprio assistido, a sensação é de aproximação com o guia espiritual e sua força. O vínculo entre o médium e o guia se torna mais forte pela paramentação, o que transforma a entrega do medianeiro em um momento muito mais intenso e determinante na tarefa espiritual. O ambiente se enche de vibrações de devoção, dando a esse lado litúrgico a excelência de fluidos emanados aos necessitados.

Os paramentos são utilizados na união entre agentes importantes: a força mediúnica do medianeiro, as forças trazidas pelos espíritos guias e as energias dos elementos que, como ferramentas, possuem suas próprias vibrações. Esses elementos utilizados como paramentos, anterior à sua utilização, foram mesmerizados pelo espírito guia, que se utilizará de seus recursos que lhe permitem trazer de outras esferas as vibrações que serão manipuladas no decorrer das sessões espirituais.

Esses apontamentos servem de referência para que possamos visualizar muito além da beleza de uma roupa, de uma capa, chapéu, capacete, bengala, chicote ou outros instrumentos que podem servir de ferramentas vistas como paramentos litúrgicos. Uma guia, ou colar de contas, não é visto como paramento, mas por assentamento de força para o medianeiro, sendo uma ferramenta de trabalho importante. Abordaremos acerca desse elemento em um tópico à parte.

Cada linha de trabalho, bem como cada espírito guia, utilizam-se das forças dos paramentos de acordo com o seu mistério, ou melhor, de acordo com sua essência natural que lhe é peculiar e única. Mesmo pertencendo a uma falange, o espírito guia tem sua assinatura de força espiritual impressa em sua ferramenta. Os benefícios são inúmeros quando a ciência espiritual atua em ressonância com um medianeiro religioso e devotado às práticas caritativas, livre do ego e da arrogância, aspectos muito comuns aos medianeiros desprovidos da espiritualidade elevada.

Para compreendermos algumas formas de atuação com paramentos em sua essência energética, vibratória, magnética cito alguns exemplos, mas, como já mencionado, cada espírito guia imprime seu mistério, tornando o elemento único em seu gênero de força e atuação.

Podemos mencionar o capacete de Ogum: sendo um elemento metálico, está ligado a dimensões que favorecem o medianeiro em relação ao campo mental, ajudando ainda na conexão espírito guia e glândulas medianeiras. O equilíbrio mediúnico que se apresenta com este elemento, por meio do metal, é poderoso, entretanto, um chapéu de couro estabelece ligação entre o medianeiro e a força animal. Elementos de couro são excelentes paramentos, pois ajudam na quebra de forças negativadas em que tenham sido utilizados sangue de partes de animais ou elementos ritualísticos. A mente do medianeiro, quando conectada ao espírito guia, está em uma vibração constante e única, o que provoca sensação de segurança promovida pelo paramento, que não apenas adorna, mas entra nas esferas sutis do extrafísico.

Outro elemento que merece menção é o algodão, que possui a vibração de Oxalá, uma vez que é utilizado na confecção das vestimentas e dos panos de cabeça. Esses panos de cabeça dão ao médium mais desempenho em seu campo vibratório mental, melhorando a concentração e a conexão com seus guias espirituais. Ainda, este elemento resguarda determinados símbolos que vibram em seu campo mediúnico, impedindo que seres de ordem trevosa venham se aproveitar de suas forças mentais e mediúnicas. Muitos médiuns de Umbanda usam o kipá ou solidéu utilizado pelos mulçumanos. Dentro do meu trabalho o pano de cabeça não é utilizado pelo preparo realizado a cada filho pelo mentor da casa, que atua no resguardo e proteção da mesma forma.

As espadas entram nas mesmas condições do capacete. Porém, constituem um elemento já codificado dentro do mistério religioso de Umbanda, sendo que é através do metal que se tem um poderoso magnetizador para o medianeiro, para o assistido e, fundamentalmente, para o espírito guia atuar nos ambientes. As espadas atraem forças do ponto de força do Orixá, que inunda o ambiente com suas vibrações direcionadas da tela da divindade a todos os presentes. Ainda o aço, o ferro consagrados figuram em cópias nos planos espirituais, dando ao médium poderosa ferramenta.

A capa, tanto para Ogum quanto para os Exus e Pombas Giras, é um elemento que possui fundamento, pois cobre o medianeiro de vibrações protetoras, tornando-o invisível às esferas trevosas. Este mesmo efeito se dá ao assistido quando em consulta espiritual. O fato de estar invisível torna a atuação ainda mais potente, pois cordões negativados são rompidos e seres trevosos são aprisionados sem ao menos perceberem o ocorrido. A capa também serve de portal, como agente de proteção ao médium e aos assistidos por aquela entidade.

As bengalas, dependendo do tipo de madeira, atuam de maneira diferenciada, mas em geral são elementos potencializadores, e quando utilizadas batendo-se no chão, ressoam no lado extrafísico, afastando e anulando aspectos degenerados. Vale ressaltar que o uso da bengala não se restringue a possível dificuldade física por parte da entidade que a porta, antes ela representa o seu mistério de cura, de fortalecimento, é seu ponto firmado; é o trato com os fundamentos da casa que são ativados pelo toque do paramento no solo espiritual do templo. A bengala, ou cajado representa a ligação do Alto com o médium através do guia, elemento mágico poderoso, que ecoa no astral mesmo que não esteja sendo manipulado, um ponto de força.

Uma coroa utilizada por uma cabocla de Oxum, Iemanjá, Ewá, Nanã ou Iansã permite que o campo vibratório do medianeiro esteja ligado diretamente aos pontos de força do Orixá, aonde o guia manifestado transmite tais vibrações ao ambiente e às pessoas que ali se encontram. Pulseiras e anéis consagrados formam elos de proteção; tais adornos são ferramentas de trabalho dos espíritos guias que os utilizam, em geral, como fixadores de energias que estão nos assentamentos do medianeiro, sendo fundamento para muitos dirigentes espirituais. Para interpretarmos isso vamos visualizar: quando um sacerdote coloca seu anel ele se reveste dos poderes dos assentamentos de seu templo, realiza a ligação do poder ancestral à sua coroa. O mesmo se dá com pulseiras, colares que magnetizados ou firmados pelos Orixás ou guias espirituais estabelecem relação com todos os poderes.

O penacho dos caboclos de Oxóssi, além de representar o arquétipo indígena, é um elemento que representa a sabedoria e traz vibrações finíssimas que são utilizadas dentro dos ritos. Este paramento também carrega influxos que permitem repelir vibrações de ataques aonde foram utilizados sacrifícios, ou elementos ritualísticos de origem animal. O benefício mais interessante é a capacidade de reverter aspectos de forças mentais degeneradas em formas positivadas; os assistidos recebem essas vibrações que são liberadas dos campos relacionados ao Orixá Oxóssi, atuando diretamente na reprogramação mental dos mesmos. É importante também ressaltar a que a pena representa o conhecimento, traz a força dos animais de poder que são utilizados pelos espíritos dos caboclos de Oxóssi.

O tema paramentação é de suma importância a nós, religiosos de Umbanda. Abordei algumas características do porquê da utilização de paramentos,

Paramentos **127**

mas como citei, existem duas formas de compreensão a serem abordadas. Vamos à segunda.

Em muitos lugares que visitei aonde eram utilizados paramentos, observei o lado fantástico a ser vislumbrado e aplaudido como uma das ações manifestadas e pertencentes à religião de Umbanda, contudo observei também o lado que degenera as características religiosas dessas ferramentas úteis a nós e aos guias.

Ao reunir pessoas para a realização de um culto religioso, o dirigente espiritual, ou sacerdote tem uma responsabilidade ímpar. É ele que conduz, é ele que possui o dever de explicar aos seus médiuns os "porquês" dentro de uma religião, na parte litúrgica e em seu dia a dia como ser humano, pois é ele que será cobrado por ações indevidas realizadas pelos seus comandados. O exercício da espiritualidade deve ter a meta de atuar na prática caritativa, elevar e promover a compreensão espiritual, fazer de seus seguidores pessoas melhores, tornando-as religiosas. A palavra "religioso" significa espiritualizado, resignado, altruísta, um servidor de Deus, aquele que leva a paz e a fé a todos.

Quando se utiliza adornos, ou paramentos, o medianeiro deve estar imensamente preparado e resolvido em relação à sua espiritualidade, sendo um religioso exemplar, digno de sua roupa branca, que representa a pureza de Oxalá. Quando este não possui a característica religiosa, tende a entrar em sintonia com a vaidade, com a arrogância, tornando, desta forma, a utilização de seu paramento em um elemento de exibicionismo. Isto é inaceitável, porém, comum em muitos lugares, e muito vi em minhas andanças.

A respeito da utilização dos paramentos eu cheguei a uma conclusão: a espada é boa, a capa é excelente, o penacho e os outros instrumentos citados e mesmo aqueles que não o foram, todos são úteis. Mas existe algo ainda maior que deve ser preservado – é o que está dentro de seu coração como religioso!

Quando cito tais apontamentos, estou criando também duas situações, a primeira informando e formando, a segunda mostrando que o valor maior está na religião sentida e contemplativa! Como meu trabalho é mostrar que existem "várias" Umbandas, cujos seguimentos e vertentes devem ser respeitados, eu espero ser compreendido na preocupação em informar os novos e alertar os mais velhos para esse tema que entendo muito valioso. Na utilização de adornos de maneira exibicionista, o medianeiro deixa de estar em contato com as esferas sublimes da espiritualidade de Umbanda, passando, sim, a ser comandado pelas hostes negativadas incumbidas de levá-lo ao campo das ilusões.

É muito fácil compreendermos qual é e como é tal campo ilusório. Infelizmente, os que entram em sintonia com tais esferas, dificilmente as deixarão, pois seu ego passa a ser alimentado pelos elogios, que transcenderão o campo da espiritualidade sublime e estará levando o mental deste medianeiro a uma sensação de bem-estar ilusória. Esta situação leva, por sua vez, os que estão na mesma sintonia ao mesmo campo; acham-se sabedores das coisas da espiritualidade. Porém, são influenciados pelos aspectos negativados, e quando ocorrer algo em suas vidas, sua fé não estará sustentada no campo da espiritualidade, mas sim na vaidade de seu paramento. Sua fé, fora do campo da humildade não é sentida em seu coração, e assim passa a ter, dentro de si, sensação de desapontamento com a espiritualidade. Isto é muito sério! O que ocorre em seguida? Uma pessoa desestruturada e fatidicamente propensa a ser um _Pai de encosto_ como são chamados pelos nossos irmãos protestantes.

Espero que os irmãos entendam, pois existem muitas casas que realizam seus trabalhos com a valiosa utilização de paramentos, sendo os trabalhadores instruídos e humildes, vendo nesses paramentos ferramentas importantes a serem utilizadas pelos espíritos guias.

Penso ainda ser importante abordarmos a utilização das cordas feitas de palha da costa, os contraeguns, muito utilizados nos ritos de Candomblé e de Umbanda, como ferramenta de proteção dentro do conceito paramentos. Utilizados nos ombros ou nos tornozelos ou nos braços, agem como elemento filtrante de nossas vibrações magnéticas. Este elemento corta a ligação vibratória do medianeiro com os influxos de seres desajustados, pois uma vez que foi magnetizado através de consagração, forma um elo de força do Orixá diretamente ao campo mediúnico do médium.

Confeccionados de pequenas cordas, os contraeguns são consagrados ao Orixá Obaluaê. Com este elemento que é amarrado nos braços, tornozelos ou mesmo na cintura evita-se a entrada de seres espirituais que não pertencem ao campo mediúnico da pessoa. Como podemos entender este recurso? Nosso corpo espiritual possui vibrações que são pequenos filamentos que ligados às glândulas em sua contraparte espiritual, que possibilita também que os espíritos guias se utilizem da movimentação motora. O cerebelo é o responsável por esta área dos movimentos, dos nervos e músculos do corpo e esses filamentos espirituais também se ligam a ele. Quando se amarra o contra-egum, existe a interrupção do intercâmbio de vibrações de filamentos espirituais externos, que pode ser de um espírito sem luz, de quiumbas, ou zombeteiros. O que quer dizer isso? Somente os seres espirituais que pertencem diretamente à nossa corrente espiritual têm acesso ao que chamamos de canalização, incorporação e manifestação quando utilizamos o contra-egum. Existe esta interrupção de nossos influxos espirituais e energéticos e os que não pertencem ao nosso campo natural não mais irão se alimentar de quaisquer forças que possuímos. Assim entendemos a utilização do contra-egum feito de palha da costa.

A palmeira da palha da costa é vista como sagrada, assim como toda palmeira, é árvore sagrada. Mas a espiritualidade determina condições vastas para atuarmos a fim de realizarmos esta mesma tarefa, porém com outros elementos que nos permite ter o mesmo resultado. Fatores que possibilitam meios diversificados de atuação, aonde o medianeiro permite-se interpretá-los, deixando fluir sua intuição, deixando-se ser direcionado pelos seus guias espirituais. Tais recursos serão necessários para que haja o efeito desejado; une-se não apenas o elemento utilizado, pois a pessoa que será beneficiada precisa estar com seu lado consciente mental preparado para receber. Mesmo se tratando de ritos centenários, senão milenares, os médiuns, os assistidos, que receberão os benefícios dos recursos apontados, devem saber do porquê utilizá-los. Por este motivo que as explicações sobre seu fundamento darão força ao trabalho executado, já que a pessoa se conscientiza de sua função, e, assim, abre-se para receber esses benefícios.

Passaram pelo nosso planeta muitos médiuns superdotados de entendimento sobre a espiritualidade; seres escolhidos que trouxeram valiosos ensinamentos e fundamentos, entre eles São Francisco de Assis.

São Francisco foi um ser que teve outorga Divina para difundir características espirituais que permitiam e permitem que uma pessoa de posse de seu cordão sagrado estivesse livre de seres trevosos. Na verdade, o cordão de São Francisco hoje é muito utilizado dentro de alguns centros de Umbanda, aonde os guias espirituais consagram e amarram na cintura de pessoas obsedadas e para aqueles que são alvo de seres trevosos. É importante ressaltar que os filamentos existentes em nosso corpo espiritual se sustentam como uma tela vibratória ao nosso redor, e, quando utilizamos um elemento como este, impedimos o agregar de seres que não pertencem à nossa esfera espiritual. É uma ferramenta que deve ser aproveitada em nossos trabalhos, pois em muitos casos estaremos utilizando o contra-egum, mas em outras os nossos guias podem pedir o cordão de São Francisco.

Em outra escala de trabalho, esta mais tranquila, em que a pessoa absorve cargas, ou melhor, consegue ter a facilidade de ter contato com forças degeneradas absorvendo-as, temos outra forma de atuação. Para impedir a absorção desses influxos, coloca-se uma pedra ônix ou citrino no umbigo. Esta pedra, também consagrada, passa a ser uma fonte de vibrações que bloqueia essa abertura que muitas vezes as pessoas passam a ter. Este estágio de absorção dessas vibrações é muito comum aos iniciados, pois eles estão iniciando a formatação da compreensão de suas forças e por linha de afinidade, com a oscilação de seu campo emocional e mental. Algumas pedras possuem influxos bloqueadores, a pedra ônix é uma delas; com sua cor negra age na ação de impedir passagem de vibrações grosseiras. Ela, consagrada ao Orixá Obaluayê, vibra o mistério desta divindade, protegendo a pessoa.

O citrino é uma pedra de equilíbrio; consagrada ao Orixá Iansã vibra os influxos desta divindade, equilibrando as forças da pessoa que se utiliza deste recurso. O citrino consagrado a Iansã colocado no umbigo ajuda ainda no auxílio energético de quem necessita parar com um vício, seja tabaco, álcool ou drogas. Linhas de trabalho diferentes, porém, com ações muito semelhantes. A Umbanda tem uma pluralidade imensa e os espíritos guias utilizam dessas diversidades para atrair os benefícios a nós seres humanos.

Por fim, deve-se acrescentar que há muitas casas aonde não são utilizados quaisquer paramentos. E desde que essa não utilização seja fruto de uma determinação dos mentores que comandam o templo, não há nada de errado nisso, e nem por tal razão o trabalho espiritual é mais ou menos forte. Cada casa tem seu fundamento. É a diversidade que deve ser respeitada.

Religião e família

Inicio este capítulo com uma pergunta. Qual é a base de sua vida? Acredito que todos responderão que a base da nossa vida é a família. Tudo o que realizamos em nosso dia a dia vem ao encontro de nossos familiares, seja você filho ou pai.

Um chefe de família tem em seu trabalho o seu sustento, assim como a mãe hoje também exerce muitas vezes jornada dupla, trabalho profissional e a preocupação direcionada ao lar e ao futuro de sua família. A prosperidade de uma família vem pelo esforço diário dos pais, que fazem de tudo para dar o melhor aos seus filhos. Este perfil, de modo geral, é universal; as pessoas visam ao conforto dentro de suas casas buscam o estudo de seus filhos, e, muitas vezes, deles mesmos, tornando-se um fundamento para um futuro melhor. Desta maneira, a procura de uma profissão faz parte hoje do processo natural daqueles que têm por objetivo a prosperidade e a tranquilidade baseada em uma cultura globalizada.

Mas, para que a prosperidade bem como a tranquilidade da família se façam presentes, existem fatores que devem ser analisados de maneira objetiva. Os descaminhos dos filhos, o alcoolismo dos pais, o desrespeito toma conta de nossa sociedade de maneira geral. Como proteger nossos filhos? Aonde buscar o apoio necessário e o refúgio para que o alcoolismo não ocorra, por exemplo? A religião, através de seu representante maior dentro do templo, o sacerdote, precisa dar tais explicações, bem como o amparo necessário. Neste sentido, a Umbanda educa, direciona e prepara o ser humano em sua vida!

É óbvio que tudo isso passa por um ponto crucial, a espiritualização, pois a religião sempre se fez importante, e ter uma base espiritual dentro da família é fundamental. A família, como base forte e segura só será feliz quando a espiritualidade se fizer presente. O amor, a compreensão, o aprendizado, o respeito, a fidelidade, a cumplicidade sempre serão muito fortes, e, quando existir a força e esse entendimento sobre a importância de se ter Deus, os Orixás, guias e mentores evocados de maneira contemplativa pelos familiares, as bases tornam-se uma perfeição.

A Umbanda se fortalece quando as famílias comungam com a mesma prática espiritual, mas a diversidade religiosa muitas vezes nos impede de estarmos dentro deste contexto. Mas uma coisa é certa, religião alguma existe para separar nossos familiares. Quando uma religião afasta, de algum lado está ocorrendo o preconceito, ou a descriminação por falta de conhecimento.

Diferentemente de tempos passados, quando os filhos eram condicionados e obrigados a seguirem a religião dos pais, hoje o lado democrático e a multiplicidade de informações contidas nos veículos de comunicação permitiram quebrar algumas barreiras. Isto não é regra geral, pois também existem aquelas famílias que podam a liberdade religiosa de seus filhos, cerceando-os com a imposição de credos que não condizem com a realidade e afinidade espiritual de seus herdeiros.

Os estudos, o desenvolvimento mediúnico, o convívio com seus irmãos de fé, estar com sua roupa ritualística branca diante do altar, tudo isso só fará sentido se você comungar com sua família a espiritualidade, mesmo que estes não estejam dentro de seu conceito religioso. Ser espiritualizado permite com que haja a compreensão da diversidade religiosa; jamais teremos os preconceitos sobre quaisquer religiões – assim é uma pessoa espiritualizada dentro da doutrina umbandista.

A educação de nossos filhos passa pelo lado espiritual; ensinar os filhos sobre o Bem só será possível quando os pais compreenderem acerca da base de sua religião. Volto a falar sobre sermos pessoas que buscam os ensinamentos dos espíritos de Luz, seres que vivenciam os ensinos de elevação de nosso Pai Oxalá, e assim passar esta base importante aos seus filhos. Ensiná-los a oração que Jesus de Nazaré nos deixou, o Pai Nosso, mostrando o sentido da oração e explicando para a criança que os espíritos guias atuam e militam através de máximas espirituais: Fé, Amor, Perdão, Justiça e Resignação.

É fundamental levarmos a prática da espiritualidade ao nosso lar, em nossas orações da manhã, antes da alimentação, agradecendo pelo alimento, pelo dia, pelo trabalho, pelas pessoas que nos cercam, pelos obstáculos que nos permitem aprendermos e assim evoluirmos; evocar os espíritos de Luz para estarem conosco de maneira contemplativa, sentindo através de nosso coração a devoção.

A família necessita desse momento fundamental, somente assim os trabalhos espirituais de assistencialismo nos templos terão sentido para o medianeiro que primeiro serve aos seus pela prática caritativa. Falta este ato introspectivo de espiritualização entre os irmãos de fé de Umbanda; estimular esta prática será a própria propagação desta religião, será o eixo que sustentará o elo na família. A religião de Umbanda é, quando interpretada corretamente, a melhor forma de compreendermos a Criação, é a melhor forma de sentirmos Deus em nossas vidas, é aonde encontramos caminhos.

Para o medianeiro é a filosofia de sua existência; sendo desta maneira, este irmão tem o dever de propagá-la através de seu conhecimento. Um filho de Orixá conseguirá quebrar as barreiras apenas quando compreender que não existem inimigos, mas sim contrários, que nos permitem aprimorarmos nosso lado espiritual. Jamais busquemos confrontar aqueles que estão acima de nós, pois a derrota é certa, jamais devemos confrontar aqueles que estão abaixo de nós, pois seremos chamados de covardes; jamais confrontemos aqueles que estão no mesmo patamar que nós, pois a batalha será fatigante e o desperdício de energias não valerá a pena.

Todavia, compreendamos aqueles que estão acima de nós, para que possamos alcançá-los. Ensinemos aqueles que estão abaixo de nós, para que eles entendam que só existe salvação onde há a caridade e a irmandade. Damos as mãos àqueles que estão no mesmo patamar, pois só assim seremos mais fortes e aprenderemos juntos. Jamais devemos olhar as pessoas como adversários; estamos em um mesmo grupo de espíritos que, sedentos do saber, necessitam compreender que a verdadeira vida ainda está por vir; estamos na escola da existência. Portanto, sejamos cautelosos para que nossas precipitações não nos façam sermos derrotados por nós mesmos.

Há um ponto que tenho como fundamental em minha vida e acredito que meus irmãos vão concordar comigo. Antes de oferendar a Deus, aos Orixás e aos guias, reconcilia-te com teu irmão! Tomando este trecho das escrituras judaicas, levo-o como uma ação verdadeira e com fundamento. Não existirá lógica em levarmos oferendas, se em nosso coração estiver a raiva, a inimizade, a arrogância; de nada servirá este procedimento; é um total contrassenso.

É muito bonito um trabalho de Umbanda, com os médiuns cantando louvores a Deus, aos Orixás, aos guias. Mas como é esta pessoa que está de branco diante do altar? É realmente um religioso? É uma pessoa do Bem? Infelizmente, são muitos os que não se encontram na categoria de representar a religião de Umbanda. O que você quer para a sua família? Busquemos as pessoas sérias, comprometidas com a espiritualidade religiosa de Umbanda, sejamos verdadeiramente religiosos de Umbanda e levemos esta força espiritual para a nossa família.

Uma criança vê em seu pai e em sua mãe os exemplos que serão reproduzidos em sua vida inteira; principalmente dos primeiros meses até os sete anos, esta criança já absorveu elementos que formam o seu caráter. O fator espiritualidade na família, quando se faz presente, aonde seus membros receberam dos seus sacerdotes ou dos medianeiros ferramentas de conhecimento espiritual que elevarão o conceito familiar, faz com que esta família tenha dádivas de prosperidade e leveza em sua existência.

O caráter de uma pessoa tem tudo a ver com a base de conceitos espirituais e morais que foram absorvidos em sua infância. Os seus filhos reproduzirão o que você é! Educação não é o que se aprende na escola; lá é instrução, educação vem de casa, através dos pais, avós, tios, padrinhos. Um futuro feliz é o que esperamos para a nossa família; então vamos procurar inserir no cotidiano de nossas famílias a importância da espiritualidade; isto cabe aos pais. Porém, cabe ainda mais aos nossos dirigentes espirituais, que devem procurar sair da ação apenas ritualística da prática religiosa de Umbanda, para a ação de ensino contemplativo de Deus para a família. Não é ensinar seu filho a acender uma vela ao anjo de guarda, ou a um Orixá apenas; é fazer com que ele compreenda o que está por trás do ato de acender uma vela, dos valores que esta força representa em sua vida enquanto ser humano encarnado; é passar o valor das virtudes de cada Orixá, de cada espírito guia, para que sirva de referência em sua vida.

O uso ritualístico da bebida e fumo

Para podermos ter a noção da representatividade de tais elementos, se faz fundamental compreender antes sobre os paramentos, ferramentas úteis e fundamentos fantásticos na tarefa espiritual. Na utilização de bebidas e fumo existe uma ciência importante; compreendendo-a, tais elementos não serão deturpados quando utilizados em trabalhos. Interpretando de maneira correta o fundamento dos paramentos, podemos assim entender a união de ambas as forças, pois elementos ritualísticos se complementam, fundindo-se na tarefa espiritual, trazendo o êxito desejado.

A bebida, do mesmo modo o fumo, no meio humano profano, não passam de uma droga que vicia e traz, assim, transtornos para as famílias, levando as pessoas que se utilizam dessas drogas a estados patológicos muitas vezes irreversíveis. Isto é fato! Ainda devemos entender que muitos médiuns usam do argumento de que utilizam o fumo ou o álcool porque estão irradiados por entidades espirituais de Umbanda; este tipo de argumentação é inaceitável, pois nenhum espírito guia assim o faz. O alcoolismo existe, e eu já tive oportunidade de conhecer médiuns que colocaram a culpa dos vícios em entidades, outro aspecto simplesmente inaceitável. Diferente do médium que, iniciado e com grau na religião, utiliza do cachimbo ou mesmo do charuto como agente facilitador da prática de mentalização. Eu mesmo utilizo do cachimbo, ou do charuto, enquanto agente de interiorização, de meditação, direcionando o pensamento, contudo não tenho o hábito de fumar.

Aproveito também para ressaltar que o uso desses elementos por pessoas sejam elas quais forem, muitas vezes está associado a questões de vidas anteriores. Espíritos que já foram Xamãs, ou tinham ligação com o fumo, ou mesmo com o álcool, é a formalização de que esses seres vieram já com esta ligação em relação a tais elementos. Esses, por sua vez, agem diretamente sobre o encarnado que sem saber de tal fato passa a utilizar de tais artifícios, pois está registrado em sua memória ancestral.

Porém, recursos foram abertos no mistério da religião de Umbanda para podermos fazer jus à abertura desta força espiritual no meio humano, aonde as existências de fontes naturais de energias são vistas como realizadoras de curas. Em se tratando do fumo e do álcool dentro de um trabalho espiritual, a nossa visão muda. Como analogia, tomemos o veneno da cobra. Quando somos picados por uma serpente venenosa, o antídoto é o próprio veneno transformado em soro. Assim podemos compreender e até argumentar se alguém por ventura questionar. O conhecimento nos leva ao uso adequado, e em consequência, nos dá uma das ferramentas mais importantes no meio da religião de Umbanda, que é a de poder explicar sobre assuntos que muitas vezes se tornam alvo de outros irmãos que não os compreendem. Importante também se torna para nós, religiosos que prezamos os nossos ritos e assim podermos compartilhar deste conhecimento com outros irmãos que se utilizam desses elementos, mas muitas vezes limitados em seu entendimento.

Um dia meu Preto Velho me disse: se você conseguir salvar um irmão das garras da ignorância, se dê por contente; mas se conseguir esclarecer para que muitos não sejam alvos de tais forças, você cumpriu com sua obrigação. Assim faço neste trabalho, cumpro com minha obrigação; e se existir méritos, estes sempre serão creditados aos mentores que me acompanham e à religião de Umbanda.

A humanidade vem há muito se desgastando com forças abertas por encarnados negativados com acesso às trevas, ou melhor, por pessoas que se propuseram a trabalhar no contrafluxo das místicas da Criação elevada e positiva. Deus nos dotou de capacidades de interpretar as forças que nos elevam, porém, nem sempre as pessoas estão preparadas para a compreensão de que o amor fraterno é o que vai nos conduzir na luz de nossos caminhos e para a felicidade. Muitos buscam as facilidades, mas as coisas fáceis nem sempre condizem com o crescimento espiritual. Desse modo, existem pessoas que, para tirar proveito, aprendem sobre estes mistérios espirituais para subjugar os menos esclarecidos e desprovidos de recursos de proteção e compreensão. São os chamados magos da ignorância (seres encarnados que atuam com a espiritualidade distorcendo o que é bom), pessoas encarnadas que estão infiltradas nas religiões naturais e em outras, que distorcem os preceitos sagrados destas religiões.

Dentro de rito religioso a bebida, como elemento de consagração e de purificação, é utilizada de maneira invertida pelos que estão negativados, induzindo seguidores a estarem em uma frequência degenerada dos trabalhos espirituais e principalmente atingindo as famílias. Assim é também com o fumo; este que serve para evocar seres de alto grau espiritual, momento em que a ciência espiritual atua em várias ações importantes aos assistidos. Porém, utilizado de maneira errônea em sessões espirituais de baixa vibração, muitas vezes, fatidicamente, mais nos remete a ambientes como boates, do que a um trabalho religioso.

Por trás destes elementos existe uma ciência espiritual que há muito é utilizada. Se buscarmos na história a utilização do fumo, ela nos leva a centenas de anos, se não a milhares. Dentro de um trabalho em uma religião natural, assim como na Umbanda, a utilização é para que entremos em contato com os planos sutis, abrindo as glândulas mediúnicas através do deslocamento de nosso eixo.

O fumo é um agente diluidor de enfermidades e larvas astrais, além de ajudar no combate de forças que se encontram contrárias e que se utilizam do elemento de maneira análoga aos mistérios positivos. O fumo possui uma espécie de ácido corrosivo, as folhas absorvem do sol os fótons, realizando uma fusão química existente apenas no fumo. Este, por sua vez, absorve do solo as propriedades que serão úteis na fusão de agentes fundamentais ao trabalho. O fumo, em especial, absorve agentes da terra que normalmente são dispensados por outras ervas. Podemos dizer assim: O Criador nos deu todas as condições para podermos usufruir de recursos que estariam nos beneficiando, porém, o homem comum tomou para si este elemento que, interferindo nos aspectos positivos, atrai forças degeneradas, quando utilizado negativamente.

O cérebro, ao receber tais estímulos da nicotina, passa a produzir sensações ilusórias que provocam certo bem-estar. Os receptadores neurais que estão ligados ao stress são envolvidos pela nicotina; é quando o vício ocorre, pois há certa sensação de alívio dos impactos diários na esfera emocional, com isto compreende-se certa sensação de prazer. Isto eu chamo de profanar o sagrado!

Mas, para podermos colocar os fumantes em uma classe adequada, digo assim: a sociedade tem seus arquétipos, há muitos modismos e problemas naturais em decorrência do emocional, e, ainda, o fumo sempre foi utilizado para se chamar atenção; assim inicia-se na utilização do fumo e, consequentemente, o vício é natural. Em relação ao emocional, o fumo torna-se uma espécie de companheiro e até um agente que atua no alívio dos impactos proporcionados pelo excesso de pensamentos distorcidos. É fato!

Quando medianeiros estão conectados aos seus guias, e estes se utilizam do fumo, passam a atuar em uma esfera propícia à cura. Uma das coisas importantes quando interpretamos tais elementos é que o mental do medianeiro passa a estar aberto para esta utilização. Os receptores neurais não se sobrecarregam da nicotina, mesmo por que não existe o tragar, eles acabam por ajudar a glândula pineal e hipófise, bem como a ativação do cerebelo para uma atuação entre mundos de maneira perfeita.

A utilização do fumo nas tribos indígenas pelos pajés acontecia e ainda acontece em rituais que fundamentam os mistérios espirituais de sua cultura religiosa xamânica, assim como ocorria com a utilização de uma variedade do cânhamo, que foi deturpada pelo homem branco. Essa variedade do cânhamo atua aguçando ainda mais os receptores e as glândulas, contudo, a maior parte das religiões naturais aboliu este tipo de fumo pela deturpação feita pelo homem.

Para que todos saibam, muitos médiuns não fumam, porém, muitos dos guias desses medianeiros se utilizam deste recurso importante nas tarefas de auxílio ao assistido. O fumo também pode ser utilizado em assentamentos, banhos e preparos com características das mais variáveis, sempre na ação de auxílio ao assistido e ao médium, que recebe vibrações que estarão ajudando na limpeza e preparo do campo espiritual. Lembro que este tipo de banho não deve ser tomado sempre; como citado, a erva possui vibrações que são comparadas ao ácido; sendo assim, deve haver parcimônia na sua utilização.

Determinadas projeções de forças trevosas, quando existe um ponto firmado de maneira contrária, refletem no campo mediúnico da pessoa, e seres passam a se alimentar de suas energias. Nesses casos mais densos, o banho de fumo é indicado. Ainda, se uma pessoa está acometida de doença grave, toma-se o banho de fumo e logo em seguida outro de arruda. O tema banhos e ervas será abordado com o exemplo de algumas situações, para que saibamos em quais momentos como devemos utilizá-los.

Por exemplo, meu Preto Velho já passou banho das cinzas de seu cachimbo, ali está o mistério dele unido ao fumo e ao fogo. Se prestarmos atenção aos recursos adotados pelos espíritos guias, estes são vastos e precisamos apenas ainda mais estimular o conhecimento, com uma visão científica de espiritualidade, em que os elementos são formas importantes de ativação de forças que beneficiarão a todos. Deixando registrado também que a cinza serve para fundamentos, remete-se ao lado ancestral e ao mistério do Tempo. Lembro ainda para aqueles que não aceitam o fumo como um elemento dentro de seu trabalho, que ele pode, igualmente, ser utilizado simplesmente aceso ao lado do espírito guia, que assim também saberá manuseá-lo com destreza no auxílio aos necessitados, e também para atrair sua mística ao medianeiro.

A bebida alcoólica é vista como droga, mas compreendemos que para adentrar e atuar no combate de vibrações trevosas, este elemento é um valioso fundamento como recurso à disposição.

A utilização do álcool nos trabalhos religiosos é vista como um elemento de assepsia importante para o campo energético e mediúnico do trabalhador. A utilização é em pequena quantidade e não chega a embriagar o medianeiro, *o uso abusivo não faz parte do arsenal espiritual do religioso de Umbanda*. Além de proporcionar o deslocamento do eixo para facilitar atuações em determinados casos, protege o campo mediúnico do medianeiro e do assistido, quando este participa diretamente da absorção do elemento. Até hoje encontramos tribos indígenas que, em seus rituais, utilizam-se de ervas e raízes fermentadas para fazer o que eles chamam de bebida sagrada. Este rito remonta também a centenas de anos, ocasião em que os ancestrais e os índios atuais entram em transe ao entrarem em contato com o poder da bebida. Os efeitos são curadores, bem como fortalecem o vínculo desses irmãos com a mãe natureza. Neste caso, observa-se que as atuações sempre estão dentro do contexto da espiritualidade.

Hoje, nota-se que tanto tribos indígenas quanto entre nós, este elemento é utilizado como forma de entretenimento. Os efeitos, quando utilizados dessa maneira, são desastrosos tanto para o físico quanto para o lado espiritual.

Um médium de Umbanda, como já citado, tem seu campo mediúnico preparado para os diversos choques da espiritualidade; ele atua recebendo vibrações do Alto e ao mesmo tempo media a decantação de vibrações do Embaixo, produzindo efeito direto sobre o assistido que se encontra no campo neutro da existência. É importante ressaltar que os guias muitas vezes não ingerem a bebida; utilizam-na em seus pontos firmados, trazendo as mesmas características de vibrações ao trabalho. Sendo assim, não se absorve o elemento em alguns casos; os espíritos guias respeitam a liberdade de escolha do medianeiro; um espírito guia que possui graus dentro da espiritualidade jamais estará impondo tal sistema.

Perante a atuação com ataques de seres espirituais negativados sobre o assistido, este elemento faz a diferença, pois muitas das vibrações que são utilizadas pelos espíritos guias, que atuam no corte de tais vibrações, sustentam-se pelos chacras básico e umbilical. Para entendermos os mecanismos da bebida alcoólica, explicamos assim: quando a bebida é absorvida, o álcool é projetado diretamente a estes centros de força, e saem vibrações que são influxos poderosos do elemento fogo, protegendo o medianeiro; ao mesmo tempo o espírito guia se utiliza deste recurso para eliminar os aspectos doentios e negativados que estão sobre o assistido. O campo protetor do médium se inunda de fogo, que é manipulado pelos guias a favor do médium e do assistido.

Como já mencionado, os espíritos guias se manifestam através da chamada incorporação (manifestação) para que possam atuar no meio humano; os espíritos, para atuarem diretamente dentro do campo neutro necessitam estar ligados a um medianeiro (médium). Este procedimento permite que os centros de força, com as energias que estão no corpo físico, unidas aos aspectos das forças espirituais e dos mistérios dos seres de Luz, possibilitem perfeita atuação sobre um ambiente, sobre pessoas e sobre o assistido. Todo ser encarnado possui magnetismos, possui mediunidade, porém, bem diferente das forças assentadas em um médium de Umbanda. Como já citado, o médium necessita de seus assentamentos para ter seu campo espiritual preservado, pois os fundamentos fazem toda a diferença.

Sendo assim, todas as religiões possuem seus médiuns; eles atuam com seres de Luz, beneficiando a todos, seja com vibrações mantras de suas orações, seja com a imposição de mãos, ou de forma direta, como é feito dentro do Espiritismo ou na Umbanda. Porém, na Umbanda, os recursos são muito mais extensos e muito mais favoráveis na decantação de forças negativadas que necessitam ser eliminadas. Lembro a todos que quando a religião de Umbanda foi arquitetada no astral pela chamada cúpula da Umbanda, essas características já estavam sendo vislumbradas, pois desta maneira, a nova religião estaria colaborando, e muito, para anular as chamadas forças contrárias levantadas pelos encarnados desvirtuados em sua espiritualidade.

Mas, é necessário um comentário importante:

O assistido deve ser trabalhado em sua parte religiosa, pois entrar em um trabalho, seja ele qual for, e não ocorrer a tal reforma íntima de que tanto falamos, de nada adiantará o trabalho, pois logo seres de ordem negativada estarão novamente em seu campo espiritual. Se espiritualizar, ser uma pessoa possuidora dos desígnios do bem não é apenas para o medianeiro, mas a todos aqueles que fazem parte desta corrente religiosa ou de outra qualquer. Creio que muitos trabalhos de descarrego não seriam necessários se as pessoas absorvessem este conceito positivo do bem e de paz.

É fundamental que todos que se propõem a seguir uma religião tornem-se a própria religião. Se assim fosse, muito do que estou relatando acerca de retirar forças ruins proporcionadas seja por outro encarnado, ou autoadquirido por pensamentos distorcidos não seria necessário. Atuar na quebra de negatividades não seria o pilar central; o padrão do campo mental humano está deteriorado, com isso, muitos vão à religião de Umbanda para os socorros rápidos e nem sequer se sentem religiosos de Umbanda. É fundamental que nós, que estamos na religião, pensemos e paremos de tratar a todos como "coitadinhos"; muitos são culpados pelo estado em que se encontram, pelas mazelas que criam para si mesmos, pois a vingança e a ganância são campos férteis para muitos que encontro na jornada.

Não vejo no verdadeiro religioso tais necessidades, mas apenas naqueles que entram o tempo todo em sintonia de afinidade com seres negativados e, como citei, recorrem às nossas casas como vítimas. É hora de pararmos e buscarmos formas de criar uma harmonia religiosa e fazermos com que todos estejam vibrando de seus íntimos a força criadora de Deus. Não há poder ou força alguma maior que Deus! E nós, Umbandistas, ainda temos a honra de servir o exército Dele. Então, crer é poder.

Defumação e banhos

O uso de ervas para defumação é milenar e muitas religiões se utilizam deste recurso importante dentro da espiritualidade. A queima de ervas envolve vários aspectos importantes. Um deles é a utilização do carvão em brasa; o carvão em si já é um elemento absorvedor por natureza, pois a queima da madeira para se chegar a carvão retira toda a umidade que há no elemento vegetal. Sendo assim, o elemento passa naturalmente a ser absorvedor da umidade no ar. Desta forma, chega até nós de uma forma neutra, ou melhor, com suas vibrações naturais, sem ter uma função espiritual designada, mas é absorvedor mesmo sem consagração.

Quando utilizamos o carvão para a finalidade de defumação, ele deve ser consagrado para este fim. Por que isso? Tudo que envolve forças energéticas, magnéticas e vibratórias dentro do campo da espiritualidade tem vida; o carvão em sua contraparte neutra permite-nos mesmerizá-lo de tal forma, que potencializará qualquer ação em sua utilização. O carvão consagrado em brasa, sendo passado em um local onde existem larvas astrais, ou mesmo com seres negativados, por si só já é um poderoso agente de purificação do ambiente, eliminando-os.

Outro exemplo é quando colocamos o carvão dentro da água atrás da porta. Muitos fazem isto sem sequer saber o que ocorre, mas funciona. Na verdade, enquanto o carvão absorve a umidade, ele absorve forças mentais distorcidas. Para compreendermos melhor, uma pessoa negativada mentalmente expele de seu campo energético uma espécie de energia que podemos comparar ao lodo, e, esta, por sua vez, é absorvida pelo carvão que fica atrás da porta. Isto sem contar que fluidos liberados de espíritos sofredores também são recolhidos. Os espíritos sofredores necessitam estar em contato com um ser encarnado para se sustentarem no meio humano; eles não têm energia própria, se alimentam de fluidos de um encarnado e liberam outra energia para o ambiente. O carvão na água, que também é um elemento de purificação, passa a recolher tais fluidos. É importante entender que este procedimento não retira o ser sofredor ou o emissor de energias negativas da esfera do ser que está sendo influenciado. Esta retirada apenas correrá através de algum trabalho específico, como por exemplo, o descarrego, ou através da mudança de mentalidade da pessoa, para quebrar a afinidade que existe entre ela e o ser que a influencia.

Bem, retornando ao carvão em brasa, ele também recolhe esses fluidos relatados, porém com mais rapidez, pois o fogo potencializa este fenômeno. O fogo sempre será o elemento de expansão, impulsionando e potencializando todas as ações; temos isto muito bem aplicado às chamas das velas, já que elas potencializam a força que lhe foi determinada. Temos, então, dois agentes iniciais para se realizar uma defumação: o fogo e o carvão, ou, considerando os quatro elementos principais da natureza – fogo e terra, lembrando que a força do medianeiro sempre será necessária, mesmo não sendo uma pessoa que tenha dons mediúnicos especiais, pois não deixa de ser um médium a manipular vibrações e forças das mais diversas.

Toda defumação deve ser consagrada às forças espirituais, seja ao nosso pai Oxalá, ou ao espírito guia que se tenha afinidade, aos anjos, ou mesmo em nome de Deus, pois assim haverá amparo e forças importantes serão canalizadas pelo medianeiro e serão liberadas na hora da defumação. É neste momento que entra o terceiro elemento, as ervas. As ervas secas estão adormecidas; quando estas iniciam a secagem, entram neste estado em que todas as reservas de energias são guardadas como se entrassem em uma espécie de transe. As ervas, no decorrer de seu crescimento, absorvem do solo, do ar, da água e do sol forças que serão liberadas em sua queima; depois de colhidas, adormecem com todas essas forças aglutinadas. É importante relatar que as ervas iniciam este processo na sombra, em local arejado e por pessoas que sejam escolhidas para tal função.

No caso de se realizar a secagem das ervas no templo, é importante que haja um cambono preparado para esta finalidade.

Por que isso? Quando adquirimos as ervas, na maior parte dos casos, elas já se encontram beneficiadas, mas, quem as manipulou deve ter em seu coração muito amor e respeito pela natureza. Não que necessariamente tenha de ser umbandista, mas sim uma pessoa que veja na natureza a pureza da criação e do Criador. As ervas sentem tal vibração quando são colhidas, o que deve ocorrer, de preferência, às seis da manhã, meio-dia ou às dezoito horas.

Para que ou por quê? Todas as ervas possuem ciclos, e esses estágios respeitam as chamadas horas grandes, seis da manhã, meio-dia, dezoito horas e vinte e quatro horas, sendo que a maioria tem em comum seis e dezoito horas como transitórias, quando deve ocorrer a maior parte da colheita.

Meio-dia é um horário de poder, ocasião em que vibrações para quebrar demandas se abrem. Nesse horário é que o metabolismo das ervas desacelera, permitindo a colheita sem que se percam suas potencialidades. Respeitemos também o ciclo Lunar, procuremos colher na lua crescente ou na lua nova. São energias e forças que passamos a unir e manipulá-las; se trata de um ritual místico e poderoso, neste caso estaremos colhendo as ervas com todas as suas propriedades, com o que elas possuem de melhor. Há de ser uma pessoa especial para isso. Entendemos que dificilmente saberemos se as ervas que adquirimos foram colhidas exatamente desta forma. O que fazer então? Antes de utilizar as ervas na defumação, as consagramos às forças que vibram em nossas vidas. Podemos consagrá-las em um ritual aonde evocamos todas as forças Orixás, ou, se pertencemos a um templo, pedimos ao mentor da casa para realizar a consagração.

Quais ervas utilizar? Existe grande variedade de ervas que podem ser utilizadas para esta finalidade; podemos realizar defumações para vários fins; assim seguimos os preceitos da casa a que pertencemos, respeitando a doutrina e os fundamentos desse templo. Após comentarmos acerca dos banhos de ervas e suas funções, citaremos algumas delas. O importante é entendermos que deve haver um mínimo de conhecimento e, mais que isso, deve haver respeito acerca das formas de se interpretar e utilizar fundamentos dentro do mistério da Umbanda.

Sobre os banhos de ervas existem ações que necessitamos explanar para que haja mais compreensão. Os banhos e as formas de sua utilização vão de encontro à necessidade de compreensão e de iniciação religiosa ao qual você, médium, está submetido, pois se deve entender sobre o universo espiritual que vibra em sua religião, sendo que a erva é um fundamento necessário ao medianeiro. Pensemos assim: Em suas vibrações espirituais, onde está a força de seu Orixá? Creio que a maioria vai dizer no Ori, ou no chacra coronal!

Na forma em que é assentada a força de Orixá nos médiuns em meu templo, não existe problema em se tomar banhos de ervas da cabeça para baixo, pois isso se torna benéfico, já que limpamos o Ori de vibrações grosseiras, adquiridas muitas vezes por maus pensamentos.

Preparamos assim nosso campo mediúnico espiritual para as tarefas espirituais dentro do templo. Os banhos não se restringem aos Orixás que regem um médium, pois como citei, através do preparo realizado em seu Ori, este tem a regência de seus Orixás, mas também recebe as vibrações de todos os demais. Digo que todos somos filhos de todos os Orixás. Porém, quando há feitura e o médium recebe o Igé (sangue) em seu Ori, este passa a ter uma vibração suprema de seu Orixá de cabeça, na linguagem popular, a cabeça passa a ser dele, Orixá. Este rito promove uma aproximação tão intensa do Orixá, e se o médium que recebeu este preparo tomar um banho de ervas próprio de outro Orixá ocorre aquilo que é chamado de quizila. O que é quizila? Para entendermos de forma sucinta, são forças que não estão em ressonância com a pessoa. Vibrações contrárias aos influxos espirituais que foram assentados em um médium e pode causar danos nas vibrações e na vida de uma pessoa.

Muitos templos de Umbanda usam este tipo de trabalho, ou mesmo outros fundamentos aonde não entra o Igé, mas entram oferendas que promovem a mesma ação de aproximação da força Orixá. Nestes casos, toma-se banho lavando a cabeça apenas com as ervas referentes ao seu Orixá, e, no caso de outros tipos de ervas, toma-se o banho do pescoço para baixo.

Na religião de Umbanda, determinados preparos para fundamentar a força de Orixá no Ori se dá através do amaci. O amaci constituído de ervas frescas maceradas, sementes, raízes, pembas raladas, água da cachoeira, mar, chuva, rios ou fontes. As ervas utilizadas bem como sementes e os outros elementos citados são de acordo com a regência do médium e dos fundamentos do Templo ou sacerdote que o conduz; o médium recebe, por meio de uma cerimônia religiosa, esse banho em seu Ori feito pelo sacerdote religioso ou pelo espírito guia-chefe do terreiro. As formas ritualísticas, bem como o preparo anterior do iniciado, são de acordo com os fundamentos do templo ao qual esse pertence, mas esse tipo de trabalho espiritual costuma ser diferente a cada iniciado. Bem como quais ervas e/ou quais sementes entram dentro do fundamento do templo que são determinadas, em sua grande maioria, pelo Orixá regente do templo.

Embora existam vários tipos de ervas já padronizados dentro dos nossos trabalhos, pelo fato de que cada erva tem vibrações que a ligam a determinados Orixás, é normal a entrada de outros elementos que pertencem ao mistério do medianeiro ou mesmo do templo.

Os banhos de ervas são importantes para preparos espirituais, limpezas do campo mediúnico e energético do medianeiro, removendo assim cargas e até desconectando seres negativados e larvas astrais de nossas vibrações. Os banhos são passados sistematicamente nos trabalhos de atendimento da religião de Umbanda. Este processo de banhos de ervas envolve o maior órgão do corpo, a pele, cujos efeitos curadores agem em diversos campos: físico, energético, vibratório e o espiritual. Dificilmente um assistido passa sem receber em suas mãos uma receita de banhos. O banho de ervas é tão importante que ele retira coisas que nós, com uma bucha e sabão não conseguimos retirar.

As explicações sobre as ervas, tanto para os banhos quanto para as defumações, seguem critérios que estão nos fundamentos dos templos de Umbanda, mas para facilitar é importante mencionarmos algumas ervas, visando esclarecer como podemos nos beneficiar de maneira fácil, porém, poderosa.

Eu creio que os banhos devem ser preparados com ervas frescas, procedimento que acredito que seja o habitual em ritos religiosos, com o qual comungo. Porém, muitos templos de Umbanda se utilizam de um banho que tem origem no Candomblé, que é o banho de abô (agbò), que é um banho tomado após sete dias de sua preparação. Ainda esse banho leva o Igé de uma ave que tem correlação ao Orixá do iniciado em alguns casos, servindo dentro deste culto a várias finalidades.

Pesquisando a respeito do culto de nação, vemos que os escravos realizavam seus ritos secretamente, não podendo cultuar Orixás, pois eram cerceados em sua crença. Para que pudessem cultuar suas forças e tomar seus banhos de preparo era necessário que parte do que estava sendo realizado fosse escondido. Assim os banhos eram enterrados; desta maneira se perpetuou ensinar acerca dos banhos pelo ensino oral, tornando-se um *fundamento*.

Penso que os banhos devam ser preparados de maneira fresca, não com ele deteriorado, mas deve haver respeito por quem siga este preceito.

O Igé, como recurso dentro do culto de nação e dentro de algumas Umbandas, tem fundamento em relação à energia vital que é desprendida do animal; ainda que eu não utilize deste recurso, ele deve ser respeitado sim.

Embora também seja chamada de incenso aquela vareta aromática que normalmente é comercializada nas lojas esotéricas, o verdadeiro incenso é uma resina aromática extraída de algumas árvores, e também encontramos um arbusto de ervas aromáticas que também leva o nome de erva de incenso. A liberação de seu perfume atua diretamente no controle de vibrações mentais, ou melhor, sua queima elimina pensamentos negativados que imprimem nos ambientes sinais ou símbolos distorcidos. Atrai fortalecimento e uma aura protetora às pessoas e ao ambiente.

Ainda em relação às ervas, devemos ter em mente que a utilização de ervas é importante, mas de nada adianta o seu uso se a pessoa não mudar a sua forma de pensar. Se ela continuar a alimentar sentimentos tais quais: o ódio, o ciúme, a maledicência e outros que negativam os seus campos, nenhum banho, nenhuma erva trará resultados definitivos. Os recursos terapêuticos das ervas e dos banhos nos são proporcionados por Deus, através da mãe natureza, mas devemos primeiramente nos inundar de bons pensamentos, recheados de amor fraternal.

A seguir, comentemos sobre o uso de algumas ervas.

- Arruda – em banhos, tem ação rápida para eliminar agentes corrosivos de nossas vibrações, atrai o fortalecimento e o raciocínio rápido. Na defumação, afasta espíritos vingativos, trevosos e vibrações emocionais doentias.
- Alecrim – ótimo para banhos; beneficia todos os centros de força, sendo indicado na forma de chá como vaso dilatador. Está ligado a todas as correntes de espíritos benfeitores. Sua queima na defumação traz ao ambiente todas as cores; quem tem vidência visualiza um arco-íris ligando o local a vários campos sublimes da espiritualidade.
- Boldo – em banho, seu uso é ótimo nas iniciações; também é conhecido como tapete de Oxalá. Na forma de chá, beneficia o fígado e toda a parte hepática, limpando os tóxicos que atrapalham o campo mediúnico. Na defumação atrai forças benéficas, abrindo portais aos espíritos que militam na irradiação de Oxalá.
- Aroeira – em banho, desobstrui os canais espirituais que sofrem ataques trevosos; em defumação sua utilização é ótima antes das sessões

Defumação e banhos **149**

de Esquerda. Em conjunto com arruda e alecrim na defumação ou para banho promove bem-estar no lar, pois afasta seres negativados.

- Manjericão – em banho, é um excelente equilibrador; o centro de equilíbrio do medianeiro, que fica no plexo solar, absorve as essências desta erva, beneficiando médiuns e templo. Na forma de banho, ainda, é muito bom para quem está sofrendo ataques e injúrias; seu uso impede que tais vibrações cheguem às pessoas. Na defumação equilibra o ambiente atraindo forças positivas para as pessoas que ali se encontram.

- Hortelã – em banho, é calmante, relaxante e desintoxicante. Utilizada na defumação, traz as mesmas ações do banho, porém em outros campos de atuação, aonde seres negativados passam a ser eliminados do ambiente.

Podemos ainda tomar os banhos das ervas citadas na vibração dos Orixás, o que atrai a força das divindades e nos eleva no mistério das ervas.

Estes são apenas alguns exemplos; existem diversos livros sobre o tema e um vasto material que pode ser pesquisado na internet. Claro que deve ser tomado todo o cuidado com as fontes dessas informações, pois, ao mesmo tempo em que há ótimos textos, há outros de origem duvidosa, e, portanto, deve se buscar o conhecimento de forma bastante cuidadosa.

Ainda podemos citar a imburana, noz-moscada e a canela como agentes potencializadores na feitura do amaci; enquanto ralamos essas ervas entoamos preces ou cantamos a um determinado Orixá. Assim estaremos consagrando este importante fundamento dentro do ritual.

Além disso, deve-se lembrar que a utilização das ervas, tanto em banho quanto em defumação, se potencializa através do que se determina. Quando evocamos uma força Orixá, através do canto, ou mesmo em oração, imprimimos um poder sem igual; desta maneira, a fé é necessária e as ações contemplativas se tornam um fundamento de trabalho. O conhecimento, unido à fé, remove montanhas!

Ainda em relação ao tema, faz-se necessário falarmos sobre o banho de sal grosso, muito utilizado e recomendado pelas pessoas quando alguém não está bem. Podemos dizer que já é uma cultura popular este procedimento, porém, o sal grosso age de duas formas: uma, ele retira todas as vibrações negativadas, e outra, ele também retira as vibrações positivadas. Sendo assim, sempre que for necessário tomar este tipo de banho, tome em seguida um banho de alecrim, pois o alecrim recompõe as vibrações boas que foram retiradas. Pode-se ainda tomar o banho de ervas e fazer dois montes de sal grosso e pisar em cima na hora do banho, o sal utilizado desta maneira não retira o lado positivado e puxa as cargas energéticas do corpo espiritual.

Ogãs e a música na Umbanda

Os ogãs possuem várias funções dentro do rito da religião de Candomblé; podemos citar o Ogã das folhas, Ogã de faca, Ogã da tronqueira, Ogã apontado que é aquele que foi escolhido para ser um Ogã. As atividades dos Ogãs, dentro desse rito, assemelham-se às dos cambonos na Umbanda. Porém, o que diferencia mais é que os Ogãs dentro do rito Candomblecista é que esses possuem grau de comando, chefes, enquanto os cambonos na Umbanda são auxiliares importantes.

A depender do culto de nação, as denominações têm características e aplicações diversas. Como nossa referência está dentro do conceito umbandista, vamos procurar interpretar esta importante função para o religioso de Umbanda, mas ainda existem trabalhos de Umbanda que utilizam todos os conceitos e definições dos Ogãs trazidos do Candomblé. O Ogã tem responsabilidades junto ao Babalorixá de Candomblé sobre os aspectos que envolvem as funções do barracão. O Ogã Alabê é responsável direto pelos atabaques; cabe a ele realizar os devidos cuidados nas obrigações.

Um Ogã tem obrigações e funções dentro do rito de alta responsabilidade e representatividade, sendo necessário que haja preparos específicos a ele pelo seu dirigente espiritual. Uma das obrigações é a de cuidar dos atabaques, deixando-os sempre limpos e cobertos. O que quer dizer isto? Cada atabaque está cruzado pelas forças do templo; o Ogã tem de prepará-lo antes de cada sessão, evocando as forças que foram ali firmadas, pedindo licença para que as forças representadas deem abertura para o Ogã se utilizar de seus mistérios.

Para interpretarmos esse cruzamento é simples: um atabaque é parte dos assentamentos de força de um templo. Quando o guia-chefe, ou o sacerdote evoca os mistérios dos Orixás que regem a casa e imprime estes mistérios neste elemento (atabaque) ele passa a ressoar as firmezas que ali existem. Então, as forças dos assentamentos do altar, do chão, da tronqueira, das quartinhas e dos pontos de força dos Orixás estarão sustentando este elemento de força dentro do rito de Umbanda. Um atabaque e um Ogã bem preparados seguram um trabalho espiritual tranquilamente.

O medianeiro que tem esta responsabilidade deve ser uma pessoa desprovida de sentimentos arrogantes, bem como deve estar livre das vaidades que são comuns a pessoas de destaque em qualquer lugar. Um médium que possui tamanha responsabilidade deve ter a obrigação de saber sobre sua função, participando diretamente de todos os fundamentos do templo. Em muitos terreiros de Umbanda o Ogã é a segunda liderança, após o dirigente espiritual.

Dentro de um templo religioso de Umbanda é fundamental que haja um Ogã líder; este tem a responsabilidade de tocar o tambor maior que é chamado de Run. Como já mencionado, este líder deve ser uma pessoa especial, desprovida de orgulho, pois só assim o sacerdote terá uma pessoa ideal dentro de seu rito litúrgico. Normalmente, há uma sequência de três atabaques, sendo os outros dois menores, chamados de Rumpi e, o menor, Le, denominações trazidas da nação Jeje. Prefiro chamá-los apenas de atabaques para facilitar a interpretação, lembrando que os atabaques foram introduzidos na religião de Umbanda posteriormente, com a miscigenação havida entre as culturas do Candomblé e da Umbanda.

Um Ogã bem preparado sabe a hora exata de entoar os cânticos dentro de uma sessão espiritual; sua sensibilidade é aguçada e sua afinidade com o dirigente espiritual e com os guias que comandam o trabalho tem de ser muito bem delineada. A responsabilidade deste religioso é de sustentação dos trabalhos espirituais, embora existam muitos trabalhos de Umbanda que não se utilizam dos atabaques; nem por isso eles deixam de ser exuberantes, atendendo a todas as necessidades dos filhos e dos assistidos.

O Ogã possui seu campo verbal consagrado, seu chacra laríngeo ativado de maneira diferenciada. O que quer dizer isso? Quer dizer que quando entoados os cânticos, esses abrem forças das mais importantes dentro de uma sessão espiritual. É o Ogã quem evoca os mistérios dos Orixás, afastando seres trevosos sabendo qual é o cântico a ser entoado. Este tipo de médium, trabalhando mediunizado, ou canalizado, diferentemente das manifestações de incorporação, tem os espíritos guias atuando ao seu lado.

O poder do canto é como orações; na verdade os pontos cantados são orações mântricas, fundamentadas pelo mistério da cúpula da religião de Umbanda. Todo ponto, antes mesmo de ser introduzido em um templo, deve ser consagrado a ele. Isto é fundamentar um ponto, que na verdade não deixa de ser um símbolo aberto nos trabalhos. Diferentemente do que muitos imaginam, os cânticos seguem padrões vibratórios que necessitam estar em ressonância com o campo sagrado do templo.

Todo templo possui seus mistérios em seus fundamentos e os pontos cantados devem estar ligados a esses fundamentos. Os pontos não são apenas músicas pelas quais nos encantamos pela sua beleza; é algo muito mais profundo. Assim como é ensinado dentro do curso dos *Portais de Libertação*, entendemos que tudo o que mentalizamos, bem como tudo o que verbalizamos transforma-se em símbolos no campo extrafísico, e eles influenciam as pessoas e o ambiente. Tendo este conhecimento, passamos a compreender o quanto é valioso um cântico dentro da espiritualidade. Muitas vibrações negativadas são decantadas através dos mantras evocados, quando há uma corrente mediúnica em que todos estão em uma mesma sintonia; verdadeiros milagres podem ocorrer dentro das giras espirituais de Umbanda.

Creio que os assistidos, quando adentram um templo, vão louvar a Deus através dos Orixás e dos espíritos benfeitores, mas muitos também estão ali em busca de socorro, pois foram envolvidos por aspectos trevosos. Estas características trevosas envolvem as pessoas por pensamentos dirigidos através de irmãos negativados, por palavras, ou mesmo por trabalhos ritualísticos de ordem trevosa, sem nos esquecermos daqueles aspectos negativos atraídos pela própria pessoa.

Todas essas formas de trabalhos chegam ao irmão que foi acometido do ataque como símbolos trevosos, ou invertidos. Existem seres que se ligam a esses símbolos que foram projetados; uma das formas que a Umbanda tem para decantar essas forças é através dos cânticos mantras que sustentam os trabalhos. Além desses cânticos que nos chegam com seus símbolos luminosos, os espíritos guias se unem a eles, trazendo os mistérios dos pontos de força, beneficiando esse irmão.

Para compreendermos ainda mais o mistério dos sons, observamos os sinos nas igrejas; na verdade seus fundamentos se perderam no tempo, pois a função dos sons dos sinos era para livrar os fiéis de miasmas que ficam agregados em seus campos espirituais. No decorrer das sessões espirituais, os fiéis em oração na igreja recebiam as vibrações dos sinos quando estes eram tocados. Aí podemos avaliar também sobre a introdução de sinos, agogôs e outros instrumentos dentro dos ritos de Umbanda, pois possuem fundamentos importantes, bem como o adjá, utilizado na evocação dos Orixás no culto do Candomblé, também utilizado em muitos terreiros de Umbanda. Estes aparatos são utilizados para evocar e estimular as vibrações sobre as glândulas mediúnicas.

Um dos aspectos que fundamenta a liturgia e é importante em relação à sonoridade que ecoa no recinto são os cânticos, as músicas religiosas conhecidas como pontos cantados, e, fundamentalmente a interpretação dos mesmos. O Ogã, assim também o Sacerdote e seus filhos, devem saber o que estão cantando, possuem a obrigação de saber exatamente o que está sendo pronunciado! Aí é aonde encontramos a importância das escolas de curimba.

Já tive a oportunidade de visitar templos religiosos de Umbanda, e mesmo de Candomblé, aonde os cânticos estavam sendo cantados na sua língua original. Muito bonito por sinal; porém, fica a pergunta: Eles sabem o que estão cantando? Sabem o significado das palavras evocadas? Em muitos lugares aonde fui as pessoas sabiam, mas em muitos outros, tive a oportunidade de perguntar o significado e nada souberam me dizer. Não sou contra a língua africana; como citei acho até bonito, mas se não se sabe o que está sendo cantado, também não se sabe o resultado, muito menos o que está sendo realizado e seu fundamento. Neste ponto, sou crítico: se a pessoa decidiu atuar dentro de um campo espiritual, seja ele qual for, tem por obrigação saber e o sacerdote tem a responsabilidade de ensinar. E não pensem que nos centros de Umbanda é diferente. Eu já visitei centros aonde os médiuns mal sabiam a letra do ponto que estava sendo entoado, ou, ainda pior, cantavam errado.

Os nossos pontos devem ser entoados em nossos lares, pois estes revestem os campos espirituais de fortalecimento e energias positivas. Mas, reforçando sobre o aspecto de se saber o que é entoado e ativado no canto, e para se compreender o que digo, vou colocar abaixo um pequenino ponto, e revelar alguns dos significados e o que este ativa no mistério religioso de Umbanda.

As matas estavam enfeitadas
Cobertas de ouro e flor
E os passarinhos cantando Oxóssi
Em seu louvor
Juriti pio pio pio
Juriti pio
Juriti pio
Juriti pio senhor Oxóssi
Em seu louvor

Ao evocarmos os poderes das Matas entramos em contato com a força suprema da Criação, o ponto de força de nosso Pai Oxóssi. As matas, a flor, quando recitamos qualquer ponto de força, mentalizamos os mesmos, entramos em sintonia através do som das atabaques. É mágico e grandioso nos envolvermos com os seres que nos revestem de sua vibração curadora, harmonizadora, diluidora e direcionadora.

Quando citamos o ouro, trazemos para nós a prosperidade, as forças de nossa mãe Oxum. Este metal nobre é poderoso Portal e promove a elevação do mental dos assistidos e liga o Ori do médium ao mistério da criação. Os pássaros cantando são a própria simbologia do renascimento de nossas forças; os cantos dos pássaros são dádivas de Luz em nossos trabalhos, é a representatividade mântrica entoada em nossos pontos.

Olhei no Céu eu vi estrela correr
Fui nas pedreiras eu vi pedra rolar
Vi os caboclos dançando oi lá na areia
Quando a sereia começou cantarolar
E no seu canto ela sempre dizia
Que só queria ter asas pra voar
Para ir ao Céu buscar estrela que brilha
Para os caboclos abençoar este congá

O Céu e a estrela representam o Criador e as forças de nosso Pai Oxalá, que adentram o recinto, trazem a pureza criadora dentro do que Deus nos reservou em nossas vidas.

A pedreira é o poder do equilíbrio, da justiça de nosso Pai Xangô.

Os caboclos dançando trazem a simbologia do mistério das entidades, abrindo os nossos caminhos.

A sereia cantando é a própria benção de nossa mãe Iemanjá em nossos trabalhos.

Finalizando, quando a estrela é colocada no altar, simboliza as forças de Oxalá no altar e em nossas vidas.

Pombinho branco
Mensageiro de Oxalá – Bis
Leva esta mensagem
De todo coração até Jesus
Diga que somos soldados de Aruanda
Trabalhamos na Umbanda
Semeando a vossa Luz – Bis

O pombinho branco representa os espíritos de Luz que levam as nossas mensagens até Deus, nossos guias espirituais. Soldados de Aruanda são os nossos médiuns, que com sua postura Crística trabalham em prol da caridade, do servir, com todo o altruísmo que só um verdadeiro médium de Umbanda possui. "Semeando a vossa Luz" é o repasse do conhecimento da Paz e das ações elevadas existentes na espiritualidade. Um cântico que deve ser entoado em momento de agradecimento, quando finalizamos nossos pedidos a Deus por todas as vibrações recebidas.

Existe um ponto cantado de Esquerda, cantado de duas formas, mas acredito que a maneira pela qual está disposto abaixo é a mais interessante:

Tocaram fogo lá nas matas
Oi nas pedreiras não parou
Mas foi parar na encruzilhada
Exu ... é quem mandou
Ena ena é mojubá e
Ena ena é mojubá

Tocaram fogo lá nas matas, significa que alguém fez alguma trama, ou trabalho negativado, inverteu forças transformando-as em trevas.

"Oi nas pedreiras não parou" – foi pedido a nosso Pai Xangô a justiça.

"Mas foi parar na encruzilhada Exu ... é quem mandou". Nosso Pai Xangô chamou Exu para executar a justiça e parou o trabalho negativado na encruzilhada pela ordem dele.

"Ena ena mojubá" refere-se ao respeito hierárquico que as forças espirituais que agem de maneira torpe acabam por se curvar. "Ena ena", o poder do *fogo* que adentra o recinto pelo licença pedida, "Mojubá" um *comprimento* saudando as forças evocadas do Exú Guardião.

Os cânticos possuem vibrações que atuam de acordo com a tradução correta da letra, muito embora o mistério de cada palavra seja interpretado de acordo com cada templo religioso de Umbanda. Mas, o mais importante aqui é mostrar que a nossa religião possui muitos fundamentos e estes devem ser respeitados. Quando utilizamos de todos os recursos que foram colocados à nossa disposição, conseguimos realizar grandes trabalhos; quando passamos estes entendimentos aos nossos filhos e irmãos assistidos, formamos verdadeiros religiosos de Umbanda. Entoar cânticos de louvor a Deus e aos Orixás é orar, é determinar uma ação, tornar vibrações em movimento que beneficiam nosso templo, nosso lar. Como no dito popular "quem canta seus males espanta" é uma realidade profunda.

Cambonos e médiuns ponteiros

Organização, disciplina, hierarquia, fundamento, filosofia, caráter; tais colocações encontramos dentro de um templo de Umbanda; para que tudo esteja dentro dos preceitos que acreditamos ideais em uma liturgia é fundamental o preparo de cambonos e médiuns ponteiros. Ambas as denominações são conhecidas e necessárias, ao meu ver. Faço essas seis colocações para podermos compreender e fazer com que o trabalho espiritual seja o melhor para quem quer aprender e louvar a Deus e as divindades Orixás. Uma situação nos remete a outra, formando uma engrenagem importante que, quando interpretada, torna-se um fator favorável a nós, religiosos de Umbanda.

Organização

O dirigente espiritual deve ter pessoas de sua confiança para serem os seus olhos e ouvidos; sabemos que lidamos o tempo todo com seres humanos e o que a religião vem fazer a nós não é pouco. Forças são manipuladas, e muito depende desta organização para que os espíritos guias tenham um local adequado às tarefas da espiritualidade. Os cambonos têm a responsabilidade de organizar os apetrechos utilizados pelos espíritos guias. Embora pareça uma tarefa pequena, são eles que proporcionam o bom andamento dentro de uma sessão através de sua tarefa de organizar. Os médiuns ponteiros são aqueles que estão em um patamar de compreensão diferenciado, bem como participam diretamente da organização do culto religioso, colaborando com a espiritualidade do templo. Um templo só consegue se sustentar quando existe este comprometimento com a organização, e absorver esta compreensão se faz fundamental. É importante esclarecer que em meu trabalho, ou dentro da Umbanda que prático não existe pai pequeno e mãe pequena. Esta função é dada aos ponteiros, pessoas preparadas para auxiliar com as mesmas características de pai pequeno e mãe pequena. Faz parte de minha organização.

Disciplina

A organização só é possível com disciplina e preparo mediúnico, bem como a ação postural dos cambonos e médiuns ponteiros que direcionam todo o grupo. Na vida em geral, quando existe a disciplina, tudo se torna pleno e completo. Os cambonos, tendo a obrigação de organizar, passam a ser exigidos pelo seu dirigente sobre a questão disciplinar, assim como os médiuns ponteiros; ambas as funções só começam a funcionar com disciplina e organização. Jamais um filho em um templo fará o que quer, mas sim estará à disposição para seguir o conceito disciplinar adotado no templo. Disciplina implica roupa adequada, palavreado dentro do campo religioso, postura digna de um umbandista.

Hierarquia

Uma das coisas que sempre funcionou na espiritualidade e tentamos implantar aqui no meio neutro é a hierarquia. Infelizmente, estamos em um mundo aonde a vaidade e a vontade de poder atropelam a hierarquia. Em um templo religioso de Umbanda, quando a hierarquia não funciona, o dirigente passa a ter sérios problemas, embora eu diga assim: a hierarquia só funciona e é aplicada por quem sempre respeitou as hierarquias. O sacerdote de Umbanda é a autoridade máxima dentro de um templo; se existirem muitos filhos, é fundamental que haja pessoas para ajudar na organização do templo para fazer valer a disciplina. É aonde entram os cambonos organizadores para colocar cada filho em seu devido lugar, delegando-se, muitas vezes, tarefas para o bom andamento dos trabalhos. É nesta hora que a hierarquia deve ser respeitada pelos filhos; ainda, muitas vezes o dirigente espiritual, na sessão, coloca um médium ponteiro para dirigir determinado trabalho. Tudo isso só funciona dentro de um trabalho espiritual em que há a postura de compreensão de cada medianeiro, humildade. Deve-se lembrar que a humildade, bem como o respeito sobre quaisquer ordens dadas, mostra o grau de espiritualidade do iniciado, ou mesmo de um médium veterano dentro da religião. O tratamento entre os filhos deve ser sempre de respeito, ser um hierarca não é fácil, pois não devemos interpretar uma posição com imposição.

Fundamento

Cambonos possuem várias funções dependendo do templo religioso de Umbanda. Os cambonos podem ter funções duplas, podem ser também médiuns ponteiros. Há o cambono líder que determina as funções aos demais cambonos; são eles: cambono responsável pela tronqueira, cambono responsável pelo altar (peji), cambono responsável pelas ervas, cambono responsável pelas fichas dos assistidos, cambonos responsáveis pelos guias quando em consulta, e outras atribuições que podem ser dadas para que haja o melhor aproveitamento dos iniciados dentro da religião de Umbanda. Ainda se pode denominar outra função que adotei em minha casa: os cambonos passistas. Estes são preparados e consagrados para dar passes nos consulentes, antes mesmo das sessões ou no decorrer das mesmas. Todas as funções e todos os trabalhos executados por esses seguem os fundamentos do templo. Todo tipo de colocação deve ser pautada em respostas importantes aos médiuns, explicando o funcionamento, elevando a ação espiritual com o fundamento.

Filosofia

Para cambonos, médiuns ponteiros e todo aquele que tem na Umbanda sua religião, ela deve ser a sua filosofia de vida. Infelizmente, é comum vermos pessoas que estão inseridas dentro do movimento religioso de Umbanda e nem sequer se sentem Umbandistas. Desta forma, não existirá comprometimento com a tarefa do bem que é executada dentro da religião, bem como tal pessoa está propensa ao mau uso da espiritualidade, pois não a vê como uma religião de fato. Todo aquele que recorre à Umbanda é umbandista, se assim não for, há algo errado ou no mínimo equivocado. A compreensão de uma filosofia leva à glorificação do ato litúrgico, quando contemplamos Deus e as divindades Orixás. Apontamos, para todos que adentram o recinto religioso de Umbanda, a importância da compreensão; os assistidos devem ser mais exigidos em relação à postura, bem como todo o grupo medianeiro sobre filosofia.

Caráter

Tudo o que se estuda e passa a fazer parte de nossa vida espiritual e de maneira elevada lapida o nosso caráter. Ao entrarmos em trabalhos degenerados logo vilipendiamos a elevação do caráter, trazendo uma conjectura ao estado espiritual. Embora o caráter de uma pessoa seja, em parte, formado de zero a sete anos de idade, ele ainda pode ser melhorado; transformar é possível, mas a pessoa é o que é. Neste período em que é formado parte do caráter de uma pessoa, é também formado seu comportamento diante dos obstáculos da vida, diante de seu conhecimento, diante de sua crença. Viemos de outra esfera, passamos por encarnações e trazemos conosco parte desse posicionamento formador de nosso caráter. Tudo já está previamente estabelecido, só que no decorrer dos anos, aprimoramos. O sacerdote Umbandista vai se deparar com a necessidade de entender seus filhos, assim também os assistidos que vêm em busca da espiritualidade. Os cambonos e os médiuns ponteiros, sabedores das regras e da forma disciplinar de sua religião, acabam por trazer em si esta aplicação que eleva o caráter. Este caráter eleva-se quando respeitamos a hierarquia colocada pelo dirigente espiritual. O dirigente, por sua vez, passa a exercer uma das funções mais nobres dentro da espiritualidade, que é a de educar mediunicamente a todos que recorrem ao seu templo. Embora cada pessoa possua sua forma de ser, possua seu caráter, o dirigente fará a diferença. Mas cabe aos cambonos, médiuns ponteiros, e aos Ogãs ajudar uns aos demais, estando em harmonia com a disciplina dirigida pelo seu hierarca maior dentro da espiritualidade que são os Orixás, os guias e o seu sacerdote.

Normalmente, todos os seres humanos reproduzem o que vivenciaram em seus lares, sobre sua educação ou falta dela. Locais aonde exige a disciplina de maneira rigorosa acabam por trazer melhoras, lapidando o ser, porém, cada ser tem seu instinto. Uma pessoa totalmente disciplinada reproduz a disciplina em sua trajetória, levando a locais degenerados sua postura reta que fundamenta seu caráter. De outra forma, quando este está em locais afins traz força, formam-se grupos de luz. Acaba assim ajudando o local, o grupo, o templo, consequentemente o dirigente espiritual e toda sua corrente.

Quando este é indisciplinado, tende a reproduzir sua postura em todos os locais, é aonde o sacerdote entra. Visão psicológica é o que o sacerdote no decorrer do tempo passa a desenvolver, verá quais são as pessoas que estão necessitadas de lapidação e as que estão ali para ajudá-lo. O ser humano, em relação a sua elevação, em relação a seu caráter, é um conjunto de somatórias que para ser interpretadas leva anos. Porém, aquele que busca a religião, que interpreta que deve se lapidar, este tem todas as condições das quais o sacerdote necessita para ajudá-lo em seu desenvolvimento espiritual. Lembro que desenvolvimento espiritual não é só manifestação, isto é parte litúrgica da religião de Umbanda; a lapidação do ser humano é a priori o mais importante, tornar-se uma pessoa de espírito elevado.

Os registros estão no mental, e acabamos por ter consciente ou inconscientemente referências! As referências, sendo positivas, as reproduzimos em nossa vida sem que muitas vezes percebamos. Exemplo: se o seu pai tinha determinada virtude, esta acaba por ser reproduzida por você sem que isto seja percebido. Se a referência for negativa, o mesmo pode ocorrer, dependendo da maneira pela qual essa referência foi absorvida. Em regra, essa influência ocorre dos zero aos sete anos, mas não significa que não possa ocorrer depois. E por que estou citando isso? Faz-se fundamental que todo dirigente espiritual tenha a sensibilidade de entender as pessoas que lhe cercam bem como cada médium passe a perceber esse fato. Claro que o aqui descrito é um tanto simplista, mas é para que entendamos que se dentro de um grupo as pessoas não estiverem no mesmo padrão de organização e disciplina, fica muito difícil.

Sempre digo que trabalho negativado, seja qual for, não fecha uma casa, mas médiuns mal instruídos e rebeldes sim. Deve-se dar prioridade para que médiuns de suporte, tais como cambonos, médiuns ponteiros e os Ogãs sejam formados dentro de uma doutrina e fundamento da casa. Esta doutrina não se aprende em outras escolas ou templos; pode-se até ter uma base, mas o conceito de trabalho dentro da ritualística de Umbanda se diferencia de casa para casa. Por esse motivo, fui enfático e criterioso sobre ser médium, ser sacerdote; esses conceitos elevam a pessoa que busca na fé sua sustentação espiritual, não a ilusão.

O que são pontos de força e oferendas

Há várias formas de interpretarmos o que é um ponto de força; abordarei as características de pontos de força da natureza e do que os espíritos guias nos trazem através de seus símbolos em relação aos chamados pontos riscados, que também são pontos de força. Nosso planeta possui uma diversidade de vibrações que não encontramos em outros planetas de nossa órbita, porém, cientificamente, bem como espiritualmente, é colocado que existem pelo menos cem planetas semelhantes ao nosso em outras galáxias. Este verdadeiro paraíso onde nos encontramos possui locais sagrados chamados por nós, religiosos de Umbanda, de pontos de força da natureza. Estes locais sagrados devem ser respeitados, e nós, umbandistas, temos responsabilidade em relação a isto, pois a religião de Umbanda é um culto à natureza. Mas por que é um culto à natureza? Nossos Orixás estão ligados diretamente à Criação, e cada divindade Orixá ocupa um local na natureza aonde estariam regendo com suas forças, determinadas pelo Criador. Estes locais estão ligados ao que chamamos de telas dos Orixás, teias que se interligam através de seus filamentos divinizados nos envolvendo, nos direcionando. Desta maneira, há de se compreender que se nossa religião é um culto às forças da natureza, é um dever preservá-la e deixar os locais sagrados sempre limpos. Mas, creio eu, por falta de informação e formação, muitos despejam suas oferendas sem esta preocupação, colocando elementos que não fazem parte da própria oferenda, como plásticos e vidros. O Orixá quer de nós a nossa dedicação, a nossa fé, o nosso amor diante dos nossos semelhantes. E entendemos que as oferendas não são para **eles**, Orixás, mas sim para repassar energias para nós.

Os Orixás estão em um padrão dos mais elevados, e as vibrações provenientes das ervas, frutas, bebidas, energias da chama das velas e de outros elementos são repassadas para nós, meros mortais, frágeis e limitados. Ainda, os espíritos guias se utilizam das vibrações das oferendas para beneficiar os assistidos e o ambiente de um templo; é desta maneira que ocorre dentro do mistério da espiritualidade.

Meu Preto Velho um dia falou que a melhor oferenda que podemos dar aos Orixás é o nosso amor e a nossa fé; não que não haja os fundamentos nas entregas, mas como tudo se moderniza, creio que esta é a hora. Quais são estes pontos de força da natureza? O mar é o ponto de força de nossa mãe Iemanjá, sendo que ainda temos os marinheiros que se beneficiam deste ponto de força fantástico. À beira-mar, nosso pai Omulú reina como um grande guardião da calunga grande. Nas matas temos nosso pai Oxóssi, nosso pai Ossain, nossa mãe Oba; encontramos as forças de nossos caboclos, que embelezam o ritual de nossa amada religião de Umbanda. Temos as pedreiras, onde nosso pai Xangô é rei, trazendo a justiça de Deus em nossa vida, nos permitindo o aprendizado de nosso equilíbrio. As cachoeiras, aonde nossa mãe Oxum nos imanta com seu manto sagrado, elevando-nos em suas forças que tranquilizam nossa vida. As encruzilhadas de nossos Exus e Pombas Giras, aonde estes abnegados servidores do bem trazem a abertura da prosperidade em nossas vidas. As estradas e os caminhos, onde nosso pai Ogum é rei, trazendo-nos a proteção, e com ele aprendemos a respeitar as leis que regem o universo. Os cruzeiros, aonde nosso amado pai Obaluaê acolhe os espíritos após sua passagem. A beira dos lagos, aonde mãe Nanã, com seus braços abertos, nos acolhe. Em cada ponto de força podemos sentir as forças dos Orixás, sentir as forças de nosso pai Oxalá, que habitam todos os pontos de força. Reverenciamos os poderes de Deus nestes locais sagrados, mas, tratemos o que é sagrado verdadeiramente como *Sagrado*.

Os pontos riscados de nossos guias são pontes aos pontos de força existentes; os espíritos servidores da Luz encontram neste recurso a forma de ativar os mistérios que eles possuem, proporcionando a ligação com esses bolsões de energias divinizadas. Quando um espírito guia firma seu ponto riscado, ali está um Portal aberto diretamente nos pontos de força; deste ponto luminoso saem seres e forças que ajudam em todos os sentidos os trabalhos espirituais de um templo, alcançando os necessitados onde quer que estejam.

Quando o medianeiro se entrega a este momento sagrado, bem como os assistidos, todos são beneficiados de maneira sagrada e curadora. Quando é recitado em um ponto cantado, que é uma evocação, a força de um Orixá, ou mesmo seu ponto de força, este é ativado. Quando se cita o mar e as forças de nossa mãe Iemanjá, a contraparte energética do mar invade o espaço, abençoando a todos; assim é com as matas, com as cachoeiras, com as encruzas, com os rios e lagos, com as vibrações dos caminhos, das montanhas, do universo espiritual que permeia o cosmos e passa assim a nos beneficiar. É fundamental que médiuns, assistidos, sacerdotes passemos a nos entregar nesses momentos e, contemplando, interagirmos com os mistérios; é uma sensação das mais maravilhosas, marcante e encantadora.

Voltando às entregas nos pontos de força, existem formas de preservarmos estes locais com pequenas atitudes e atraindo ainda mistérios de elevação aos nossos templos religiosos. Em nosso altar podemos colocar os elementos representando cada ponto de força, assim como podemos colocar na tronqueira elementos referentes às encruzas, cemitérios, montanhas, dependendo das falanges espirituais dos nossos exus e Pombas Giras, nossos guardiões. Em relação aos Orixás, a água do mar, de cachoeira, pedras das montanhas, uma espada representando Ogum, elementos que fundamentem os pontos de força. Todas essas energias no altar formam a aproximação destes pontos de força no próprio templo; assim o sacerdote e seus médiuns podem colocar ali suas oferendas, desta maneira realizam um grande trabalho e acabam por proteger os pontos de força. Os pontos de força são trazidos até nós, sem a necessidade de deturparmos os locais sagrados.

Nunca é demais observar que haverá casos em que o trabalho deva ser realizado efetivamente no ponto de força indicado, mas isso sob indicação dos mentores e guias que cuidam do caso específico e com ordem expressa do mentor da casa. Sem em hipótese alguma vilipendiar esses locais sagrados.

Toda religião tem como passar uma mensagem para a humanidade; nós passaremos assim, respeitando e nos tornando exemplo, em relação à postura disciplinar e respeito à natureza. Religiões são feitas por pessoas, e quando essas pessoas reúnem-se em prol da melhoria de seu culto, de sua forma de interagir com os mistérios de Deus, ele está contribuindo para um mundo melhor e com sua religião. Embora já tenha sido muito incisivo, reafirmo aqui a necessidade de sermos religiosos; contemplemos a natureza, evoquemos os poderes dos Orixás, sempre pedindo discernimento para que sejamos pessoas melhores, pessoas do Bem.

Tronqueira – Exus e Pombas Giras

Para compreender se o terreiro que frequentamos está dentro da positividade da religião de Umbanda, se é Umbanda mesmo, basta ver como o dirigente e seus filhos agem em um trabalho espiritual de Esquerda. A forma pela qual se acredita em suas forças espirituais e as manipula indica a educação mediúnica ali aplicada. Há apenas um caminho, o do positivismo em busca da elevação e evolução espiritual; sendo assim, se faz necessário esclarecermos um posicionamento sobre conceitos religiosos que fundamentam nossos Exus, Pombas Giras e Exu Mirim.

Os conceitos espirituais com valores positivos denotam um ser em busca de elevação; lidar com a Esquerda da religião requer sabedoria e acima de tudo equilíbrio emocional. Aproveito para citar sobre exu feminino, termo utilizado por muitos religiosos; o conceito da terminologia Pomba Gira não existe em todas as casas, portanto exu feminino ou Pomba Gira se refere à mesma força. Eu utilizo, particularmente, o termo Pomba Gira.

Por que o emocional? Na verdade, observamos não apenas na Umbanda, mas em todas as religiões, pessoas que lideram e possuem o seu emocional infantilizado e fragilizado. Isso pode ser falha de caráter, falta de conhecimento ou fragilidade psicológica.

Ser líder requer sabedoria, serenidade, honestidade, paz interior, humildade, tudo isso dará base ao dirigente para ele direcionar vidas. Como diz um Exu que me acompanha: Para lidar com pessoas deve-se ser racional, não deixando o lado emocional atrapalhar o caminho a ser trilhado!

Acredito que uma pessoa que não possua seus fundamentos espirituais e que não possua o equilíbrio emocional logo se perderá e não terá condições de liderar pessoas, atrapalhando inclusive seu campo mediúnico e comprometendo as manifestações espirituais. Todo médium, seja ele um dirigente (sacerdote de Umbanda) ou mesmo um médium que já está há anos em trabalhos na religião, todos devem entender que estamos sempre em desenvolvimento espiritual. Necessitamos estar abertos ao aprendizado, e a lapidação do espírito é constante até o final de nossas vidas. O conhecimento é libertador e eleva todas as pessoas. Entender a si mesmo trará a você condições adequadas para interpretarmos nosso caminho.

O desconhecimento traz a rejeição e o preconceito, isso é fato! Por este motivo a explanação de como funciona um terreiro é importante. Muitas pessoas quando vão aos Templos de Umbanda observam nas entradas pequenas casinhas ou portas que ficam posicionadas à Esquerda da entrada. São as chamadas tronqueiras, locais aonde são colocados elementos que fundamentam as proteções espirituais do Templo. Em muitos templos a posição da casa de Exu, Pomba Gira e Exu Mirim fica nos fundos, com espaço mais amplo, aonde são executados ritos específicos aos nossos guardiões.

As tronqueiras funcionam absorvendo os impactos negativados que atentam contra o bom andamento das sessões espirituais dentro dos terreiros de Umbanda, assim evitando que forças contrárias aos aspectos positivos adentrem o recinto, servindo também de grande portal recolhedor e encaminhador destas forças contrárias. No campo neutro humano (campo humano onde vivem os encarnados) recebemos as influências do Alto, esferas superiores, do Embaixo; esferas inferiores, da Direita; esferas dos guias de Direita, da Esquerda, esfera onde habitam nossos Exus, Pombas Giras, Exu Mirim e Quimbandeiros.

Quando espíritos que estão em vibrações degeneradas e com o padrão mental distorcido, provenientes do Embaixo, ativados por encarnados para atuarem sobre outras pessoas, passam por essa tronqueira que forma um portal e são recolhidos e levados aos locais de afinidade. Entende-se que no Embaixo assim como no Alto, existem variações de planos, ou campos magnéticos, que definem onde estão os espíritos degenerados e os espíritos que servirão aos Exus como ajudantes ou escravos.

As tronqueiras são fundamentos para todos os terreiros de Umbanda e ali está a grande defesa para os frequentadores. Nelas encontramos fundamentos que trazem O Poder do Criador através da força de Exu e Pomba Gira, entidades espirituais que podemos observar em suas ações, de forma análoga, como a polícia do astral. Um poder do Criador que organiza o caos existente na espiritualidade, uma força necessária para o bem-estar do médium e dos assistidos nos trabalhos espirituais. Os médiuns do terreiro, bem como os consulentes, recebem o amparo direto dessas entidades, que se utilizam dos elementos na tronqueira magnetizados com os fundamentos dos guias de Esquerda, desta forma repassam suas forças curadoras, vitalizadoras, neutralizadoras e protetoras.

Encontramos em quase todas as tronqueiras o elemento terra, retirada de forma ritualista utilizando-se da magia religiosa de pontos específicos, chamados de pontos de força dos Exus e Pombas Giras. Lembrando que tudo que é retirado da natureza precisa de licença e do pagamento de uma moeda; todos os lugares possuem donos e agindo assim captamos todas as forças contidas ali. Quando cito donos dos locais entende-se que tudo que trabalhamos estará atuando como matéria invisível de alto poder. Esta matéria só poderá se aglutinar ao trabalho através de energias de troca, ou de vínculo, e o pagamento é na verdade uma forma de retirar desse ponto de força tudo que é necessário em termos de vibrações. Em alguns casos, faz-se uma oferenda com padê com pinga e dendê e acendem-se velas e charuto para pedir licença. O padê feito de farinha de mandioca crua, que representa a raiz e a ancestralidade em nós e daquela força, o dendê é a representação do fogo e da força mental, as velas são aberturas das portas espirituais e o charuto é a representatividade do fumo, o pensamento indo através da fumaça no tempo.

Como os servidores da Luz – Exus e Pombas Giras – regem as encruzilhadas e as bifurcações, é ali que se concentram poderosas vibrações utilizadas dentro da tronqueira; mas além da terra da encruzilhada, ainda se utiliza a terra das montanhas, do cemitério, das matas, dos caminhos, da beira-mar, pois estes servidores da Lei estão em todos os locais, resguardando os mistérios da criação.

A diversidade de terras representa as legiões de Esquerda, atraindo esta força para dentro de nossos trabalhos. Sobre encruzilhadas e bifurcações digo assim: são o encontro de poderosas vibrações existentes em nosso planeta, forças horizontais, verticais, perpendiculares pertencentes ao Poder Divino, ao Criador, que foram repassadas separadamente a cada força de Exu, Pomba Gira e Exu Mirim atuante na religião de Umbanda. Tais forças respeitam o magnetismo da

Terra, da Lua e do Sol que, em conjunto com os elementos da natureza, com o conhecimento do dirigente espiritual, com suas rezas e orações, faz toda a diferença nos trabalhos de Umbanda. Ainda sobre encruzilhadas pode-se entender que onde existe cruzamento e passam pessoas, é fixado o ectoplasma utilizado como fonte de energias, empregadas também em alguns trabalhos de Esquerda.

O Criador determinou a Exu e à Pomba Gira a função de guardiões desses mistérios, desse modo criaram-se as várias falanges de guardiões, cada uma com suas características, respondendo fielmente aos desígnios de cada trabalho que é ordenado por nossas Divindades Orixás. O Poder do Criador traz forças planetárias que existem ao redor da Terra denominadas de círculo de fogo, mistério interpretado principalmente em Ordens Iniciáticas como os Portais de Libertação, que revelam que estes Portais resguardam as passagens aos planos superiores da espiritualidade.

Exu e Pombas Giras são poderosas forças na Umbanda, utilizam elementos e símbolos universais nas esferas ritualísticas, e tais elementos existem dentro de trabalhos de várias religiões e seitas consideradas naturais, que cultuam as forças da natureza. Com essa vastidão de trabalhos além da Umbanda, é fato que os elementos podem ser utilizados de forma contrária ao positivismo, dando aos leigos a infeliz ideia de que tudo é a mesma coisa.

Somente com informação e formação conseguiremos distinguir, aprender e ensinar o que é Umbanda e o que não faz parte da Umbanda. Precisamos entender que há trabalhos fora de uma Ordem positiva, atuante no aspecto degenerativo, e que muitos confundem com os valores da Umbanda. As forças existem para que os seres humanos sejam direcionados e tenham caminhos abertos, progresso do espírito – entendemos desta maneira. Todavia, todo aquele que atua contra seu próximo recebe os impactos da espiritualidade. Vejo que muitas pessoas, médiuns e assistidos, que em algum momento se utilizam de ferramentas espirituais para atingir seus desafetos, ou fazem algo para tirar proveitos da espiritualidade que estão fora da Lei. Estes receberão de volta o que proporcionaram, porque tudo é ação e reação. Logo, passam a reclamar que são alvo de ataques espirituais, porém, apenas estão recolhendo aquilo que foi semeado. Chamo atenção do leitor, médium ou dirigente espiritual para o fato de que nem todos que buscam por auxílio espiritual são vítimas, na verdade pagam o preço de algo que fizeram. Sejamos mais atentos a isso, uma vez que ninguém aparecerá à sua frente falando que fez amarração, ou que foi à encruza pedir destruição a alguém!

Mas, voltemos à explanação acerca do elemento terra na tronqueira. Então, essa terra é colocada dentro da tronqueira e as vibrações dos pontos de força das encruzilhadas, matas, beira mar, cemitério, caminhos, retirados de forma correta, trazem as vibrações e magnetismos dos Exus e Pombas Giras que passam a estar dentro do Templo de Umbanda, permitindo aos Guardiões desse local agir nas descargas, utilizando-se das forças das encruzas e dos demais pontos de força mencionados.

A utilização desse recurso remonta há milênios, pois espíritos guardiões sempre existiram. Encontramos seres que atuam em outras religiões que não levam o nome de Exus e Pombas Giras, havendo, porém, muitas analogias. Utiliza-se de forças tripolares que são representadas de forma simbólica pelos tridentes; forças que afastam o negativismo e atraem o positivismo – muitas divindades Hindus trazem esta simbologia. E os nossos guardiões que resguardam os mistérios das religiões de Umbanda e Candomblé, caso observemos, possuem similaridade com tais divindades Hindus mostrando como a espiritualidade é vasta.

A utilização da terra, enquanto elemento básico dentro da tronqueira, vai igualmente ao encontro da ancestralidade, pois a terra é sempre a mesma, desde o início dos tempos na formação do planeta, e a energia de nossos ancestrais ali se encontra. É uma força viva e atuante dentro da tronqueira, que é um ponto de força dentro do templo, com vibrações salutares a todos que recorrem em busca de se melhorarem dentro de uma religião.

Além da terra, que é preparada pelo dirigente espiritual com a orientação de nossos Exus e Pombas Giras, encontramos uma diversidade de sementes (garra do diabo), pedras, punhais, tridente, ervas, velas, ossos, guizos, dentre outros elementos que fazem parte do fundamento do guardião daquela casa, não nos esquecendo do fumo, representado pelos charutos e cigarros. Dentro da ritualística o marafo, a água são fundamentais para várias finalidades rituais de pedido e evocação.

Em verdade, não há assentamentos e fundamentações de força de Exus e Pombas Giras iguais, pois cada entidade tem seu próprio mistério, e esse ritual só se faz poderoso por completo quando direcionado pela entidade. Então, fundamentos encontrados em livros servem apenas para trazer o conhecimento de como é feito dentro de UM rito, porém existem muitos rituais e a particularidade das entidades devem ser respeitadas. É aí que está o Mistério e o Poder de uma tronqueira. Este ponto de força dentro de um Templo de Umbanda só serve para dar suporte, proteção e firmeza ao Templo, nunca, em hipótese alguma, utiliza-se desse local Sagrado para pedir coisas fúteis que não condizem com o Bem e a elevação que a Umbanda traz, bem como, utilizar-se de forma degenerada, pois isso não está ligado ao Mistério Maior do Criador e Suas Leis. Menciono isso por ver que muitas religiões e pessoas que não conhecem esse importante fundamento de nossa religião distorcem o significado de uma Tronqueira, muito embora haja vários seguidores de Umbanda e escritores que deturpem esse mistério, que devem ser classificados de outro nome, menos de religiosos e muito menos de umbandistas. Devemos entender que tudo que pensamos e pedimos em nossas preces e o que emanamos de nossos sentimentos trazem uma ação, e toda ação tem reação.

Aproveitando o tema, faz-se necessário revermos as questões sobre despachos, ou entregas nas encruzilhadas, matas, à beira-mar ou em cachoeiras. Em uma tronqueira podemos ter a encruza, o cemitério, a força dos caminhos, das montanhas, das matas. É uma questão de fundamentar os pontos de influxo de tais vibrações em preparos específicos dentro de uma tronqueira. Assim, evita-se a entrega em tais locais; elas passam a ser feitas no próprio Templo. Isto é um assentamento importante, aonde o Exu e a Pomba Gira fundamentam tais forças, trazendo esses pontos de força através dos elementos. E é importante explicar que o cemitério é um local sagrado, é aonde estes espíritos guardiões regem para manter o lado espiritual em harmonia através da ordenação do Maioral. A utilização da terra de cemitério, dentre outros atributos, serve de conexão aos guardiões para encaminhar espíritos perdidos aos seus campos de afinidade, bem como quebrar as negatividades que aviltam as pessoas que buscam os templos de Umbanda, assim se libertam de influxos degenerados que muitas vezes anulam o caminho de prosperidade das pessoas.

Sempre encontraremos em todas as tronqueiras o marafo (pinga ou uísque). Como já mencionado no capítulo sobre o fumo e o álcool, este elemento é de pura assepsia espiritual e representa a união dos elementos contrários, o fogo e a água, e, nossos guardiões se utilizam deste mistério para beneficiar os necessitados bem como para proteger o templo. Além disso, é importante ressaltar o quartilhão com água, esta água e demais elementos devem sempre ser completados com o seguinte entendimento!

"Exu te dou água para que me dê caminhos. Pomba Gira te dou água para que me dê caminhos! Exu acendo este charuto para limpar o meu campo mental, e se houver algum pensamento negativo que seja envolvido por esta fumaça. Pomba Gira acendo este cigarro para limpar meu campo mental e se houver alguém pensando negativo sobre mim que esta fumaça envolva este pensamento e desfaça o negativismo mental e emocional. Ofereço esta bebida, Exu, para que eu tenha proteção e seu poder. Pomba Gira, ofereço esta bebida para que eu tenha sua proteção e poder. Que Exu me dê o poder da vitalidade e que Pomba Gira me dê o poder do desejo."

As colocações acima são pedidos afirmativos de ativação dos elementos, lógico que cada médium ou dirigente deve ter sua forma ritual de determinar e direcionar tais forças.

Devemos sempre buscar realizar o entendimento das forças que nos sustentam em nosso conceito espiritual; sendo assim, é de fundamental importância a compreensão sobre Exu, Pomba Gira e Exu Mirim, de que eles nos oferecem caminhos e proteção, diferentemente de muitos livros, que já tive o desprazer de ler, em que conferem conotações negativadas a esses guias.

Exu, Pomba Gira e Exu Mirim são agentes da Lei, jamais podem ser vistos como seres que realizam tarefas degeneradas: amarração, destruição, negativação das pessoas. Se isso fosse verdade, então a Umbanda não seria religião! Esses irmãos espirituais, por estarem próximos das vibrações humanas, com o motivo de nos resguardar das vibrações grosseiras do Embaixo, são mal interpretados até mesmo por pessoas dentro do segmento religioso de Umbanda, desconhecedores da ação e reação, infringindo leis e esquecendo que em breve retornaremos ao plano espiritual. Não se recorre a nenhuma força espiritual para pedir coisas fúteis, mas infelizmente faltam dirigentes espirituais que tenham esse posicionamento sobre a Esquerda de nossa religião. Esquerda não significa Embaixo; tomemos o exemplo da Cruz Sagrada, que tem representatividade espiritual para muitos, onde o topo da cruz significa o Alto, o lado inferior da parte vertical, o Embaixo e, na parte horizontal, Direita e Esquerda. Temos aí a representação das forças que atuam na religião de Umbanda através da cruz.

Referido acima, há livros que de forma romanceada denigrem a imagem de nossos guardiões; este tipo de procedimento não deve ser aceito por nós, religiosos de Umbanda, que temos um recurso de Luz através desses abnegados servidores da Lei. Ao usarmos o bom-senso e entendendo a religião de Umbanda, veremos que esses servidores são iguais a policiais no astral, aonde curam, orientam, retiram nossas cargas e permitem que os trabalhos ocorram de maneira elevada. Portanto, devem ser respeitados.

Infelizmente, muitos ainda estão ligados às histórias contadas em escrituras antigas, aonde colocaram um Ser que afrontou O Criador, isto é inaceitável; porém, é a cultura do medo que prevalece em nosso meio humano. Lúcifer (a estrela do amanhã) é um ser mal interpretado, utilizam este Ser como fonte do medo para angariar fiéis e movimentar a mente dos ignorantes, fracos mentalmente. E falando sobre as antigas religiões, muitas delas serviram para escravizar as mentes, podar os aspectos espirituais e controlar, conduzir as pessoas, cerceando toda forma interpretativa da espiritualidade. Enquanto tivermos em nossa mente que existem forças a afrontar a Criação, continuaremos atraindo e caindo no mesmo erro. Ao compreendermos que um espírito guia de Direita quando manifestado em seu mediador possui um Exu, uma Pomba Gira e um Exu Mirim, ao seu lado como mensageiro e protetor do trabalho, passaremos a interpretar o trabalho desses que estão servindo a Lei Maior, pois são eles que adentram as esferas mais sombrias para romper forças que estão atuando sobre os seres encarnados.

Devemos, então, pedir aos nossos guardiões o discernimento adequado, a fim de sermos vistos como verdadeiros servidores de Deus dentro de nossa religião. Lamentavelmente, ainda vejo muitos caindo exatamente nos mesmos erros. Não há nada a temer, a não ser nossa própria ignorância em não entender que as forças religiosas estão aqui para nos beneficiar e elevar nossa consciência.

É importante ressaltar que há muitas Umbandas que não possuem giras ou fundamentos de Exus e Pombas Giras; isto é natural, principalmente quando esse trabalho está miscigenado com o trabalho espírita, os chamados centros kardecistas, mas que têm o trabalho com os espíritos guia de Umbanda. Nestes locais, os tratamentos, bem como a forma de atuação, são atenuados pelas forças que regem a Umbanda. Cada casa é vista pela cúpula de Umbanda de maneira diferente; existem templos que são doutrinários, outros trabalham com curas, alguns focam nos estudos, muitos atuam sobre as demandas e ainda há os templos que trabalham com todas as formas de atuação.

Aqueles templos que não possuem as defesas de nossos guardiões de forma fundamentada, que não possuem as tronqueiras e elementos que combatam os impactos, não agem como sustentadores de vibrações de nossos guardiões, passam a ser locais para onde são direcionadas pessoas que não possuem aspectos trevosos a serem trabalhados ali. Quando existem pessoas necessitadas de algo a mais, essas são direcionadas para outras casas, ou, estarão amparadas pela espiritualidade desde que haja o que chamamos de merecimento. A espiritualidade encaminha as pessoas aos locais ideais para que sejam bem assistidos.

Para os umbandistas é importante ressaltar a tarefa de Exu Mirim. Muitas pessoas pensam que tais entidades são criancinhas; na verdade, são seres de alto grau de maturidade, e, Exu Mirim entra em muitos lugares nos quais Exu ou Pomba Gira não entra. Dentro de meu trabalho, Exu Mirim é mensageiro, passa informações com antecedência de prováveis acontecimentos. Trazem o mistério atemporal e estão em muitos lugares ao mesmo tempo; não são visualizados por seres negativados, uma vez que esses passam a ser envolvidos pela força de Exu Mirim sem o saberem. Quem tem proteção de Exu Mirim é beneficiado por uma entidade que honra seu médium. Outro mistério de Exu Mirim e que permite que ele não seja detectado, ou visto; em muitos ambientes é sua ação paralisar e manipular o tempo. Não se engane quando se trata de Exu Mirim, ele é poderosa força em um templo e dentro de uma tronqueira ele tem seu lugar! É um espírito que vem de forma infante para envolver a todos com sua forma de atuação!

Gostaria, agora, de tocar em um ponto delicado e polêmico para muitos, qual seja, o sacrifício de animais, ou sacro-ofício. Antes mesmo de explanar acerca da questão peço que pensem comigo. O sacrifício animal vem de tempos remotos em ritos milenares religiosos importantes na espiritualidade. Ainda que alguns terreiros de Umbanda não o façam, deve ser respeitado e existe este tipo de trabalho espiritual com seus fundamentos. Na religião de Umbanda, em geral, utiliza-se deste recurso, muito embora saibamos que muitos cultuam esse procedimento, que é normal e fundamento de base em trabalhos aonde se oferece um banquete à Esquerda.

Agora pergunto. Você se alimenta de carne? A grande maioria das pessoas se alimenta de algum tipo de carne, comem hambúrgueres, vão às churrascarias, sendo uma fonte importante de proteína. Se esses que possuem este hábito são contra os sacrifícios animais não seria uma espécie de hipocrisia? Aqueles que são vegetarianos eu concordo que sejam contra, pois é o exemplo comportamental de fato. Mesmo assim deve ser respeitado o Oro, que é a forma de ativar a força do assentamento através do sangue. Utiliza-se dos pés, cabeça, asas e vísceras de aves, e a carne é preparada e servida como banquete sagrado. Portanto, é melhor do que a carne que se compra em açougues, pois o animal foi rezado e não sente a dor das atrocidades dos frigoríficos.

Agora, a barbárie acontece mesmo nos frigoríficos, que realizam verdadeiras chacinas. O animal sente quando vai ser morto; este impacto fica na carne, bem como as vibrações dos traumas anteriores ao sacrifício, o que é diferente do animal dentro de qualquer rito religioso, aonde é rezado e entra em uma espécie de transe. Assim, o animal não sente o impacto do sacrifício, e ainda servirá de alimento após o ritual para o qual foi sacrificado. Mas por que desse tipo de rito? A energia vital de um animal é importante na consagração de um iniciado no Candomblé e em algumas Umbandas, bem como existem algumas tarefas em que, segundo o ritual, ela é necessária, como por exemplo, para decantar uma enfermidade ou para quebrar um trabalho negativado em que foi utilizado o mesmo elemento.

No Candomblé, o sacrifício é tema recorrente e comum, existindo aves específicas que estão ligadas às forças do Orixá. Seguindo a linha de compreensão do porquê da utilização de sangue (Igé) no rito de nação, vamos ao passado. Antes, as tribos guerreavam entre si e escravizavam os inimigos. Cada tribo tinha um deus, ou uma divindade Orixá que regia aquele povo. Antes das batalhas eles realizavam cerimônias para se consagrarem a esse Deus, banhando-se em sangue para absorver o axé (força).

Para podermos compreender esse procedimento é necessário interpretar o porquê desse rito. Uma divindade Orixá, quando evocada em ritos como era feito, se aproximava do campo espiritual do guerreiro quando esse recebia o Igé em sua cabeça, no Ori; assim, esse Orixá não volitava para sua dimensão e essa divindade ficava vinculada ao campo espiritual do guerreiro, passando toda força a ele. É o que ocorre no culto de nação; o iniciado recebe o Igé em seu Ori, e o Orixá passa a vibrar durante sete anos em seu campo mediúnico espiritual.

O que foi utilizado pelos povos para as guerras, hoje é utilizado para dar ao iniciado a conexão com a força de um Orixá. Agindo dessa maneira e com a força de Orixá assentado, o iniciado passa a conquistar muitas coisas na vida, agindo na saúde, prosperidade etc. Este é o procedimento dentro do Candomblé, sendo um fundamento que deve ser respeitado, mesmo que não esteja dentro de sua filosofia. É milenar!

E deve ser deixado bem claro que se trata do Igé de aves, na grande maioria, havendo, dentre outros menos habituais, o dos cabritos e bois. Em regra, não há outro tipo de sacrifício feito com outros animais. A pequena abordagem deste tema é para chegar a um ponto: eu, dentro de minha concepção religiosa de Umbanda, utilizo deste recurso por recomendação do meu guardião Senhor Exu Mangueira: "Se precisar salvar a sua vida, não me importarei com o galinheiro". Isto, na necessidade de salvar a vida de alguém, de anular uma força contrária, na ativação da força da tronqueira, no preparo de um médium, sempre com finalidades dentro da Lei Maior!

Quando falamos em fundamentos de assentamento de forças, no culto de Umbanda, entram as ervas, frutas e bebidas, e, ainda, outros elementos, como por exemplo, pedras, que agem como agentes catalisadores dos Mistérios dos Orixás e de seus pontos de força. E assim o é dentro do conceito dos espíritos de Luz na religião. Como a religião de Umbanda é plural no sentido de se encontrar ritos dos mais diversificados, inclusive com características similares as citadas dentro do culto de nação. Ainda sobre tal diversidade, conheci também templos de Umbanda, que não utilizam nenhum tipo de oferendas e, no entanto, realizam grandes trabalhos na espiritualidade.

Hierarquia na Esquerda

A organização espiritual que existe na Esquerda da Umbanda é base de fundamento de seu entendimento. Compreender a função de nossos exus, Pombas Giras e Exu Mirim faz a diferença para o médium, para todos os que querem interpretar de forma correta a espiritualidade. Como já citado a visão sempre será sobre formas positivas da Criação, neste Poder Criador vislumbramos a Onipotência, Onipresença para com toda a existência, e esta visão de gênese deve ser desmistificada com o olhar amplo, que por sinal é para poucos estudiosos da espiritualidade.

As várias teorias de caos e descontrole aparente que as religiões dispõem sobre os campos do Embaixo aponta um Deus que não possui o domínio sobre sua Criação. A máxima de que há um poder destrutivo que atua diretamente sobre os encarnados deve ser revisto, uma vez que observamos que os padrões negativados só são abertos por nós encarnados através de nosso negativismo. Com isso, observa-se que o Embaixo não atua sobre nós, mas sim nós ativamos sobre nossas vidas, pois esta ativação é totalmente por escolhas humanas, não são escolhas dos seres detentores dos poderes do Embaixo. Seres do Alto, Embaixo, Direita e Esquerda são Poderes da Criação; dentre todos estes nenhum vibrará sobre nós sem que haja a determinação, a vontade e o magnetismo de afinidade do encarnado. Há seres de Luz ao nosso redor, como existem seres trevosos ao nosso redor, todos ligados às esferas humanas dando-nos a oportunidade de escolhas.

As religiões realizam em sua grande maioria um papel, o de fazer com que os humanos sigam um padrão positivo luminoso, ensinando regras que por sua vez assimilam o negativo do Embaixo como destrutivo, contudo, as interpretações devem ser bem colocadas, interpretadas de forma sensata.

Em casos de um ser trevoso atuar contra alguém devem ser observados alguns pontos:

- O ser por sua vez não atua contra o outro sem que haja a projeção de outro encarnado.
- O encarnado pode estar na linha de afinidade deste ser trevoso.
- O encarnado pode estar sofrendo os choques das cobranças da Lei.

A vitimização é recorrente em nosso meio, em que o ser humano coloca-se como afetado por uma força, a qual ele mesmo deve ter proporcionado, e mesmo que tenha recebido um ataque deve ser apontado como merecedor por não estar ligado ao Poder do Alto. Todo religioso, ou profano precisa entender que quando ligado aos pensamentos virtuosos e com a participação com seu lado espiritual positivo, estará protegido, mesmo se estiver sobre ataques.

Nós, religiosos de Umbanda, temos o dever de entender que estamos em uma religião de choques, hora ou outra receberemos em nós alguns choques espirituais. Neste ponto que atua a nossa Esquerda, para eliminar o que não é de nosso merecimento! O pensamento e lado emocional devem estar ligados ao amor aos seres humanos, mesmo que esses estiverem atacando; difícil isso, sim, e não aceito por muitos. Porém, não existe religião e motivos de estar nela sem que haja a compreensão na existência de reencarnação e vida pós desencarnação. Fazer a nossa parte, desejar coisas boas às pessoas é o caminho para o Umbandista, ou para qualquer ser humano. Para os que pensam diferente digo que essas linhas podem ser um duro pensamento, mas é o que levará você aos planos superiores após sua passagem. Utilizar da Esquerda para negativar mais ainda os outros, ou utilizar sua Esquerda para deturpar a Lei faz de você escravo de forças do Embaixo. E isso não quer dizer que as trevas prejudicaram, acabaram com você, mas que você ativou uma força de forma desinteligente, ocasionando o seu aprisionamento, por sua própria conduta.

As estruturas espirituais da Umbanda estão em variações atendendo aos diversos grupos de trabalho. Entende-se que existam Umbandas, e tais trabalhos diversificados são propositais, aonde os espaços religiosos atendem às necessidades espirituais de grupos distintos. Por este motivo, as variações de interpretação, mesmo de trabalhos em fundamentos, podem ter algumas diferenciações. Porém, é necessário o bom-senso, ainda que haja tais variações, existem os devaneios em ritos, fundamentos e até linhas criadas para atender ao ego e ao lado inescrupuloso de quem ganha com essas invenções.

A Esquerda da Umbanda possui propósitos dos mais variados: elevar, proteger, dar caminhos, atrair forças, direcionar, desmagnetizar, magnetizar, energizar, estimular, vitalizar, anular etc. – características dos vários Exus de trabalho que atendem à religião de Umbanda, dependendo e muito do lado humano e como interpreta e interage com este Poder. O lado psicológico do médium deve ser levado em conta; aliado ao caráter, este aparelho dos guias é a porta aberta para todo um trabalho espiritual. Por este motivo, cito a necessidade da vivência mediúnica, juntamente aos ensinamentos da casa para com esse médium. O trabalho contínuo com os guias ao longo dos anos trará conhecimento e alicerce, desde que o médium busque entender tudo que é realizado dentro do rito religioso.

Nunca faça o que não entende, nunca deixe de perguntar os fundamentos do que se recebe de informação ou trabalho. Tudo isso estará formando seu lado mediúnico e dando condições adequadas para trabalhar com os guias espirituais. No caso dos Exus não é diferente; para um médium se tornar completo é necessária essa trajetória, digo que pelo menos sete anos de trabalho, firmezas, cruzamentos e fundamentação de suas primeiras forças. Trabalhar com passes no início e posteriormente iniciar o trabalho de consultas. Lógico que há médiuns que são precoces em se tratando de vivência, mas esse período de sete anos eu creio que mesmo assim seja necessário. Para entendermos as hierarquias de Esquerda são importantes algumas informações acerca dessas responsabilidades, pois não é apenas ler e conhecer, é preciso ter vivência, maturidade e preparo.

As estruturas das hierarquias são universais, ou melhor, tudo que existe na espiritualidade segue esta regra, bem como aqui no plano dos encarnados, aonde tudo que não dá certo acontece pela corrupção desta Lei.

Seguimos as explicações da Cruz, do Alto recebemos Poderes, Ondas e Magnetismos dos seres que projetam a Luz; do Embaixo recebemos Poderes, Ondas e Magnetismos dos seres que projetam a Absorção; da Direita recebemos dos guias o repasse desta Luz do Alto; da Esquerda recebemos dos Exus o repasse deste Poder de Absorção. Embora existam vários atributos dos seres dos quatro pontos, esses são a base de regra para que possamos entender o trabalho de nossos guias de Direita e Esquerda para conosco no meio humano.

Os guias, ao trazerem o refinamento dos poderes do Alto, os Exus, o refinamento dos poderes do Embaixo, proporcionam as proteções necessárias para nós umbandistas – a Trindade do Embaixo onde Lúcifer, Belzebu e Asteroht são os pilares da Hierarquia da Esquerda da Umbanda. Volto a ressaltar a ação Criadora que possibilita interpretar o Todo como Poder neutro, disponibilizado através de interpretação humana, seguindo as ondas mentais daqueles que ativam esse mistério.

A hierarquia que se segue tem a finalidade de instrução mostrando os principais Exus chefes de falange seguindo com a linhagem das Pombas Giras (exu feminino) com a regência de Astarte. Estas informações servem para os religiosos de Umbanda entenderem que tudo que está na existência respeita uma hierarquia; esta organização de linhagem traz alguns dos Exus e Pombas Giras que comandam a Esquerda da religião.

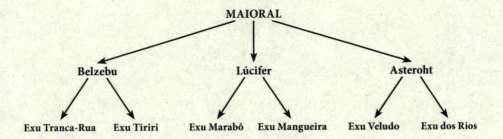

Astarte
Maria Padilha
Maria Farrapo
Rosa Caveira
Sete Saias
Maria Molambo
Maria Quitéria
Maria Navalha
Rosa Negra
Dama-da-Noite
Cigana
Sete Navalhas
Rosa Vermelha
Rosa dos Ventos
Rainha da Encruzilhada

Exu Omulu	Exu Calunga	Exu Meia-Noite
Exu Tata Caveira	Exu dos Ventos	Exu Mirim
Exu Brasa	Exu dos Rios	Exu Pimenta
Exu Pemba	Exu Tronqueira	Exu Malé
Exu Maré	Exu Sete Montanhas	Exu Kaminaloá
Exu Sete Poeiras	Exu Gira Mundo	Exu Curado
Exu Sete Catacumba	Exu Labareda	Exu Gato Preto
Exu das Matas	Exu Morcego	Exu Pedra Negra
Exu Sombra	Exu Sete Porteiras	Exu Capa Preta
Exu Seu Madrugada	Exu Carangola	Exu Águia Negra
Exu Quebra Galho	Exu Capa de Aço	Exu Sete Liras
Exu do Cruzeiro	Exu Pinga Fogo	Exu do Lodo
Exu Sete Ossos	Exu Tira-Teima	Exu Sete Chaves
Exu Lord da Morte	Exu Sete Encruzilhadas	Exu Arranca-Toco
Exu Sete Espadas	Exu Ferrabraz	Exu Bará
Exu da Montanha	Exu Gargalhada	Exu Sete Facadas
Exu Lonan	Exu Rei	Exu da Lama
Exu Sete Capas	Exu Treme Terra	Exu Cobra
Exu Sete Facas	Exu Trinca-Ferro	Exu Pantera Negra
Exu Pagão	Exu Garra de Ferro	Exu da Madrugada
Exu Sete Cruzes	Exu Porteira	Exu Quebra Toco

Quimbanda

Irei abordar três tipos de Quimbanda para que os irmãos possam apreciar e colocarei aqui como se faz o assentamento de uma dessas forças: Quimbanda Angolana, Quimbanda Luciferiana, Quimbanda como prática nas ingiras de Esquerda na Umbanda.

Quimbanda Angolana – trata-se de prática de atuação espiritual em que o praticante angolano é visto como um doutor, ou feiticeiro no sentido elevado da expressão. Nas práticas espirituais de Umbanda quando atuamos contra seres trevosos, utilizamos nomenclaturas como zombeteiro ou um encosto, seres negativados que atrapalham a vida das pessoas trazendo doenças e infortúnios diversos. Nas práticas Angolanas as pessoas desconhecem tais nomenclaturas sobre espíritos negativados. O entendimento quando uma pessoa está doente, ou existe alguma coisa ocorrendo na vida de maneira ruim, o quimbandeiro se utiliza de práticas espirituais, seja com elementos, ervas na forma de defumação como ação medicinal, ou mesmo com banhos e rezas específicas no tratamento. Existem oferendas utilizadas sempre sobre este olhar do quimbandeiro visto como um doutor, sem as características normalmente vistas aqui no Brasil. O ajeum (alimentação sagrada) é oferecido como remédio, seja este alimento composto de frutas, grãos, leguminosas ou mesmo de animais, tudo feito dentro de preceitos obedecendo à prática das rezas reverenciando poderes espirituais sagrados. Quando cito animais observamos como sacro alimento (sacrifício) respeitando o animal que servira de banquete dos Orixás com o Axé necessário para ajudar os necessitados.

Quimbanda Luciferiana – a Quimbanda Luciferiana não possui ligação com forças de Orixás, sua base e compreensão estão fundamentadas em Lúcifer (a estrela do amanhã), Belzebu (Bafomé), Asteroht e Astarte, filha de

Baal, Maioral (como fonte da Criação). Entre vários entendimentos sobre o tema, trago aqui algo que cultuo como forma de trabalho à parte de Umbanda. A Quimbanda Luciferiana pode ser vista como uma religião, completando-se, sem a necessidade de recorrer a nenhum outro tipo de ligação com outras características e formas de interpretação religiosa.

Tendo como base o Criador, como fonte de todas as coisas, visto nesta religião como o Maioral, organizador do universo, provedor de Tudo e Criador de Todos os seres.

Entende-se que foram direcionados seres para os planetas, dentre eles a Terra, aonde estes processam sua evolução, porém, aqui na Terra os seres existem de forma física, fluídica e espiritual, unindo uma forma organizada de evolução, tendo por poderes responsáveis Lúcifer, Belzebu, Asteroht e Astarte.

Tendo em vista que tudo que existe desde os primórdios do entendimento do homem está no campo da teoria, as colocações podem chocar todos aqueles que vislumbram os Orixás, os guias de Umbanda, os anjos como sempre citados, os santos e rezas aplicadas sobre as interpretações de Deus.

Nenhum desses Seres são contra os aspectos evolutivos, porém são aplicadores de uma Lei Una – ação e reação. Não são negativados dentro do ponto de vista da Quimbanda Luciferiana, antes são extensões do pensamento inteligente e correto, não aceitando a interpretação destrutiva comumente atribuída às suas forças. São aplicadores das leis do Maioral, que se destinam a buscar o bem-estar, o viver bem e o respeito ao próximo. Contudo, mal interpretadas e mal utilizadas essas forças, os choques são terríveis, causando dor e destruição a quem não sabe lidar com a magia da noite.

Lúcifer, senhor da Luz, da magia e dono do pensamento, Belzebu senhor da noite, dono de todas as formas animais, Asteroth senhor dos exércitos das trevas, Astarte senhora da guerra e da sexualidade. Dentro da religião Quimbanda Luciferiana não existem trabalhos de ataque contra desafetos, como a maioria pensa. Características humanas de sentimentos destrutivos são vistas como desinteligência humana, não coadunando com as forças de seu fundamento. A meditação e a busca do entendimento de si mesmo são formas de aprimoramento do espírito; os sentimentos devem ser dominados pelo praticante.

Entende-se que as emoções descontroladas levam o homem para esferas da ignorância. O magnetismo é fonte da religião Luciferiana, em que a Kundalini é o efeito bioelétrico ativado através do domínio da mente. Este processo é a junção da influência mental de Lúcifer, a serpente do poder de Belzebu, força dos exércitos das trevas de Asteroth e a força sexual e guerreira de Astarte. O magnetismo mediúnico está baseado como fonte de poder através do entendimento dessas forças na religião Luciferiana. Entende-se que o poder magnético kundalini pode ser explicado através de alguns exemplos. Jesus Cristo possuía um dos maiores poderes kundalini conseguindo prender atenção de muitas pessoas. Outro exemplo que podemos dar é Hitler, que se utilizou de maneira destrutiva de tal poder. Todo médium possui essa fonte de energia em si, cabe a ele desenvolvê-la por meio de práticas de meditação, iniciações e busca de conhecimento. Acrescentamos que algumas das finalidades da Quimbanda Luciferiana são poder, riqueza e proteção! O silêncio nas práticas é base de fundamento, uma vez que nem tudo se abre sobre esta Quimbanda que requer iniciação e indicação para se tornar um membro.

Quimbanda na Umbanda – a Umbanda tem sua característica de atuação baseada no poder de Deus como Criador de todas as coisas, sendo os Orixás extensões de um poder que é relacionado aos pontos de força da natureza, matas, mar, cachoeiras, pedreiras, caminhos etc. A Esquerda da Umbanda pode ser vista na visão da Cruz, Alto, Embaixo, Direita e Esquerda, trazendo a simbologia e interpretação da ação Total desta religião nas esferas e planos do Alto, Embaixo, Direita e Esquerda através da simples tradução da cruz.

Na visão de fundamento da Umbanda que pratico cultua-se a Trindade Lúcifer, Belzebu e Asteroth como líderes das hierarquias da Esquerda. Diferentemente do que muitos pensam Exú, Pomba Gira, Exu Mirim não habitam as esferas do Embaixo, eles atuam sobre tais esferas sobre o comando da Trindade, adentram a fim de realizarem seu trabalho, mas estão à Esquerda da criação e não no Embaixo. No Embaixo habitam comandos que atuam na absorção dos seus afins. É fundamental entendermos que nenhuma forma degenerada atua do espiritual diretamente ao plano neutro humano, sempre necessitará de outro encarnado para que haja o levante de forças negativadas.

No Alto reflete os Poderes do Criador emanando sua Luz a todos juntamente com as forças de Orixás. À Direita estão os Guias de Luz, que atuam à Direita da espiritualidade comandando todas as hostes existentes. À Esquerda se encontram os Exus, Pombas Giras, Exus Mirins dentro da concepção de Umbanda comandados pela Tríade Lúcifer, Belzebu e Asteroth.

A religião de Umbanda em parte trabalha com as forças da Quimbanda, isto não significa que todos cultuem tal denominação, referindo-se aos Exus, Pomba Gira e Exu Mirim como guias de Esquerda. A expressão Quimbanda é antiga, em que encontramos os caboclos quimbandeiros, Preto Velho quimbandeiro, baianos quimbandeiros, lembrando que a Quimbanda na Umbanda existe com significados diferenciados.

Infelizmente, há uma parcela de pessoas que desvirtuam as práticas da Quimbanda na Umbanda, agindo de maneira destrutiva e atacando seus desafetos com forças negativadas; lembro que tais práticas não pertencem à Umbanda e nem a Quimbanda. A desinteligência é, lamentavelmente, natural para todo aquele que desconhece as Leis do universo, lembrando que tudo que vai volta, pois todas as ações sempre estarão dentro da lei de ação e reação.

Quando há um guia de Direita que atua com a nomenclatura quimbandeiro observamos que este está ligado a forças das quais interferem anulando diretamente os ataques negativados de ações desvirtuadas proporcionadas por outros encarnados. A Quimbanda exercida na Esquerda da Umbanda denota a ação inteligente dos nossos Exus, Pombas Giras e Exus Mirins que dentro de sua ritualística indicam formas litúrgicas únicas em favorecimento aos necessitados. É fato que estes trabalhos de Alta Magia, chamada de magia da noite, requer entendimento, tendo em vista que o médium deve estar preparado para ter tal ligação com o poder da Quimbanda. O que significa isto?! Como já citado, quando foi explicado que o médium é o senhor de seus caminhos e responsável por ele mesmo; digo que a ética espiritual deve estar acima de qualquer questão. Ter em mente que um poder mal utilizado pode colocar em risco sim uma pessoa despreparada ou que tenha seu ego exacerbado. O assistido, ou consulente nas sessões espirituais, em grande parte, não possuem compreensão necessária do que ocorre na ação espiritual com nossa Esquerda, por vezes busca coisas vãs; o mesmo ocorre com grande parte de médiuns, que por motivos diversos estão longe de interpretar a ação da Esquerda na sua própria religião.

Em nenhum momento a Quimbanda age com intenções destrutivas ou que venha desrespeitar as leis do universo, não se pode entender defesa com agressão! Na verdade, assim como qualquer religião, a Quimbanda atua na elevação do ser, educando as pessoas e priorizando a família, como explica a Carta Magna da Umbanda, documento internacional da religião.

A atuação sem conhecimento em religião não é apenas na Umbanda; muitos dirigentes de outras religiões tiram proveito de fiéis desprovidos de conhecimento, desfrutando assim dessa falta de conhecimento que levam muitos aos erros, ou mesmo quando tais religiosos atuam como donos da verdade e agem fanaticamente de maneira destrutiva agredindo, matando e cometendo barbáries contra outros seguimentos.

A Umbanda, enquanto religião que atua sobre os impactos da espiritualidade, possui seus fundamentos de Esquerda com finalidades específicas de proteção, elevação, direcionamento e compreensão da vida. Tendo em vista tais aspectos e se tratando de uma religião totalmente magística ritualística, possui fundamentos que se utilizam de elementos da natureza. Esses elementos, no caso de assentamentos de Quimbanda, respeitam por muitas vezes o que o Exu ou Pomba Gira do chefe do terreiro determina.

Diferentemente dos assentamentos normalmente realizados nas tronqueiras, alguns elementos de Alta Magia fazem parte desse arsenal. São eles: Mercúrio Hg, Chumbo Pb, moedas, tridentes, punhais, pedras, guiso, osso, carvão vegetal e mineral, vela, espinho de ouriço, dois chifres de bode, dentre outros específicos na ativação. No assentamento sobre a pedra Ônix é necessário que seja feito Oro; os preparos, disposição e ritual não serão colocados aqui, pois acredito que não seja objetivo dessas informações serem objeto de fórmulas sem a ciência da espiritualidade indicando os passos.

Além dos elementos dispostos é necessário que haja veneno de cobra, ou de aranhas, ou ambos. Os elementos tóxicos possuem funções no lado espiritual, o veneno tem a força da cura de doenças diversas; o mercúrio é a base mental vibracional do poder ativador; o chumbo é anulador de forças contrárias; as moedas indicam prosperidade; tridentes e punhais representam a força dos Exus, Pombas Giras, Exus Mirins e todos os quimbandeiros atuantes na casa. O guiso traz a força de aviso contra ataques e afasta encarnados mal intencionados; as pedras trazem o poder ancestral da Quimbanda; o osso, é uma agente de Alta Magia. Carvão vegetal e mineral atuam na absorção dos impactos mentais e espirituais contra a casa. A vela como elemento de ativação; espinho de ouriço como elemento perfurante e irritante para aqueles que por ventura estejam em sua casa com má intenção. Os chifres de bode são representação da sabedoria espiritual, sem contar o poder vibratório ligado ao Mistério de Lúcifer.

Compreende-se assim Exu, senhor da vitalidade, sem esta vitalidade estaremos paralisados e apáticos, Pomba Gira (exu feminino), senhora do desejo, sem este desejo não teremos objetivos e sem vontade de realizar. Tudo que existe na espiritualidade é movido por vitalidade e desejo, um Poder do Criador à nossa disposição desde que entendamos e respeitemos o sagrado!

Pembas e fios de conta

Voltemos a comentar um pouco mais sobre elementos, pois vejo importância em dar ênfase à utilização de pembas e seus mistérios, e ainda abordar sobre o uso do fio de contas, também conhecido por guia. Por mais que pareça algo simples, não é! Assim, vejo-me na responsabilidade de tratar de tais temas.

A pemba, como elemento natural, tem um fundamento importante dentro de vários ritos espirituais, e os sacerdotes e os espíritos guias de Umbanda também se utilizam deste recurso, fundamentando forças importantes dentro da ritualística. A pemba é feita de calcário, elemento da natureza encontrado em abundância e, se tratando de um elemento feito de calcário, a pemba passa a ser reconhecida no astral como uma pedra encantada. Sem ser consagrada, não passa de um giz ovalado, sem os efeitos espirituais, porém, quando consagrada, ressoa na espiritualidade influxos através de quem a está empunhando. É de se lembrar que todo elemento chega a nossas mãos de forma neutra, o que quer dizer que não foi consagrado a nenhum trabalho específico, sendo assim, está em sua vibração natural. Este elemento, assim como qualquer outro, como os fios de conta, passa a ressoar seus influxos no momento que é magnetizado por um poder, ou mistério. Todo trabalho espiritual é um poder e um mistério! Quando consagrado ligam-se às telas dos Orixás, assentando esses mistérios.

É fundamental que entendamos que esse ponto se torna crítico para os leigos e os espiritualistas mal informados, pois os elementos, sendo utilizados em vários tipos de trabalhos, luminosos e trevosos dentro da espiritualidade, podem trazer, assim como já ocorre, o mau entendimento de quem vê um trabalho do bem, pois existem forças espirituais que atuam de maneira degenerada, que também se utilizam dos mesmos elementos encontrados na ritualística de Umbanda. Muitos, então, podem julgar a religião de Umbanda pelos erros cometidos por tais trabalhos realizados, e, daí, a importância de entendermos o uso correto, e assim sabermos explicar para os leigos como é o trabalho de Umbanda, bem como dar o devido conhecimento aos iniciados.

É aquele pensamento tacanho e que leva muitas pessoas, quando encontram alguém que está realizando um trabalho vestido de preto e acendendo velas pretas, a julgar e associar a pessoa que está realizando o trabalho a algo de ruim, emprestando-lhe uma conotação negativada. Na minha gira de guardião uso o preto, e o Exu que através de mim se manifesta, Senhor Capa Preta só utiliza velas pretas. A interpretação que é dada é que o preto, na ritualística de meu templo, é de total decantação de vibrações trevosas. Porém, há seitas e locais onde o paramento é semelhante e o propósito, sem dúvidas, negativado trazendo a degeneração. Mas as interpretações podem ser das mais variadas. Aí é que está um dos calcanhares de Aquiles da religião; muitos que não são religiosos de Umbanda deturpam vários aspectos da espiritualidade, e com isso nós pagamos o preço, que é alto. Mas cabe a todos os religiosos de Umbanda parar de se intimidar e expor o máximo possível de conhecimentos, defendendo o que acredita.

O paramento e os elementos, como entram em vários tipos de ritos, passam a ter esse tipo de problema, bem como o religioso de Umbanda, quando se utiliza de seus paramentos é apontado de forma errada por pessoas ignorantes que desconhecem tais ferramentas utilizadas dentro do culto religioso.

Tive a oportunidade de, em conversa com um irmão de religião sobre política na Umbanda, ouvir o seguinte comentário: *Temos que tomar cuidado, que a pemba rola em nossas costas.*

Ele quis dizer que pessoas no meio espiritual utilizam do mistério aberto a eles sobre a pemba de maneira negativada e realizam trabalhos torpes contra as pessoas, ou contra nós religiosos de Umbanda.

Respondo da seguinte maneira: aí é que está a grande mistura de forças espirituais abertas, em que uma pessoa se utiliza de um conhecimento para atuar contra aquele irmão na tentativa de atrapalhá-lo, derrubá-lo. Acrescento que quem se utiliza de tais artifícios não é religioso, muito menos Umbandista. Mais ainda, coloco que quem tem Deus em sua vida segue as Leis Crísticas e jamais vai temer tal fato, pois onde existe Luz nunca haverá trevas.

Pergunto: O que ocorrerá com uma pessoa que atenta contra outra utilizando-se de forças trevosas?

Respondo: Deus criou tudo dentro da maior perfeição, planos espirituais superiores, sublimes, aonde aqueles que realizaram suas tarefas espirituais de maneira honrosa herdarão. E planos descendentes, o Embaixo, aonde estes irmãos serão absorvidos e decantarão seu negativismo através do que eles proporcionaram a outros irmãos. Acredito que muitos que hoje se utilizam de seu conhecimento para tal tarefa não acreditam na espiritualidade de fato! Porque se acreditassem jamais fariam essas barbáries que normalmente se escuta no meio espiritual. Ou até, nunca pensaram sobre o assunto. Sempre costumo me perguntar: Onde eu estarei daqui cem anos? Onde estaremos daqui cem anos? Acredito que estaremos onde nos colocamos, estaremos exatamente dentro dos locais aos quais vibramos para nossos semelhantes!

O que fará a diferença para nós que estamos dentro da religião e pensamos e agimos de maneira Crística? O conhecimento, a informação que deve ser passada de irmão a irmão, e explicando aos assistidos do porquê se utilizar os elementos. Hoje são muitos oportunistas dentro da religião de Umbanda, assim como há em outras religiões, que de alguma maneira contrariam os princípios éticos e morais da espiritualidade. Como já sinalizei, não sou contra nenhum trabalho espiritual e nem contra religião alguma, mas sou contra os aspectos negativados e seitas que atentem contra a forma luminosa que a espiritualidade de Umbanda pratica.

Na sua forma positivada e elevada, a pemba imprime os símbolos sagrados dos Orixás através dos espíritos guias e assim realizam aberturas de passagens dimensionais para assistir às pessoas necessitadas, bem como envolve a todos com a pureza da divindade de nosso pai Oxalá. Isto é a abertura de um portal! Ainda, este poderoso elemento consagrado faz parte do amaci, ligando as vibrações do Ori do médium às vibrações supremas das telas Divinizadas dos Orixás.

Uma pessoa sendo assistida dentro de um ponto riscado é beneficiada ao extremo; o espírito guia traz a este irmão todos os recursos existentes nos pontos de força, bem como do lado espiritual. Dentro da ciência espiritual, a pemba, sendo feita de calcário, permite que busquemos magnetismos ancestrais, pois a terra, que é o campo de fundamentação deste elemento, atinge níveis de vibração que chega a atrair os sons do universo, e sons são símbolos no campo espiritual. E assim um religioso, quando faz um ponto riscado para alguém, sempre deve estar na ação do benefício desse irmão que procura na espiritualidade de Umbanda se encontrar e se melhorar como ser humano.

Faço questão de mencionar sobre os fios de conta neste capítulo, pois estes se fundamentam também em vários trabalhos espiritualistas, em que também existe a mistura de compreensões sobre sua utilização. Na verdade, para nós médiuns de Umbanda, este colar de contas (guia) é um elo das divindades e espíritos guias com o nosso padrão espiritual. Estes elementos permitem que nossos influxos medianeiros sejam utilizados em conjunto com a força Orixá.

Como já citado no capítulo a respeito de incorporação, os espíritos guias utilizam-se de nosso campo energético, e o fazem em conjunto com o fio de contas, que ainda leva outros elementos que identificam o mistério do espírito guia. São utilizados também dentes, ossos, sementes e peças de metal, que são magnetizados com funções das mais diversificadas ligando-se aos filamentos das Divindades Orixás e aos guias protetores. Este elemento, além de realizar um elo do medianeiro com o espírito guia, torna a manifestação ainda mais completa, pois assume a função de um agente de alinhamento de forças. O que quer dizer isso? O fio de contas já consagrado faz a contraparte de vibrações que interagem com os influxos energéticos do medianeiro; como se trata de um ser humano encarnado, a guia ou colar ajuda na união de força necessária no auxílio deste médium. Os espíritos guias ainda utilizam este elemento como ferramenta de trabalho, atuando sobre os assistidos ou mesmo colocando no ponto riscado, fixando de maneira poderosa suas forças.

Muitos dos guias que se manifestam através de seus médiuns utilizam a guia como um verdadeiro portal como apoio ao trabalho espiritual que realiza. Abrem forças aos planos sublimes atraindo forças que beneficiam os assistidos, o médium e o templo.

Estas manifestações espirituais se seguem atraindo um poderoso arsenal para a religião de Umbanda – são os símbolos.

Símbolos são tão antigos como o homem no planeta; aliás, creio que anterior à vinda do homem os símbolos já eram fontes vivas de vibrações e magnetismos formadores de todas as coisas. Um símbolo diz mais que mil palavras, frase tão sábia e conhecida por todos nós, porém, dentro da religião há as particularidades em relação à simbologia. Do mesmo modo que o universo e suas dimensões são infinitos, o são os símbolos que permeiam os campos dimensionais e espirituais abrangendo tudo e o todo. Ao acendermos uma vela, ao evocarmos um poder Orixá, ao entoarmos cânticos e evocações, no som dos atabaques, no brado de um caboclo, nas vibrações desprendidas de uma oferenda e dos paramentos, ali estão formas que se interagem aos propósitos designados. *Não existe trabalho que se esteja manipulando forças da espiritualidade, onde se faça inexistente um símbolo.* Tudo são formas simbólicas vivas, que intrinsecamente se correlacionam aos pedidos, aos elementos; são as chamadas telas dimensionais da Criação que denominamos em partes separadas de Divindades Orixás. Extensões de Poderes de Deus que sustentam todos os seres do Universo, dotando-nos como medianeiros iniciados, de termos a honra de absorver e repassar formas salutares de forças da Criação.

Essas formas, que aos olhos do vidente se transformam em ferramentas, de forma análoga interpretamos como a flecha de Oxóssi, a espada de Ogum, o Machado de Xangô, o coração afetuoso de Oxum, o tridente de Exu, dentre tantas formas que não conhecemos, traços muitas vezes mágicos que se assemelham a escritas egípcias, entre laços e símbolos indicando serpentes e outros animais e elementos da natureza. Todos eles são na verdade ondas, que codificam os tantos símbolos existentes nos trabalhos de Umbanda. Ainda encontramos símbolos particulares, traços que somente aquele guia utiliza, pois se trata de seu mistério pessoal, além dos símbolos que incidem seus mistérios o tempo todo sobre nós, beneficiando-nos, e que podemos ainda transcrevê-los com a chamada mão de pemba. Poderosa ação a serviço do bem, da elevação.

É importante ressaltar sobre símbolos invertidos, negativados chegando ao grau trevoso de ação. Estes são amplamente diluídos, fragmentados pelo Poder Crístico da religião de Umbanda. Um medianeiro dotado de conhecimentos e preparos tem total condição, em conjunto com seus guias espirituais, amparado pelos Orixás em nome de Deus, de trabalhar a fim de neutralizar tais características.

Obsessão e desobsessão

O que se entende por obsessão?

Para que seja compreensível, busquemos entender como os espíritos conseguem se sustentar fora do ambiente ao qual pertencem. Estes seres, quando negativados, necessitam permanecer dentro do campo neutro, e assim passam a se alimentar das energias de um encarnado. Todo espírito necessita ter vibrações que lhe sustentem em nosso meio humano; espíritos de Luz possuem campos energéticos elevadíssimos que lhe dão esta condição. Estas vibrações provenientes do Alto elevam estes que, para poder estar entre nós, são obrigados a baixar suas vibrações em razão da densidade que possuímos, característica do campo neutro humano. Já os negativados possuem densidades ainda maiores e não adquiriram as energias que lhes permitem permanecer entre nós. Portanto, nós, seres humanos encarnados, damos as condições para que estes se sustentem aqui entre nós. De que maneira? Tudo na espiritualidade atua dentro da Lei de afinidade e de sustentação com elementos rituais, mentais e emocionais.

Para entendermos a Lei de afinidade, pensemos que nosso campo mental e emocional, quando elevado, irradia energias que influenciam nosso magnetismo; este magnetismo, por sua vez, age como um imã atraindo forças afins. Portanto, quando estamos com nosso mental e emocional negativados ocorre o oposto e assim atraímos seres que estão nesta faixa vibratória degenerada.

Sobre a Lei de sustentação é diferente; é quando um terceiro sustenta a força negativa sobre outra pessoa. Isto ocorre quando alguém deseja o negativismo a um desafeto; o espírito negativado passa a ser sustentado pela pessoa que o projetou. É importante salientarmos, sobre este tema, que quando desejamos coisas boas às pessoas, estas são revestidas de seres e energias elevadas, porém, quando desejamos aspectos ruins, levantamos nosso inferno pessoal contra a pessoa. Mas, ainda esta Lei de sustentação também pode se dar através de elementos mesmerizados, com estes permanecendo em vibrações constantes, sustentando uma força negativada sobre o alvo.

É importante saber o que ocorre entre os dois campos opostos, o positivado e o negativado. Estes elementos que foram magnetizados, sejam eles por aspectos positivos ou não, sustentam seres de Luz ou trevosos. Por este motivo é importante compreendermos as coisas da espiritualidade; como já citado, existem muitos trabalhos que se utilizam de elementos semelhantes. Mas, esses elementos vibram dentro do mistério no qual foram magnetizados. Os dois pontos são importantes. Nós Umbandistas temos em nosso altar, em nossas firmezas, em nossos colares de fio de conta, elementos que sustentam espíritos guias de Luz. Mas o oposto também ocorre, e mesmos elementos são usados de outras formas.

Existem elementos que são utilizados somente em trabalhos trevosos, entrando apenas no aspecto negativado, que não utilizamos em nossos ritos de Luz, tais quais vidro de automóvel proveniente de acidente, pó de zorra, parte de cadáveres e outros que não vejo interesse em comentar. Mas, esses elementos, aliados ao campo mediúnico do Mago das trevas encarnado, atuam nesta sustentação.

Uma breve explanação sobre o que é pó de zorra. Este elemento é o oposto do pó de pemba consagrado aos nossos Orixás. É feito de maneira ritual em panela de ferro, quando são utilizados vários elementos, tais quais serpente, sapo, espinho de ouriço, pena de urubu, sangue de animais sacrificados, terra de cemitério, osso humano, entre outros. Esse tipo de rito é realizado por pessoas que possuem seu campo mental invertido e recebem os influxos do Embaixo. Há todo um ritual para fazer com que este elemento tenha vida, é importante saber que existe, por este motivo comento.

Mas, felizmente, no processo em que há esses trabalhos, para o lado trevoso da força, é minoria. O que é mais comum é o desajuste dos encarnados pelos campos mentais e emocionais, proporcionando a aproximação de seres afins. Uma vez que estamos encarnados, esses envolvimentos ocorrem; mesmo que você tenha suas proteções, hora ou outra, isso acontece. O diferencial entre quem sofre com este tipo de atuação ou não são pessoas desprovidas de entendimentos, pessoas comuns, alvos diretos e que não têm assiduidade em relação ao lado religioso. Trata-se de vítimas fatais que muitas das vezes adoecem e chegam aos templos espirituais carregadas. Desculpem-me quem se encaixa neste perfil, mas "bem feito"; necessitamos estar em vibração e comunhão com Deus.

Em muitos casos a chegada é tardia, esses seres negativados podem, no decorrer do tempo, instigar o campo energético e espiritual do obsedado de tal forma que surgem no corpo físico enfermidades, muitas até graves. Isto se dá pela associação de fatores, sendo eles mental e emocional, em primeiro plano. A pessoa com tais ataques pode desenvolver várias patologias – ocasião que se faz necessária a procura rápida por auxílio espiritual.

Normalmente, tais pessoas quando recorrem ao templo de Umbanda não vão por serem religiosos de Umbanda, mas sim pelos vastos recursos existentes no meio espiritual dessa religião. Na grande maioria dos casos, doenças com fundo de ordem espiritual são curadas, os seres obsessores são afastados, e a pessoa passa a ser assistida pela corrente espiritual do templo de Umbanda.

É fato que a pessoa passa a ter proteções de Exu, de Pomba Gira, dos Orixás e espíritos guias em geral. O que se faz imprescindível é que o templo que prestou o devido socorro mostre o valor de seu trabalho, e o mais importante, o quanto é fundamental a religião de Umbanda. Tornar a pessoa atendida uma religiosa de Umbanda não seria o propósito, pois não acredito que as pessoas são convertidas à força, mas na grande maioria das vezes, ali está um futuro médium da religião. Este dará o devido valor às forças que lhe assistiram; este testemunho que salvou sua vida é necessário que seja amplamente citado, e que as pessoas passem a ver Deus e suas forças dentro dos trabalhos espirituais de Umbanda.

Por outro lado, digo que a grande maioria das pessoas se sabota; a própria força obsessora é ela mesma. Pessoas que não se gostam, pessoas que não acreditam em seu potencial são alvos de si mesmas. Com isso, outros seres espirituais passam tornam-se seus obsessores por linha de afinidade. Então, observamos que esses encarnados desajustados são os responsáveis de tal fato, sendo necessário que busquem, em primeiro lugar, ser religiosos. Não há trabalho de desobsessão sem a participação direta do obsedado; este tem de entrar em outro padrão no seu mental e emocional, mesmo que isso demore.

As palestras nos centros espíritas, realizadas antes do encaminhamento das pessoas às câmaras de desobsessão, servem para fazer o que chamo de reprogramação mental. Esta orientação, em que é colocado o valor da fé, a busca da autoestima, dentre outros valores, entra como base forte no trabalho de retirar seres do campo vibratório do obsedado. Mesmo porque os próprios seres negativados passam a receber o entendimento, do perdão, da necessidade de estarem voltados a Deus.

A Umbanda deve absorver esse comportamento; entendo que não é só passar uma pessoa em um trabalho, onde são realizados os transportes e pronto; a pessoa vai embora, mas continua com a mesma vibração em seu campo mental e emocional. Para entendermos o que é um transporte, explico que médiuns devidamente preparados em seu campo mediúnico recebem seres que não pertencem à sua corrente espiritual.

Para podermos compreender o que ocorre, tomemos o exemplo de um assistido que foi acometido de ataque espiritual: as vibrações que sustentam este ataque devem ser rompidas. Este rompimento se dá sobre o elemento sustentador, que pode ser um encarnado desajustado, ou até um Mago trevoso com elementos magnetizados para tal finalidade. A Umbanda sabe lidar bem com esta forma de desmagnetizar forças. Este assistido, por sua vez, ainda tem um ser que foi acoplado ao seu campo mediúnico. Este ser se alimenta de suas vibrações, tornando este assistido uma pessoa desorientada, doente, com síndromes como a do pânico. Este ser espiritual só é retirado após ter o contato com outro campo espiritual; neste caso o do médium que foi preparado. Todo este procedimento é amparado pela firmeza da tronqueira, onde estão elementos que representam as encruzas, e outros que desmagnetizam as propriedades degeneradas de trabalhos trevosos.

É de se lembrar de que um médium preparado possui correntes de força ao seu redor, aonde seus Orixás, bem como os espíritos guias atuam na sustentação de todo o seu trabalho. Em seguida, este assistido é colocado no meio da sessão, aonde este médium coloca uma das mãos em suas costas, fazendo a ligação ao campo vibratório do assistido e ao mesmo tempo interrompendo a ligação do ser obsessor com o assistido. Este ser negativado, por sua vez, é atraído ao campo mediúnico do médium, manifestando-se na maioria das vezes e é deslocado pelos Exus e Pombas Giras às esferas às quais pertence. Isto é um transporte! Claro que existem outras formas para que a ligação dos campos mediúnicos do ser obsessor e do médium se realize. Dentro do templo religioso de Umbanda, que tem seus preparos, muitas vezes esses seres desajustados já estão deslocados do campo espiritual do obsidiado. Desta maneira, as forças que regem o templo direcionam esse espírito até o médium preparado, que se manifesta e é encaminhado.

Há ainda aberturas de Portais que se sustentam pelo nosso pai Obaluaê, aonde estes espíritos são levados e outros socorridos, pois eles se alimentavam das energias de um encarnado, mas sem a compreensão do que estava ocorrendo. É normal a espíritos, após a desencarnação, não compreenderem que já não fazem mais parte do campo neutro, enquanto encarnados. E assim muitos entram em um estado parecido com o estado de demência, ou mesmo irritam-se por não serem ouvidos pelos encarnados. Outros se encontravam enfermos, e o socorro acontece nas giras espirituais de Umbanda, sem muitas vezes os médiuns perceberem.

Mas se esse assistido, mesmo com todo o auxílio, não estiver vertendo de seu íntimo ações virtuosas, ele passará a ser um alvo potencial em breve. Só há um caminho, qual seja o de buscar as forças de Deus, independentemente de religião.

Isso pode ser considerado uma pessoa obsidiada por um espírito sem luz, ou espírito vampirizador. Esses espíritos não são seres trevosos, porém, estão em um estado de negativismo que acaba por atrapalhar, ou mesmo influenciar a saúde de uma pessoa. O "atrapalhar" entra em vários campos, pelo fato de estar se alimentando da energia de um encarnado, acabando por negativá-lo, fazendo com que o seu mental fique comprometido em relação a decisões e assuntos gerais, incluindo o profissional. Na verdade, todo ser humano está envolto de seres, sejam eles luminosos ou não; o que devemos fazer é orar e vigiar, ter em mente que depende de nós mesmos para ficarmos bem. As orientações sempre devem ser um fundo de elevação, salvação e resignação de todos aqueles que recorrem aos templos religiosos de Umbanda.

Voluntariado

O grau espiritual nunca é dado, mas sim conquistado pelo exercício do altruísmo; o dedicar-se ao próximo sem ver a quem. Nunca alcançaremos graus espirituais pelo que apenas estudamos, mas, por sermos um instrumento do Criador, portando-nos dignamente diante das tarefas colocadas em nossa vida. Colocar em prática a teoria recebida nos ensinamentos passados pelo dirigente espiritual. No entanto, o estudo é de fundamental importância para a conquista de nossa evolução. Estudemos tudo o que nos faz bem, para nunca nos limitarmos em nossas ações, seja, busque e encontrará o verdadeiro caminho de sua felicidade.

É de fundamental importância que um iniciado busque a compreensão de todas as formas de trabalhos espirituais, evitando precipitações equivocadas perante as tantas formas espirituais existentes, muitas ilusórias. Nem sempre se encontra facilidades no caminho certo, a cada passo, mesmo que doloroso, firmamos a Luz em nossa jornada quando servimos, quando ajudamos.

Receber o grau de médium de Umbanda é uma conquista de cada trabalhador da espiritualidade de Umbanda que, através de todo amor, dedicação, fé, lealdade e respeito por tudo o que foi ensinado, atua sem profanar o Sagrado, tornando-se a própria palavra que estudou, deixando de *estar* para *ser*.

Nunca devemos nos colocar como melhores diante de ninguém e nem diante de nenhuma situação, pois, mesmo com um só grau, respeitamos as hierarquias que nos cercam em todas as dimensões.

A fraternidade religiosa de Umbanda, respeitando a organização superior da Cúpula da Umbanda no astral, obedecendo a uma ordem hierárquica a ser seguida e respeitando seus desígnios, estará recebendo os créditos espirituais que indicam como um iniciado, dentro dos conceitos elevados, torna-se um religioso de Umbanda.

A determinação proveniente da vinda da religião de Umbanda no plano físico, conhecido como plano neutro, entre tantas tarefas, é a de servir. Todo aquele que entra para atuar nas esferas espirituais, tem o dever de auxiliar o próximo, tem o dever de elevar o templo ao qual pertence. Independentemente de onde se vai atuar na tarefa edificante do servir, deve-se ter em mente que tudo o que é passado ao seu irmão é o que receberá. A base de qualquer templo religioso está no voluntariado; quando se trabalha com os desprendimentos do ego e da vaidade naturais aos seres encarnados desvirtuados, esse que busca a Luz tem a ação do Poder de Deus sempre ao seu favor.

O sacerdote e todos os que se seguem na hierarquia do templo devem ser voluntários na tarefa do servir. Pois, existe uma Lei no Universo "É dando que se recebe"! Tudo que passamos a alguém, recebemos em dobro; se muitas vezes não possuímos o que queremos, ou nos encontramos confusos e perseguidos pelo Embaixo, pode ser que falte algo em nossa vida. Deus! E o Criador é, em sua essência, a dádiva do servir. O voluntário engloba todos os campos de tarefa dentro de um templo, desde aquele filho que ajuda na tarefa da limpeza, que auxilia secretariando na tarefa das fichas de atendimento, ou como Ponteiro, Ogã ou Cambono; todos o são.

Todas as pessoas que recorrem a uma religião devem participar das ações criadas nesta comunidade; devemos parar de ver os assistidos como pessoas apartadas do corpo mediúnico. Devemos Instruir a todos para criar uma grande união entre famílias, com encontros periódicos que permitem uns conhecerem aos outros, gerando assim o lado harmônico e sincero dentro da comunidade. E uma das ações é convidar a esses assistidos para a tarefa voluntária dentro do templo. Sempre existirá algo que esses irmãos possam fazer, ou trazerem suas sugestões para a melhora do atendimento e da ação litúrgica de um templo religioso de Umbanda.

A sustentabilidade de um templo sempre dependerá desses irmãos voluntários, em que a exposição se faz necessária. Novas ideias sobre o crescimento do templo passam pelo conhecimento das dificuldades naturais de cada espaço. Conscientizar e determinar metas de melhoria incentivará sempre os que querem ajudar e automaticamente também receberem as bênçãos e, consequentemente, a melhoria.

Você já fez sua parte hoje? Quantas pessoas estão precisando de sua ajuda? Quantos, em sua jornada, você ajudou a caírem ou a se erguerem? Um médium só será completo quando aprender que o servir é um passo para seu grau espiritual; é dando que se recebe.

Conjurar, determinar, afirmar, evocar

Um médium de Umbanda deve ter atributos dentro de seu conceito espiritual que lhe farão toda a diferença. Embora sejamos frágeis como seres humanos, em que as conturbações da vida nos levam aos campos da desestabilização emocional e muitas vezes mental, é imperioso que uma pessoa dotada de força espiritual se diferencie. Vejo no médium de Umbanda um grau espiritual, e, através desta capacidade adquirida, com fundamentos éticos e espirituais baseados na retidão Crística, lhe proporcionarão aspectos que possibilitarão não permanecer em estados degenerativos de sua força. Uma das ações mais poderosas sempre estará calcada na fé, que, inabalável, é o poder propulsor de todos os atos de sua vida.

Um médium de Umbanda reage diante das adversidades de maneira religiosa, preservando seu **caráter** e posicionamento perante seu juramento espiritual para com as forças que compõem sua religião. Interpreta a espiritualidade além dos elementos, das entregas em oferendas e mesmo do rito. O que está além? São os Poderes do Criador, as suas essências e virtudes, que são sustentadas pelos Orixás e espíritos guias que nos acompanham. Ele sente em seu coração, interage com esses poderes no âmago de sua alma, contempla, e nos momentos de maiores provações clama esse Poder. Entende que tudo o que passa é fruto de seu aperfeiçoamento e agradece pela dádiva de sua encarnação e pelas provações que lhe foram ofertadas. Esse medianeiro, que se colocou a serviço do bem, jamais atentará contra quem quer que seja, pois tamanha é a sua compreensão diante daquele que lhe ofendeu. Sabe que pertence à mesma egrégora de seres sedentos de aprender na esfera humana neutra. Ele perdoa!

Compreende que o espírito caritativo e permanentemente agradecido é a maneira de colaborar com um mundo melhor, aonde sua serenidade lhe proporciona o estado meditativo que somente um religioso possui na longa estrada da disciplina religiosa. Entende que o poder da palavra, o poder do pensamento reto é determinante no êxito de todas as coisas. Evoca os poderes da Criação, sabedor dos aspectos que estão sendo manipulados no astral e passa, assim, a dar suas determinações, indicando a impressão da força regeneradora e protetora. Com seus conjuros, afirma a magnetização de seu campo áurico e espiritual, que se expande no ambiente e propicia a aproximação de falanges de Luz. Assim, a sua imposição de mãos é curadora e suas palavras edificantes para aqueles que estão vendo nele um exemplo a ser seguido.

A responsabilidade transcende mundos, aonde cada ato daquele que recebeu o grau de médium de Umbanda é visto por todas as esferas. Desta forma, mesmo os seres que permeiam as esferas sombrias passam a respeitá-lo, pois ele, que acima de tudo crê em Deus e respeita as hierarquias, jamais determinou a queda de quem quer que seja, sempre se colocando a ajudar, mesmo os caídos.

Mesmo que o médium não veja ou não perceba, suas vestes espirituais refletem os símbolos adquiridos ao longo de sua trajetória espiritual, indicando o seu grau. Assim, vivenciou a Luz, respeitou a si mesmo pelo seu grau, um dia retornará às esferas espirituais e será recebido pelos seus guias espirituais, em que cada um reverenciará o verdadeiro médium de Umbanda. Agora espírito, seguirá as determinações do Alto e passará a ser um auxiliar nas esferas da espiritualidade. Que assim seja a cada um que serve e atua na compreensão de suas tarefas como medianeiro dos exércitos de Luz do nosso Criador!

Para isso, devemos ter a determinação e a perseverança dignas de um exemplo a ser seguido. Um medianeiro com tais atributos, quando evoca, abre portais; quando determina com sua força e fé, ocorrem verdadeiros milagres; quando abençoa, a alguém protege e cura. Dádivas que se acrescentam à medida que percebe sua posição dentro do Universo religioso, medita e determina, entra em contato com as forças sublimes e se deixa *ser* totalmente força de Umbanda.

Orações e Evocações na Umbanda

Orar e evocar são aspectos de ativação de poderes inerentes aos mistérios da espiritualidade, em que o espiritualista, ou religioso imprimi sua fé, exteriorizada através do sentimento que lhe toca o coração por devoção. Para evocarmos poderes da Criação, bem como realizarmos uma oração, faz-se fundamental que um iniciado na religião de Umbanda compreenda seu papel diante de sua fé, diante de sua religião. Para orarmos, temos de ter dentro de nós sentidos que tocam nossa alma; sentir Deus vibrando em nossa existência, proporcionando a entrega total no momento de orar; desta maneira, pode-se entrar no que chamo de estado contemplativo.

Para ter em mente que o ato de orar e evocar forças divinas requer algo mais, o religioso deve ter absorvido em seu íntimo a determinação que o capacita a tal ação, digna de um religioso umbandista. Para que este se capacite, deve, em primeiro plano, interpretar a si mesmo diante do que crê! Acreditar profundamente nos atributos de um religioso de Umbanda, que são fundamentais dentro da tarefa espiritual; quem tem fé consegue, quem é perseverante é um realizador, é aquele que movimenta as forças da espiritualidade.

Além destes pontos importantes, existe a necessidade de ter linha de afinidade; somos o que pensamos, somos o que falamos. Sendo desta maneira, acabamos por receber o que desejamos a nós mesmos e a outras pessoas. Esta Lei do universo, que chamo linha de afinidade nos permite entender nosso grau. Como assim? Nosso grau espiritual está em nossos atributos, que são virtudes, e determina qual é o nosso grau. Ser médium de Umbanda é um grau!

Mas realmente sustentamos este grau? Até que ponto você se vê como médium religioso de Umbanda? Desejo apenas chamá-lo a uma reflexão necessária para a transformação que fundamenta o conceito Crístico ao medianeiro, ao assistido que encontra na religião de Umbanda sua fé sua base de existência.

A oração abençoa duas vezes – a quem a recebe e a quem a faz; mais ainda quando somos e buscamos em nossa vida ser e obter os atributos, as virtudes; passamos a ser um alicerce do bem ao mundo, tão sedento de pessoas assim. Nosso planeta possui uma vibração natural, mas ainda é influenciado diretamente pelo magnetismo da egrégora mental da maioria. Quer dizer que nosso planeta vibra de acordo com o que a maioria pensa e vibra de seu íntimo. Sabendo disso, percebemos que estamos mergulhados no caos vibratório; nosso planeta passa a estar em linha de afinidade com o plano inferior da espiritualidade. Com isto, o papel das religiões é o de estabilizar este campo negativado. Porém, a religião de Umbanda tem a tarefa de comandar os exércitos de Deus na ordenança desta tarefa, dependendo dos influxos de medianeiros preparados para esta finalidade, quando a honra de ser religioso de Umbanda deve ser exaltada e levada de maneira muito séria. É fundamental que esses atributos para sermos oradores, ou evocadores dos Poderes do Criador, sejam o norte a ser seguido; os médiuns de Umbanda devem ser forjados pelo fogo da purificação. Este fogo são ditames que proporcionam a elevação do ser humano a um estágio de força espiritual, tornando-o um medianeiro que tem em si vibrações de Luz, que o tornam inabalável.

Não existirá um religioso, não existirá força em sua oração ou evocação, se seu coração estiver amargurado e cheio de ódio; para que possamos estar em sintonia com as forças dos espíritos guias, dos nossos Orixás e com o Poder Criador é fundamental que o perdão esteja presente, em conjunto com outras virtudes que serão apontadas como sentidos a serem vivenciados e absorvidos. Seguindo a proposta de nosso trabalho, que é enaltecer os aspectos doutrinários e éticos dentro do comportamento de um religioso de Umbanda, cabe exaltar alguns atributos de um médium de Umbanda. Quando realmente forem absorvidos os conceitos aqui relacionados e sendo eles efetivamente vivenciados, direi que eis aí um religioso de Umbanda!

Fé

Somente através do acreditar em um Poder Supremo é que o medianeiro terá em sua vida o alicerce básico que lhe dará a confiança necessária em relação à espiritualidade. Ter fé em Deus e acreditar nas forças dos espíritos de Luz dão ao religioso condição de acreditar em si mesmo, dotando-o da capacidade de se tornar um vencedor na vida. Sua oração e sua evocação são na verdade determinações afirmativas de pura Luz e Poder Divino. Ter fé é ter a capacidade de vislumbrar o que está além sem a necessidade de ver. O ver para crer não é fé; mas Deus fez tudo perfeito; não temos a capacidade de captar muitos aspectos da espiritualidade e assim somos instigados pela nossa fé ou pela falta dela. Um religioso se distingue dos demais por isso; simplesmente acredita, não se abala com pequenas coisas, nem mesmo com mais grandiosas, pois sabe que as forças de Deus acolhem sempre.

Altruísmo

A pessoa espiritualizada tem algo que lhe torna diferenciada no meio humano, sua vontade inata de servir. Este posicionamento altruísta não é e jamais será algo imposto. O medianeiro, rezador e religioso, tem em seu dia a dia o hábito de fazer algo por um mundo melhor; suas ações de estar sempre pronto em sua tarefa do auxílio é uma alavanca para sua vida, que é feliz. Como conhecemos, não há salvação sem a caridade, pois é dando que se recebe, é amando que se é amado. Palavras tão conhecidas, porém tão pouco exercidas. Contudo, os apontamentos servem além de uma grande reflexão, servem também para indicar que ser umbandista é ser uma pessoa dotada dessa compreensão e altruísmo.

Gentileza

Ser gentil na verdade é uma ação de proteção! Quando vibramos coisas boas às pessoas, elas são revestidas de vibrações positivas; mas quando vibramos coisas negativadas, logo projetamos características nocivas. Logo, entendemos que quando oramos, enviamos bons influxos. Todavia, se o medianeiro é gentil, seu magnetismo é maior e o alcance de sua benção também será. Sejamos gentis para com as pessoas que não conhecemos, não com aqueles que fazem parte do nosso cotidiano, não com aqueles que amamos por serem nossos familiares. Vivemos em um mundo aonde pouco se vê a gentileza, por exemplo: deixar o outro passar à frente, ceder, seja no trânsito, ou em uma fila aonde encontramos pessoas muitas vezes convalescidas. A gentileza é uma extensão do ato amoroso para com alguém. Além de fazer parte da boa educação, a gentileza é uma força que carrega vibrações que recebemos e repassamos para pessoas anônimas. Recebemos o que propagamos, forças que interagem conosco trazendo forças espirituais. Ao agirmos com gentileza jamais seremos atingidos por forças degeneradas, pois recebemos o tempo todo dádivas de elevação. E nesse intercâmbio de dar e receber, somos atingidos por uma vibração protetora impar!

Gratidão

Não vivemos sós no mundo; dependemos sempre de pessoas o tempo todo; para água que nos chega dependemos de pessoas; a eletricidade, o pão, o arroz e feijão, a roupa que vestimos, as paredes de nossa casa, bem como para tudo que temos, dependemos de outras pessoas. É importante olharmos tudo ao nosso redor e adquirirmos o hábito de gratidão. É um poder fundamental a todos aqueles que se espiritualizam. A gratidão, assim como a gentileza, elevam os seres humanos; somos e refletimos em ressonância vibratória com o padrão que estamos emitindo. Essas ondas mentais e emocionais liberadas, quando são de gratidão, agem como fontes transformadoras. Quando gratos, sentimos felicidade e passamos momentos harmoniosos!

Ser religioso não significa apenas estar por duas horas em um culto, mas sim ser profundamente grato o tempo todo – esse aspecto faz toda a diferença espiritual. Realizarmos uma oração de gratidão nos dá sensação de bem-estar, eleva o nosso padrão espiritual; é desta forma que somos protegidos pela espiritualidade; pela nossa atitude e como nos comportamos em nosso dia a dia. Sou grato por você estar lendo este livro; assim como sou grato pela natureza que me proporcionou o papel, agradecendo quem beneficiou essa matéria-prima. São exemplos que fazem a diferença quando passamos a perceber o quanto existe ao nosso redor e o pouco que percebemos. Seja grato pela vida, agradeça agora mesmo aos seus antepassados, às pessoas que convivem consigo, a Deus sempre. Que força recebe-se com isto! Nossa vida muda, nossos caminhos se abrem.

Retidão

Agir corretamente, seguindo o juramento do médium e do sacerdote de Umbanda, seguindo os apontamentos que nos mostram um norte em nossas atitudes, bem como nas ações espirituais, tudo isso dará a cada um de nós o direcionamento na retidão. Digo que retidão não é um dom, é uma obrigação a ser aprendida, exercitada e seguida. Bom-senso é sinal de inteligência, bem como seguir normativas éticas apontadas nesta obra serve para educarmos e aprendermos.

A retidão vem ao encontro de nossa formação, nosso caráter, que embora já formatado dos zero aos sete anos de idade, pode ainda ser lapidado pelo exercício diário desses apontamentos. Já ouvi muitos falarem sobre fechamento de corpo, quando a pessoa fica imune a ataques espirituais, não recebendo vibrações de seus contrários e recolhendo apenas vibrações elevadas.

Na verdade, penso que para chegarmos a tal ponto é fácil, e nem sequer necessitamos realizar qualquer ritual; apenas seguir as características positivas apontadas para a elevação do medianeiro; assim, suas vibrações espirituais mediúnicas jamais receberão características nocivas, e esse estará com o corpo fechado e em comunhão com as forças de Deus, respeitando a filosofia que é sagrada em nossa vida, que é a Religião de Umbanda, ou mesmo outra fé. Faz-se necessário sermos corretos; jamais devemos pensar em tirar proveito das pessoas ou de situações. Ter retidão aponta um caminho, e este é cheio de Luz.

Humildade

Escrever e tecer comentários acerca da humildade sempre se faz necessário. Conheci muitos espiritualistas em minha jornada; pessoas dotadas de grandes capacidades mediúnicas, e, para mim, como já mencionei, tornaram-se referência ao longo de minha vida. Porém, tais referências, que eram muitas, se foram, permanecendo duas, que enalteço aqui: meu pai carnal, Antonio, que já se encontra nas esferas espirituais e meu avô de santo, pai Carlos de Xangô, do Templo Pai Bernardino da Guiné, casa aberta há 56 anos. Estes dois são as referências que ficaram em minha vida, outras tantas se deixaram ir, principalmente pela vaidade exacerbada e atitudes que não deveriam ser comuns a líderes religiosos. Digo que não existe ninguém melhor que ninguém; somos todos filhos do mesmo Pai. Eu, enquanto dirigente espiritual, tenho minha posição no templo, que é exercida com as explicações coerentes pelo conhecimento de cada médium sobre hierarquia. Sendo assim, não há nada imposto, mas sim o respeito que se dá pelas minhas atitudes em relação às pessoas.

A respeito dos espíritos guia, também não tem mais forte ou mais fraco, os meus guias não são melhores que os seus. Contudo, infelizmente, há muita gente que acredita que seu guia seja melhor do que o dos outros. Isto não é da entidade, é do médium extremamente vaidoso. Humildade se aprende, porém, se deve abdicar de algumas características que impedem tal postura. Uma dessas características é deixar de ser apenas um médium ritualista para ser religioso e contemplar Deus.

Trata-se de situações importantes que nos possibilitam, nos momentos de oração ou evocação dos mistérios divinos, estarmos de fato em sintonia, de forma humilde, com as esferas dos espíritos guia. Não confundamos humildade com apatia, ou com comodismo; ter posicionamento firme requer disciplina, o que não deve ser confundido com vaidade. Uma pessoa determinada, inicialmente, coloca seus ideais em prática, mas deve ter o cuidado para não infringir características hierárquicas e nem ultrapassar os limites dos outros. Esse indicativo fará com que reflitamos sobre a nossa capacidade de aprender acerca de humildade.

Amor

Uma das virtudes natas de um médium de Umbanda é amar o seu próximo como a si mesmo. Só amando é que se é amado, mas sempre vale a pena buscar reafirmar este ponto, muitas vezes difícil para muitos. Quem ama jamais terá tempo de odiar, de desejar mal a quem quer que seja. O amar está ligado a outra força fundamental, a fé. Passem a observar quem tem dificuldades com a fé; são pessoas que têm dificuldades de amar. Muitas vezes bloqueios traumáticos da infância são causadores de danos em nossas percepções; os valores de família, quando abalados na infância, tornam a pessoa dura em relação ao mundo da espiritualidade. Pessoas excessivamente racionais tendem a ter dificuldades em amar; como contemplar é um ato de amor, elas passam a ter critérios diferentes neste ponto de suas vidas. Cito esse aspecto a fim de avaliarmos a nós mesmos e também ajudar àqueles que possuem dificuldades. Uma oração, uma evocação sem a expressão máxima do amor, não tem a ressonância expansiva que proporcionará plena sensação de bem-estar.

O altruísmo é um ato de amor, assim como a gratidão; oferendar as forças dos nossos guias, bem como de nossos Orixás, é uma ação de devoção, e devoção é amor. A má utilização de forças espirituais é uma dificuldade da pessoa em amar; somos seres eternos, e aqui no plano neutro, enquanto estivermos encarnados, tudo é tão passageiro. Então, por que alimentar sentimentos ruins? A vida é tão curta, que não devemos nos permitir coisas que nos negativem, e, uma das ferramentas para não entrarmos neste padrão é o perdão. Quem exercita o perdão, logo verá a vida de outra maneira. Não devemos cultivar sensações ruins do passado, mas sim vivenciarmos o presente para que tenhamos paz em nosso futuro. Como o próprio nome diz, "presente"; pegue este presente e vivencie da melhor forma possível. Ore e evoque os mistérios de Deus em sua vida e sinta-se parte do universo; alimente o esplendor de estar encarnado e Ame muito.

Capacidade

Como nos definimos na ação de sermos médiuns, ou mesmo assistidos, como nos interpretamos dentro de um grupo? Tomemos, antes, alguns fatos. Dentro de muitos lugares, as pessoas são cerceadas no entendimento e na prática do exercício de sua espiritualidade. Existem casos em que ditos sacerdotes não capacitam os assistidos e seus médiuns para que esses permaneçam sempre dependentes de seus favores, que em muitos casos ainda envolve o lado monetário. Todos nós somos capazes; não há pessoa que não possa atuar na espiritualidade de forma a se beneficiar. É claro que dependemos de pessoas honestas, que queiram ensinar quais os caminhos a serem seguidos e aprendidos. Como já mencionado, não tem guia mais forte ou mais fraco; existe o religioso que tem fé e aquele que não a possui. Porém, ainda há muitos sacerdotes que se colocam a ensinar, mas os seguidores não buscam estar nesta linha de compreensão. Estes, na maioria das vezes, veem o templo de Umbanda como um local mágico, que proporcionará tudo o que querem. Não buscam aprender e assim a ajudar-se e colocar em prática o valor adquirido.

Para podermos nos capacitar, é imprescindível tomarmos posse, sentirmo-nos donos dos dons de Deus. Quando iniciamos, logo nos revestimos de Luz, passando a ser parte do grande mistério da religião. Mas nem sempre os iniciados se colocam como donos de suas faculdades; preferem muitas vezes pedir ao espírito guia de outro, do que ao seu próprio guia espiritual. Partindo do principio de que somos todos filhos do mesmo Pai, e que ele nos dotou de sua força, somos capazes; é uma questão de fé, de amor, de humildade e de disciplina em nossa vida espiritual.

Disciplina

É uma regra básica; não há médium sem este atributo, não existe rezador; tudo o que realizamos de forma disciplinada traz o resultado almejado. Em nossa vida diária encontramos regras que são maneiras de direcionar as pessoas para que haja êxito e tranquilidade sobre tudo. Imagine-se em uma cidade como São Paulo, se não tivéssemos a disciplina no trânsito por exemplo. Como seria? Isto é importante, pois as pessoas, em geral, gostam de burlar as regras, seja por ignorância, seja porque assim foi educado.

Dentro de um templo de Umbanda, quando a disciplina falha, logo o grupo passa a ter problemas; assim, regras disciplinares são bem-vindas, e, educamos. A disciplina espiritual é o meio pelo qual buscamos entender nossas forças de maneira elevada. Agir diante do sagrado de forma adequada, quando elevamos os nossos pensamentos a Deus e oramos, traz o benefício de seremos envolvidos pela Luz. A roupa branca preparada para a tarefa, seu banho de ervas, a vela acesa ao anjo da guarda, seus Orixás firmados, sua tronqueira bem cuidada, o devido respeito aos preceitos – essa disciplina transcende e eleva o médium. O assistido, quando disciplina sua vida espiritual e segue criteriosamente os ensinamentos Crísticos, em pouco tempo alcançará êxito e será um vencedor na vida.

Verdade

É uma virtude? Sim, é uma virtude, mas digo que não passa de uma obrigação! Todo aquele que busca se espiritualizar tem um dever para com ele mesmo: ter em mente que deve ser verdadeiro e jamais mentir. A mentira à qual me refiro principalmente é aquela que visa trapacear, que burla e engana, para que se obtenha alguma vantagem.

Existe certa necessidade, dentro de qualquer conceito filosófico religioso, de entendermos o momento de pontuar nossas indagações, a fim de educar e direcionar as pessoas. Lembro que uma religião deve ser levada aos lares, aonde os pais passam conceitos que moldam o indivíduo, e então a verdade passa a ser primordial, pois entra diretamente na formação do caráter. Esta falta com a verdade é uma sabotagem que as pessoas fazem em relação às outras, e que um espiritualista, um religioso de Umbanda não deve fazê-lo e nem comungar com tal atitude. Somos imperfeitos, falhos, porém, é necessário que sejamos honestos. Tomemos um exemplo de um filme que assisti sobre a história do cantor americano Ray Charles. Em sua vida, sua mãe, para ensiná-lo sobre determinada questão que envolvia a verdade, disse-lhe: filho, quem mente também rouba. Acredito muito nisto, lembrando que a verdade deve ser primeiramente de nós para conosco mesmos. O que quer dizer isto? É necessário que sejamos verdadeiros; muitas vezes fazemos coisas que não nos satisfazem, mas agradam a vontade dos outros.

A felicidade passa por termos em mente a necessidade de ter a verdade do que queremos em nossa vida. Quando agimos assim, tornamo-nos pessoas mais tranquilas e melhores. E o que isto tem a ver com orar e evocar? Tudo! Emanamos o que somos; lembre quando o Médium Supremo nos ensinou "Orai e vigiai para que não caia em tentação". O vigiar recai exatamente em nossos pensamentos, nossas atitudes, pois quando não nos vigiamos, acabamos por errar mais. Um iniciado como médium de Umbanda deve ter critérios que o elevem em seu conceito de vida, ser criterioso consigo mesmo melhora sua espiritualidade, o que, por certo, distinguirá o medianeiro, tornando-o exemplo a ser seguido.

Paciência

A paciência é uma virtude importante, porém, para obtê-la, é necessário exercício diário e constante dos demais atributos já mencionados nesta obra. Basta andarmos nas ruas que logo percebemos como as pessoas são impacientes; como falta a muitos o amor de uns pelos outros, acabando por transgredir valores do bem viver. Encontramos a falta de paciência mesmo dentro de grupos espirituais.

No templo onde sou dirigente, já vivenciei inúmeras situações que me fizeram perceber o quanto devo trabalhar para ajudar as pessoas a se transformarem. É aí onde reside a responsabilidade de um líder religioso; além de colocar em prática tudo o que fala, deve aplicar, sabendo que é vigiado por todos, pois cada palavra e atitude geram exemplo. Ainda há o dever de ensinar sobre valores básicos como estes que estão sendo mencionados. Não é lendo, ou ouvindo ensinamentos de forma oral, que adquirimos paciência ou qualquer outra virtude; passamos a tê-las quando as vivenciamos em nosso cotidiano, não apenas na presença de seu dirigente ou do grupo espiritual ao qual pertence; isto deve ocorrer em todos os lugares e momentos. Volto a frisar: não confunda paciência com apatia diante de circunstâncias que necessitam de atitude; muitas vezes devemos nos posicionar de maneira dura para defendermos o que é nosso. Paciência não significa aceitar o que está errado, mas procurar entender o outro, e ainda, com paciência, ser um pacificador, levando palavras de tranquilidade em momentos austeros da vida.

Perdão

Aprender sobre a espiritualidade de Umbanda significa passarmos a entender e a compreender um universo ao nosso redor, encontrando nos guias espirituais, nos Orixás, sentidos que permitem que mudemos o rumo de nossas existências e de nossas vidas. Somos falhos; sim somos; à medida que passamos a ter consciência do que está ao nosso redor, sempre procuraremos melhorar. Muitas vezes agimos de maneira inadequada, ferimos com palavras e atitudes as pessoas; às vezes, sem percebermos. Queremos sempre que as pessoas nos perdoem por nossas falhas, por nossas atitudes. Clamamos a Deus que nos perdoe por nossas falhas, sentimos o peso em nós quando faltamos com algo. Mas perdoamos? Do fundo do coração, você consegue olhar alguém que te magoou, ou de alguma maneira alguém que te atrapalhou e perdoar?

Penso que a maioria das pessoas está com o farol da vida voltado para trás, iluminando coisas que não mudarão, e acabam sofrendo por isso. Muitas vezes, as pessoas permanecem amarguradas por anos a fio, com situações que já não existem mais, que permanecem apenas em seu campo emocional. Este tipo de atitude envolve muitas coisas; nos campos da espiritualidade, uma pessoa jamais conseguirá estar plenamente em um trabalho religioso, se não tiver em si a vontade de aprender a perdoar. Perdão não é um botão que liga e desliga; deve ser algo valiosamente trabalhado todos os dias de nossas vidas, e quando chegamos a tal ponto, sentimos felicidade em nossos corações. A amargura por raiva, por ódio, leva as pessoas a estados patológicos; tudo o que vibramos acabamos por imprimir em nosso campo espiritual e energético, que por sua vez alimenta o surgimento de várias doenças.

O perdão é ótimo para os campos espirituais, sendo uma ferramenta poderosa de proteção, pois somos o que vibramos, e por linhas de afinidade, quem perdoa não é atingido pelas vibrações viciadas das trevas. Este atributo ajuda no campo mediúnico; o desenvolvimento espiritual passa por esta etapa fundamental e se fixa a ele. O que quer dizer? Quando entendemos a necessidade do perdão, nos tornamos bons medianeiros; esta mensagem passa a ser a base do conceito Crístico do medianeiro. Este entendimento é importante para os assistidos nos templos, pois os médiuns da corrente, bem como todos os assistidos presentes à sessão, são religiosos de Umbanda, e para sermos religiosos, oradores, temos o dever de ter em nós o perdão. Concluo que para podermos nos sentir completos como religiosos, este conceito é imperioso!

Sabedoria

Para tentarmos interpretar sobre sabedoria pergunto: O que você quer para sua vida? Creio que todos responderão que querem paz, alegria, saúde, prosperidade. Mas como alcançar isto? Não tem outro caminho senão pela espiritualidade e pela caridade. Ser sábio para lidar com as forças da espiritualidade. A espiritualidade é fonte de bênçãos, é a água e o alimento da alma, porém quando a bebemos ou nos alimentamos de maneira errada, logo os transtornos ocorrem. Religião como filosofia de vida deve ser vivenciada, absorvida e estudada sempre. Ter conhecimento é diferente de ter a sabedoria! Muitos aprendem – eu creio que sim; aprendem o que é mediunidade, o que é Umbanda, o que são Orixás; sem dúvidas, vejo isto nitidamente em muitos. O saber é diferente; a sabedoria é a utilização compreendida do que se aprendeu, momento em que o conhecimento forjou o sábio. Para entendermos o que quero dizer, vamos a um exemplo: Como você reage diante das adversidades? Toda adversidade nos traz características de aprendizados; se reagirmos de forma negativada sobre as questões de alguém que nos calunia, estamos errando. Na verdade, se estamos na espiritualidade, devemos entender que Deus, os espíritos guia, os Orixás estão a nos ajudar, a nos proteger. Não devemos nos aborrecer, mas sim manter a serenidade; ter fé é o caminho do sábio. As adversidades da vida virão; reaja como Jesus reagiria; não ultrapasse as esferas positivas, não dê a oportunidade ao infortúnio. Quando reagimos desta forma, estamos em paz; perdoe; assim terá alegria. Desta maneira, refletirá em sua saúde, e por consequência em suas vibrações; tudo fluirá através da prosperidade. Seja parte do exército de Oxalá, sinta-se parte desta força. Darei um exemplo que procuro seguir em minha vida, que é parte do ensino judaico, mas tentarei colocar em minhas palavras. *Se alguém for com você e chamá-lo a andar um quilômetro, não se aborreça com ele; chame-o para andar com você dez quilômetros.* Lembre-se, Deus, os guias espirituais, os Orixás vibram sobre o justo; quando agimos dentro das Leis do Universo, estamos amparados. Aprender não quer dizer saber; sábio é aquele que coloca em prática o que aprendeu. Isto é sabedoria!

Flexibilidade

Em um mundo com tantas informações, o homem tem de se posicionar feito camaleão; deve ser uma metamorfose ambulante como já dizia Raul Seixas. Não estou falando do seu posicionamento sobre o bem, sobre a pessoa que deve ser altruísta ou religiosa; este estado de espírito não se modifica, é lapidado. Mas sim sobre as novidades que nos permitem aprender o que é novo, e com isto, devemos estar prontos para coisas diferentes, tendo flexibilidade. Isto, sem fugir da base Crística e do bom-senso, pois infelizmente há pessoas que vivem no campo da ilusão, sem a força da religiosidade, e se tornam totalmente fora de uma realidade sadia.

Sermos flexíveis não quer dizer aceitar coisas com as quais não comungamos, mas interpretarmos e olharmos os pontos de vista. Não podemos ficar estagnados; acredito que o que você aprendeu há cinco anos, hoje, além de estar melhor, já se transformou, ocorreu alguma mudança. Devemos ter a flexibilidade de aceitarmos os aprendizados ou novas técnicas de interpretarmos as coisas da espiritualidade.

A espiritualidade de Umbanda é tudo isto. Mais, e muito mais do que já temos escrito. Oração e evocação, o que tem haver com flexibilidade? Lembro que o religioso deve ser visto de maneira completa, e seu padrão de tranquilidade, serenidade, humildade, amor e fé passam pela flexibilidade de seu sentimento, de sua fé. Devemos ser rigorosos e duros com as coisas sagradas e com muito bom-senso; contudo, a inflexibilidade impede de aceitarmos a explicação sobre a mesma coisa que já sabemos, porém de maneiras distintas.

Agora, essa inflexibilidade é relativa. O médium de Umbanda deve ser como a água, que se amolda a qualquer terreno; porém, uma rocha em sua posição de defender o bem e as características de sua religiosidade. Por exemplo, eu não aceito comparar um Exu a um ser caído. Mas muitos ainda defendem que Exu é um ser das trevas. Ele tem acesso a elas, mas não é um ente trevoso, muito menos negativado. Quem defende este ponto de vista vai encontrar em mim a inflexibilidade. Eu explico: não quero ser contraditório, mas se você está em uma religião (religar a Deus) acredito que não vai aceitar que exista um guia espiritual que faça o mal, não é? Se você aceitar que sim penso que seja um contrassenso, que acredito seja um absurdo. Neste ponto, sou rocha. Mas se alguém me fizer uma colocação, por exemplo, sobre as cores dos Orixás, argumentando que há divergências, aí devemos ser flexíveis. Existe um codificador na Umbanda? Hoje vejo que não existe; vou ser rocha. Mas acredito que seja possível, quando chegar o momento em que se parta de um único ponto: ensinamentos Crísticos como base, do Médium Supremo. Sou flexível neste ponto. O que não deve existir são monopólios. Um sacerdote que cobra? Sou inflexível! Quero que vejam a linha de raciocínio em que o bom-senso predomina sobre questões simples, porém, polêmicas.

A persistência só atinge o âmago da situação perante a flexibilidade do homem diante de adversidades de sua vida. Faz parte de sua formação intelectual, de convivência sadia com a sociedade e, principalmente, a voz de um religioso deve exercer liderança e posicionamento. A articulação pela diversidade e adversidade é claramente exercida pela flexibilidade de postura reta e madura. Jamais nos coloquemos em embates desnecessários, mas, por exemplo, para defendermos a Umbanda Crística diante de tantas vertentes, deve ocorrer o exercício pleno da flexibilidade, a fim de proclamarmos o bem sem a imposição, mas sim respeitando todas as linhas de pensamento.

Superação

Normalmente, as pessoas não ousam em suas vidas a fim de entenderem suas capacidades; muitos não pensam e deixam que outras pessoas pensem por ela. Um entrave que está nos seres humanos; a vida fica e vai até aquela *cerquinha* que criamos em nossa mente, da qual utilizamos uma porcentagem mínima. Não ousamos passar dessa cerca criada por nós e estagnamos em uma zona de conforto, enquanto outros pensam e decidem por nós mesmos.

Nas adversidades, busquemos os atributos para que haja tal superação; persistência e fé são propulsores da felicidade do indivíduo. Busquemos nas orações o nosso fortalecimento diário para uma vida muito melhor depois das cercas rompidas. Olhemos para trás apenas na visão daquele que aprende com as derrotas, com os desafios, mas não mantenhamos nosso desejo no passado. É imperioso que estejamos em busca de algo sempre melhor no futuro. Saliento que um médium é um líder, um vencedor; porém, disciplinado em relação a seu posicionamento na hierarquia espiritual, busca ser capaz e se superar através de sua fé, de sua dedicação e do amor fraterno.

Lembro a todo medianeiro que o melhor preparo é a sua capacidade de interpretação de tudo que lê e vê. Nas entrelinhas de uma escrita, nos ensinamentos em uma palestra, em um belo quadro; lá estarão as respostas que devem ser interpretadas. Isto é a vara de pescar para você, não a pesca pronta; seja um vencedor e supere a si mesmo, veja quais são seus medos; eles lhe ensinarão quando superados.

E assim obtemos, baseados na Umbanda Crística, ou seja, nos ensinamentos do Médium Supremo Jesus Cristo, nosso Pai Oxalá, seguindo a base da religião através do que os espíritos organizadores de cúpula Astral da Umbanda determinou: *A Umbanda será baseada nos ensinos de Jesus Cristo!* Devemos trilhar os passos fundamentais para que estejamos dentro dos campos sublimes onde nossos Orixás e guias espirituais estarão se manifestando através de nós e para nós.

Seguindo esses atributos, que são virtudes natas de pessoas vistas como religiosos de Umbanda, podemos entrar em sintonia com os mistérios que serão evocados e que estarão nas orações. Assim como os pontos cantados são orações mânticas que revestem a todos os presentes nas sessões espirituais, as orações atingem graus elevadíssimos, permitindo-nos o contato com os Poderes de Deus. Mas para tanto, sempre se fará necessário uma conduta condizente e que reflita a verdade que foi apontada pelo fundador da religião de Umbanda, tendo na base os ensinamentos do Médium Supremo.

Oração de nosso Pai Oxalá

Pai Supremo!

Suplico-lhe sua Luz em minha Vida.

Rogo seu poder neste momento e entrego minha vida em suas mãos.

Meu Pai Oxalá, sofro angustiado com meus problemas,

Revista-me com Tua Luz e Tua Verdade.

Faça de mim uma pessoa melhor.

Traga-me a paciência que necessito.

Ó Pai, que vibra em meus caminhos!

Olhe por minha família, olhe pelo meu futuro.

Proteja-me daqueles que me querem mal.

Que meus pensamentos sejam iluminados por Ti.

Agradeço meu Pai Oxalá por Tua ajuda.

Que Vosso amor sempre esteja em mim e sobre os meus.

Evocação do Poder da Umbanda

Evoco o Poder do nome de Deus e em Seu nome os Mistérios da cúpula da Umbanda.

Evoco os Orixás, guias e protetores meus.

Evoco meus guardiões e suas falanges.

Que os exércitos Divinos se façam presentes ao meu redor.

E determino que:

Todo e qualquer força trevosa seja anulada,

Que meus contrários recebam o bem, para que seus influxos sejam anulados,

Que minha fé aumente e que eu possa melhorar enquanto ser humano,

Que as vibrações sagradas de todos os fatores de Deus estejam em minha existência.

Que os Portais permaneçam abertos me abençoando o tempo todo

Que os exércitos estejam sempre prontos a me defender

Que as doenças sejam curadas e que minha saúde se eleve

Determino que ao meu redor se levantem estes Poderes Sagrados para que as forças do lado negativado jamais consigam me visualizar,

Que fixem estes Mistérios em mim e permaneçam até quando Deus assim determinar.

Que assim seja e assim será!

Sacramentos na Umbanda

A religião deve oferecer aos seus seguidores tudo o que envolve sua vida, seja dentro dos ritos religiosos nos cultos e também para a sociedade que a cerca, em relação ao enlace matrimonial, no batismo de seus filhos e no ritual fúnebre. Quando temos em nossa religião todos os amparos necessários, não procuramos em outras religiões estes aspectos. Se um religioso procura em outra religião os sacramentos, entendemos que existe algo de inadequado. É claro que procuramos entender que por muitas vezes as pessoas se veem obrigadas a seguir determinados procedimentos em razão da sociedade, da comunidade na qual elas estão inseridas, ou mesmo por conta da própria família. Principalmente, o casamento e o batismo acabam por ser mais um evento social do que um preceito religioso. Mas, a religião na qual estamos e professamos o nosso credo não pode ficar inerte. Por este motivo, passo este pequeno apontamento para que busquemos essa compreensão tão importante a nós, religiosos de Umbanda.

Considerando que vivemos em um país de diversidade religiosa interessante, mesmo porque a base do brasileiro é a religião católica, encontramos filhos de Umbanda, ou mesmo de outras religiões, casando-se na igreja católica, ou mesmo batizando seus filhos no culto católico. Defendo muito a ideia de tornarmos os seguidores da Umbanda religiosos de Umbanda. Assim, estes passarão a interpretar a religião como se deve, dando o valor a ela de tal forma que se sintam à vontade para realizar os sacramentos seguindo os seus conceitos.

Saliento, entretanto, uma das dificuldades naturais em nosso meio que é a de se formar os templos de Umbanda e sua estrutura. Normalmente, encontramos pequenos grupos que com muita dificuldade conseguem ter um espaço pequenino para a tarefa religiosa. São poucos os templos de Umbanda que oferecem local adequado para os sacramentos de casamento, batismo e, por que não, o velório e/ou o ritual fúnebre. Creio que grupos grandes e templos grandes só conseguem se sustentar se tiverem uma cartilha disciplinadora muito rígida, pois ter um grupo que ultrapasse quarenta médiuns é um desafio. Por que isto? É uma questão de formação; devemos seguir em nossos grupos com os apontamentos citados, cuja hierarquia seja respeitada, em que não existam as vaidades, o amor pelo local seja a ação entre todos, a disciplina fator fundamental a cada um, um local onde não haja distorções, pois tudo está fundamentado em aula. Dessa forma, acredito que consigamos ter templos com mais de duzentos médiuns. Hoje são raros, mas aí conseguiríamos criar formas de adquirir um espaço adequado para realizar tais sacramentos.

O grupo grande é um grupo forte quando age dessa forma, podendo até procurar ter um local próprio aonde o sacerdote poderá deixar seu legado. Tudo passa a ser uma questão de organização, isso sem contar que há ainda a determinação do Alto; acredito que daqui para frente vamos ter notícias de construção de verdadeiras catedrais de Umbanda. Podemos também imaginar que através de um órgão máximo da religião, estando em união tantos templos, possamos fazer essa catedral, sendo um lugar comum a muitos que queiram realizar os sacramentos.

Casamento

A união entre pessoas, o enlace matrimonial quando fundamentado de maneira espiritual, absorve as bênçãos do Criador, cuja união acaba por ser apresentada às forças de uma religião. Quando se casa em uma determinada doutrina religiosa significa que o casal se comprometeu a formar sua família baseada naquela filosofia, seguindo os fundamentos espirituais e seus preceitos. A Umbanda como religião reconhecida tem todo o amparo legal para a realização da cerimônia religiosa matrimonial, quando o sacerdote de Umbanda, outorgado legitimamente pelo estudo e pelas forças espirituais, a conduz.

Na cerimônia dentro do rito umbandista possuem-se características das mais belas; os adornos dos elementos naturais vão da beleza ao campo das energias vivas da espiritualidade. Os noivos normalmente usam o branco, mas podem também utilizar roupas coloridas, já que não há a obrigatoriedade de a noiva estar de branco para significar, como em outras religiões, pureza. É de se lembrar que, historicamente, o branco foi popularizado, por assim dizer, por uma rainha que seguia o anglicanismo, a Rainha Vitória, na Inglaterra, que também popularizou o uso do véu. Na Umbanda, o branco, além de significar a pureza, é o uniforme que representa a Paz, a união e a maturidade espiritual. Mas acredito que a partir do momento que esses irmãos estejam seguindo os caminhos da espiritualidade Crística, já possuem em seu íntimo tais características.

Todavia, saindo-se do comprometimento semanal do rito de Umbanda, ocasião em que o branco é fundamento, pode-se casar com as roupas da cor do Orixá regente, em que apontamos os atributos de proteção a este enlace. Os padrinhos possuem um papel fundamental; são eles os orientadores deste casal; muito embora exista o aspecto social na maioria das cerimônias, na Umbanda é diferente. O comprometimento é grande, uma vez que estar diante do altar recebendo a benção de um Sacerdote de Umbanda é algo sério; não que em outras religiões não seja, mas os noivos devem saber muito bem o que estão fazendo. Cabe ao sacerdote orientá-los sobre a seriedade em relação à cerimônia matrimonial. Existe a cerimônia na qual uma entidade espiritual realiza o casamento, e também os padrinhos são entidades espirituais que foram escolhidas pelos noivos, e os médiuns também passam a ter este papel de padrinhos, juntamente com seus guias espirituais que se manifestam na hora da cerimônia. Este rito deve ocorrer onde todos possuem a mesma crença na religião de Umbanda. Mas normalmente a cerimônia decorre de maneira aberta, aonde se recebe pessoas de várias religiões; desta maneira não há as manifestações, até porque, neste caso, vejo as manifestações como ritual sagrado para trabalhos de Umbanda fechado e específico.

A entrada dos noivos, bem como a prece de apresentação destes irmãos a Deus e evocando os guias protetores, os Orixás e Guardiões, fica ao encargo do Sacerdote. É importante uma explanação deste momento sagrado ao casal, quando o sacerdote direciona sua palavra sobre a família, sobre a responsabilidade matrimonial. As alianças normalmente são trazidas pelos pajens, que dão o ar da pureza da corrente espiritual das crianças, ocasião em que ocorre a benção das mesmas.

No altar cerimonial deve se encontrar o azeite para unção; ungir é o ato de consagração, com este azeite representa-se a purificação dos espíritos que se unem. É aplicado este óleo no frontal de ambos. Ainda no altar tem-se uma vela acesa, representando o fogo sagrado, ou o elemento fogo, que expande, que protege. Outro elemento presente é o incenso, representando a harmonização da união, o respeito através das palavras, o ar. Flores, representando o elemento terra, que representa firmeza, pés no chão, dedicação, fertilização devem estar no altar. Uma jarra com água com cristal dentro é mais um elemento presente, pois água é o sentimento puro, com a expansão de força pelo cristal que ilumina e liga os espíritos em um só.

Essas pequenas explicações são como forças mantras que o sacerdote fala com a voz do coração, momento em que evoca os poderes de Olorum. O ato de colocar as alianças é quando o sacerdote as abençoa com a água que em respingos chegam a elas como gotas de Luz. Em seguida, são proferidas as palavras de juras de fidelidade e união fechando a cerimônia matrimonial.

Batismo

O batismo é um ato de apresentação a Deus de um filho de pessoas que comungam a religião; no caso da religião de Umbanda, uma apresentação a ela e às suas forças espirituais também. Da mesma forma como explicado em relação ao matrimônio, quando uma criança é batizada na Umbanda, os pais se comprometem a educá-la nesta filosofia.

Aqui nesta obra encontramos vários apontamentos sobre a educação, formação de um cidadão, de uma pessoa do bem, com conceitos elevados que a religião proporciona. Mas fica sempre uma pergunta. E se esta pessoa batizada enquanto bebê não seguir a religião de Umbanda? É importante ressaltar que o batismo não obriga aquela pessoa a seguir essa doutrina, fica a critério dela a escolha da religião a ser seguida. É sempre importante o batismo dentro do culto de Umbanda, lembrando que todos nós possuímos nomes sagrados, passamos por várias encarnações e alinhamos forças através do batismo.

O ato de jogar a água na cabeça da criança representa o nascimento desta para a espiritualidade, uma benção de Luz, ocasião em que o anjo da guarda da criança emana seus influxos celestes sobre seu protegido. O sal colocado na boca da criança é o despertar de sua consciência, é o fogo sagrado de Deus, despertado no coração e na mente dessa pessoa. O azeite que unge essa criança anula aspectos negativados de vidas passadas ou máculas que trazemos de outras encarnações, permitindo que estejamos ligados naquele momento às forças do Criador. Porém, na grande maioria das vezes, as máculas só deixam de existir a partir do momento que resgatamos os negativismos, quando nos redimimos de possíveis ações que foram danosas a outros no passado. Os padrinhos possuem papel fundamental também no que diz respeito à educação espiritual dessa criança; eles são apresentados como guardiões encarnados da criança. O sacerdote tem, igualmente, papel relevante antes da cerimônia de batismo, explicando a responsabilidade de cada pessoa envolvida. Uma vela é acesa no ato do batismo; está ligada à espiritualidade Maior; caso essa criança necessite de algo, acende-se a vela e faz-se o pedido a Deus e ao anjo protetor dela.

O batismo pode ocorrer em sessões especiais, quando o sacerdote pode estar manifestado com um espírito guia, ou como em uma cerimônia "branca", onde todos estarão participando sem que haja manifestações espirituais. Lembro que cada templo, bem como cada dirigente espiritual tem a sua forma de realizar esse ato religioso, onde deve haver respeito pela pluralidade espiritual, que só enriquece nossa religião.

Ritual fúnebre

Em primeiro lugar, realizar esta cerimônia não é fácil para ninguém; porém é tarefa do dirigente espiritual, na falta dele um médium preparado para tal tarefa, com o grau de ponteiro. Observa-se que a cerimônia fúnebre é fundamental para todas as pessoas que possuem uma religião. É neste momento que a família encontra-se emocionalmente necessitada do amparo espiritual, de palavras consoladoras.

Todas as pessoas que têm a religião de Umbanda em sua vida devem expressar sua vontade perante a família sobre esse momento, pois como já citado, a diversidade de religiões torna muitas coisas difíceis. Quando encontramos uma família em que todos comungam da mesma fé, tudo fica mais fácil, mas mesmo assim, a família deve estar ao par da vontade de cada um. Entende-se que no momento do desenlace do espírito do corpo físico, aonde Omulú rompe com seu alfanje o cordão de prata, o espírito entra em um estado de sono. Observo que isso depende de como a pessoa vivenciou seu lado espiritual, pois já houve relatos de espíritos estarem acordados ao lado do corpo, acompanhado de seus guias, pela tamanha luz já adquirida. O rompimento de todas as vibrações ocorre nos sete dias, daí vem o ritual da missa de sétimo dia; por este fato há a necessidade de oferendarmos os Orixás, para acolherem aquele espírito. Ficam duas perguntas. Por que dos sete dias e por que oferendar os Orixás? Em relação aos sete dias, estando em um campo humano, em que tudo está relacionado aos magnetismos das esferas espirituais, estas esferas espirituais estão alinhadas ao planeta Terra.

Nosso planeta é único no sistema sétuplo, aonde o giro do planeta traz para o campo neutro a datação e o tempo, horas e dias. Na mesma medida nosso corpo é composto por várias camadas, onde as sete primeiras estão diretamente ligadas aos fios e cordões, dos campos mentais até os vibratórios inferiores. Passados os sete dias o espírito desliga-se totalmente da esfera física; porém, dependendo de como este ser vivenciou sua vida ele poderá estar deslocado ao Embaixo sofrendo os choques do corpo em decomposição. Um espírito elevado pode percorrer o tempo normalmente dos sete dias ou até ser deslocado antes para as esferas elevadas dependendo única e exclusivamente de seu grau adquirido aqui no plano neutro.

Sobre as oferendas, um iniciado na religião de Umbanda tem recursos fundamentais para elevá-lo e curá-lo mesmo após a morte. Toda a energia de uma oferenda é emanada de volta para nós; neste caso a energia vai até o espírito de quem desencarnou. Os Orixás a serem oferendados são; Omulú, Obaluaê e Nanã. Obaluaê representa o próprio fio de prata do corpo físico ao espírito; Omulú rompe esta ligação e ambos encaminham esse irmão a Nanã, que o acolhe já do lado espiritual.

Com isso, a cerimônia deve iniciar sempre com o sacerdote enaltecendo a importância da vida e que, naturalmente, um dia todos retornarão ao convívio da espiritualidade, recitando explicações Crísticas e trazendo o conforto aos parentes e amigos. Deve ainda explicar que a cerimônia de evocação das divindades Orixás permite que esse irmão seja acolhido pelas esferas de Luz.

O sacerdote coloca sua mão na direção do frontal da pessoa desencarnada e realiza uma oração de encaminhamento do espírito pelo Poder de Deus e pela força do Orixá Obaluaê, pedindo que se abram os portais divinos onde este espírito é acolhido pela espiritualidade. Terminada a oração, o sacerdote volta-se à família mais uma vez, com palavras de conforto Crístico.

É fundamental ressaltar que quando ocorrer o desenlace de um sacerdote, cuidados outros devem existir. Um rito religioso, os preceitos, os dogmas, o tipo de oferenda, tudo isso determina muito na espiritualidade. Quando um médium possui ligações espirituais no templo através de assentamentos onde existem sacrifícios, é necessário tirar a mão do sacerdote, chamado também de mão de Vume. O ijé jogado no ori do iniciado, ou mesmo se houve algum tipo de ritual em que existiu sacrifício, deve realizar-se ritual para todos os médiuns dentro desses sete dias, após a desencarnação do sacerdote. Lembro que o campo do medianeiro se enche da vibração da iniciação e das oferendas, ervas, pedras, cristais, bebidas, incensos, águas; são transferidos essências limpas e naturais, que enriquecem o campo mediúnico do medianeiro. Mas quando há sacrifício, o sangue permanece na vibração do iniciado sustentado pelo templo e pelo sacerdote. Quando o sacerdote desencarna leva com ele tal essência e pode ocorrer do médium ter problemas.

Quero frisar que este assunto é muito polêmico; a retirada da Mão de Vume é um preceito que tem origem no culto de nação e há muitos sacerdotes que não admitem tal preceito, tanto na Umbanda quanto no culto de nação. O sacerdote do Templo deve deixar instruções específicas para esse momento, sendo, uma vez, respeitada a heterogeneidade presente na religião.

Aqui estão os sacramentos colocados de maneira simples, em explicações que irão enriquecer sua compreensão, mas sempre ressaltando que pela diversidade espiritual dentro da Umbanda é natural que algo seja diferente.

Benzimento na Umbanda

Um religioso de Umbanda é um rezador; ele pratica sua fé ajudando a todos que lhe procuram, seguindo o preceito do que é dando que se recebe, é amando que se é amado e é desencarnando que vivemos para a vida eterna. Assim, é importante incluir a prática do benzimento. Vejo como fundamental aproveitarmos para enfatizar este trabalho tão importante e incorporá-lo em nosso arsenal religioso, dotando todos que comungam da fé dentro da Umbanda a realizarem o bem a qualquer momento.

O benzimento remonta a centenas de anos; benzer significa abençoar, o ato de tornar bento ou santo aquele que recebe a graça desse benefício. Embora se trate de um ato pertencente à nossa cultura popular, uma magia popular, se faz necessário ressaltar que nossos Pretos Velhos da Umbanda realizam esta tarefa de maneira fantástica em seus trabalhos. Com a permissão dos guias protetores, das divindades sustentadoras dos mistérios curadores e benzedores, passo aqui como benzer, como se tornar um bento, um benzedor e, mais ainda, como alguns elementos são indispensáveis nesta prática. É uma ação sagrada que requer disciplina; o que é exigido para se tornar um benzedor é ter em si os atributos do médium, colocações elaboradas sobre o comportamento do medianeiro, que o torna uma pessoa preparada para a prática caritativa. São informações importantes sobre como funcionam no lado espiritual determinadas ações com a utilização de ferramentas que são os elementos, nos possibilitando entender e interpretar como atuam as forças.

Benzer, segundo o dicionário, é "fazer o sinal da cruz sobre a pessoa, fazer uma cruz com a mão Direita tocando a testa, o peito, os ombros esquerdo e direito da pessoa". É desta maneira que é utilizada a prática do benzimento na maioria dos casos, com vários elementos.

A espiritualidade é sábia; dota os homens de qualidades impressionantes para que esses supram as necessidades dos muitos necessitados. Por mais que a medicina avance, *é sempre um ato de amor e de fé* nos colocarmos *à* disposição da espiritualidade a fim de servir. É claro que jamais nos colocaremos no lugar de médicos; tão pouco as pessoas que passam por sessões de cura ou benzimento devem parar seus tratamentos, uma vez que a medicina existe para suprir e acolher através da ciência. Mas muitos necessitam e, por este motivo, é fundamental esta explanação sobre o benzimento e sua utilização pelos médiuns de Umbanda, podendo ainda estendermos a compreensão aos assistidos. Muitas vezes os assistidos necessitam doar, precisam servir o próximo para assim se desvencilharem dos apegos desnecessários na vida terrena. Aprendem ainda a lidar consigo mesmos. Qualquer pessoa pode ser um bento, desde que tenha em sua meta os princípios Crísticos tão importantes a todos nós. O benzimento pode ser o caminho mais importante para levarmos os nossos assistidos à compreensão de Deus, à importância do trabalho edificante que se faz dentro do auxílio. *É importante para eles se sentirem parte de um trabalho espiritual.*

O benzedor, quando utiliza de sua espiritualidade no ato de benzer, abençoa, torna a pessoa benta. Esta benção possibilita o trabalhador da espiritualidade a estar em comunhão com suas forças espirituais, interagindo espíritos guias e divindades com um único propósito, abençoar. É importante sempre ressaltar que o ato em si é o amor em ação, lembrando que a fé é uma expressão do amor, e, quando manifestada de maneira altruísta, servimos o semelhante e este se cura de suas chagas físicas e espirituais. Porém, quem o faz recebe do Alto os respingos de Luz do nosso Divino Criador. Posso afirmar que se colocar a serviço do bem é tarefa para todo ser encarnado e o encontro com a felicidade.

O benzimento é visto por muitas famílias de benzedores como uma tradição passada de pai para filho, de padrinhos a afilhados. Contudo, há tantas pessoas necessitadas e tantos que podem auxiliar, que, por determinação das forças espirituais que sustentam os princípios de auxílio a tantos sedentos desta mão curadora, que me vejo na obrigação de clamar a quem tem esta boa vontade que a torne realidade dentro de seu trabalho espiritual. Assim, saímos do aspecto ritual, em que normalmente um passe ocorre uma ou duas vezes na semana, para colocarmos à disposição este recurso em todos os momentos. Desta maneira, um irmão religioso de Umbanda tem em si a possibilidade de benzer, de ajudar uma pessoa necessitada fora do campo ritual de uma sessão de Umbanda. Ainda, vejo como muito valioso o fato de que muitos que frequentam um templo religioso de Umbanda e não possuem a faculdade de manifestação, passam a ter uma ferramenta importante de auxílio ao próximo. Assim, podemos colocar forças espirituais à disposição de todos que queiram se iniciar nesta prática, e, portanto, cambonos, auxiliares em geral e assistidos poderão se tornar benzedores.

Para utilizarmos deste recurso é fundamental que haja um iniciador, um bento para tanto. Como já colocado, nossos Pretos Velhos trazem esta força, e um Preto Velho pode iniciar uma pessoa que tenha boa vontade em aprender. Todo Preto Velho é benzedor; sendo assim, dentro de um templo religioso de Umbanda pode-se explanar sobre esse trabalho em uma aula explicativa, cuja compreensão será a base de fundamentação desse mistério espiritual aos que queiram se iniciar.

Em seguida, um Preto Velho pode sim consagrá-los através do padrão ritual do templo. É sempre importante apontar que nunca se cobra por tal trabalho espiritual; é dado de graça o que de graça recebemos, salvo os elementos que são de competência do auxiliado, mas que, mesmo assim, muitas vezes acabamos por doar. A assistência deve ser sempre gratuita, diferentemente de um curso, pois entendo importante que haja a valorização como forma de troca de energias, apenas para esclarecer.

O benzimento tem objetivo, e podemos realizar a benzedura para várias finalidades, tais quais: perturbações psicológicas e espirituais, enfermidades em geral, em locais como a nossa casa e comércio. Sobre as enfermidades, a medicina cuida dos aspectos biológicos que envolvem a saúde e a enfermidade; o trabalho espiritual curador do benzimento entra nos influxos energéticos, magnéticos e espirituais do indivíduo.

Mas, como o benzimento atua dentro desta ótica?

Todo ser humano possui um padrão que se diferencia através do que vertemos de nosso íntimo; assim, a variação passa a existir tornando-nos únicos. Mas sempre o benzimento ou qualquer outro trabalho espiritual estará acompanhando este padrão dos influxos dos seres humanos. Todos nós possuímos vibrações que giram ao nosso redor, sentido horário e anti-horário; estes influxos são de ordens positivas e negativas; quando em harmonia, estamos bem, mas, quando desordenados é porque estamos em conflito com algo. O que são estes conflitos? Pode ser uma enfermidade, um ataque espiritual, pode ser, o que é mais comum, o indivíduo vibrando seus próprios aspectos negativados e assim sabotando-se. Todos os trabalhos espirituais devem ser sempre acompanhados de orientação, não é só abençoar, dar o passe; se este não receber o apontamento para a Luz, realizando sua reforma interior, com certeza logo estará retornando ao campo negativado.

O porquê fazer o sinal da cruz? Agora começa a ficar mais interessante; a cruz nos permite entrar nas vibrações que giram ao nosso redor; o cruzamento entra no campo espiritual onde a enfermidade ou outra força negativada pode estar instalada vibrando forças desordenadas. Passamos, através do cruzamento, do benzimento, a interromper esses influxos pervertidos; mas é fundamental que o benzedor tenha sido consagrado bento. A oração e a utilização de elementos bentos permitem anularmos forças negativadas, porém, quando não iniciados, não conseguimos manipular esses influxos. Por este motivo é que é imperiosa essa consagração; na verdade, somos apresentados aos mistérios espirituais que sustentam as forças do benzimento.

Pelo fato de estarmos dentro do contexto da religião de Umbanda, somos consagrados pelos nossos Pretos Velhos. Assim, adquire-se as vibrações das faculdades curativas do benzedor. Passamos a estar dentro da egrégora vibratória que nos permite utilizar deste mistério; sendo assim, tais características passam a ser inerentes ao benzedor, que se utiliza de ferramentas como alguns objetos, ervas, outros elementos e gesticulações que lhe servirão para canalizar essas vibrações bentas. Essas ferramentas a serem utilizadas no ato do benzimento são diversificadas, como por exemplo, carvão, água, erva, rosário, fita, linha, vela, faca, tesoura, pedra brita, ovo, azeite etc.

Todos os elementos podem ser consagrados no ato em que o Preto Velho torna a pessoa uma benzedora; cada elemento tem um padrão único e cabe ao bento escolher qual elemento será apropriado na execução do benzimento para com a pessoa. O elemento mais popular no ato do benzimento é o rosário e a erva, em especial a arruda, o guiné, o manjericão, o levante, a oliveira e o alecrim.

À medida que se faz o benzimento, as ervas murcham; na verdade, elas captam forças nocivas, absorvendo-as; toda vibração ruim possui padrões astrais semelhantes ao lodo, e ao mesmo tempo, a vibrações secas. Estas vibrações secas são projetadas por espíritos que necessitam da vibração de um encarnado para permanecer no campo neutro; assim, este espírito recolhe da pessoa sua parte energética aquática. Quando o benzedor passa as ervas, estes seres negativados e suas energias são envolvidos pelos influxos desprendidos das ervas; quando estas repassam as vibrações benéficas ao assistido, murcham por perderem a parte líquida, que é repassada ao campo astral do assistido. Desta forma, há recomposição de suas energias, e ao mesmo tempo este ser é desprendido pelo poder da reza. Uma vez que a erva, ou qualquer outro elemento sempre é passado fazendo-se o sinal da cruz, entra-se em contato com as vibrações circulares presentes nos seres humanos. Após sua utilização, as ervas devem ser colocadas na natureza, aonde decantarão o que foi trabalhado.

Um ramo de oliveira é poderoso na mão de um benzedor; ajuda no afastamento de vibrações trevosas e cura alergias que causam vermelhidão na pele.

O carvão possui características importantes para absorver energias de enfermidades; como já mencionei, na defumação, este elemento age feito um absorvedor das densidades astrais. Quando o elemento se transformou em carvão adquiriu esta característica que é utilizada pelo benzedor. O carvão, após ser utilizado em benzimento, pode ser descartado na natureza ou mesmo ser colocado para ser queimado em uma fogueira, e assim agentes nocivos e corrosivos são transmutados.

O rosário, ou terço, é um dos elementos mais poderosos e populares dentro do benzimento; as características Crísticas estão impressas no elemento que, anteriormente à sua utilização, foi magnetizado pelo iniciador daquele que se tornou bento. Seguindo sempre em número de sete cruzamentos, além de orações, pode-se quebrar mal-olhado, magia negativada, afastar obsessões, atrair aspectos de proteção, entre outras ações.

A utilização de fitas, ou linhas, é fantástica para quebrar trabalhos de amarração e de trabalhos que atuam de maneira negativada no comércio. As fitas são passadas na pessoa sempre iniciando-se com uma oração e o sinal da cruz; as fitas ou linhas podem ser coloridas correspondendo às cores que foram intuídas. Após sua utilização, são queimadas para que haja a fragmentação de todas as correntes que estavam amarrando o comércio ou a pessoa que recebeu este amparo do benzedor, bem como para transmutar as energias trabalhadas. A linha tem, ainda, um campo muito interessante, pois, à medida que são realizadas as orações, a linha vai sendo arrebentada pelo benzedor, que as coloca em um caldeirão de ferro, aonde é ateado fogo, transmutando vibrações grosseiras em benção.

A faca é utilizada para quebrar inveja, mal-olhado; também pode ser utilizada para problemas de pele como alergias, ou erisipela, sendo que através do rosário e ervas também se atua sobre esses problemas. A vibração do ferro atravessa nosso campo energético aonde esse elemento entra em sintonia com o padrão existente ao nosso redor. No astral, a lâmina é poderosa ferramenta para anular e cortar esses fios densos do mal-olhado e da inveja; a oxidação do ferro ajuda a entrar em contato com os influxos que irritam e assim instigam a erisipela e as alergias, anulando assim a fonte alimentadora desses males. Ressalto a necessidade de mudança do padrão interior do assistido, que deve receber orientações sobre o perdão.

A tesoura entra no mesmo campo de ação que a faca possui, porém, a união de lâminas permite que essa ferramenta seja manipulada de maneira diferente. O cortar sete vezes ao redor da pessoa, realizando orações, permite-nos ampliar a utilização para todo e qualquer mal que está sendo trabalhado.

A vela é muito comum aos nossos Pretos Velhos; quando estes estão abençoando as pessoas com suas rezas, para nós, o sentido é muito semelhante, porém, o mistério da entidade é muito mais amplo. O cruzamento com a vela permite que a chama, que é um elemento de expansão no astral, entre em nosso campo energético e espiritual. Ao mesmo tempo, nossos centros de força são beneficiados, bem como nosso campo mediúnico. A vela permite-nos entrar em todos os campos de atuação; podemos benzer a pessoa de qualquer mal com a vela.

A água é um agente diluidor por natureza; este elemento é muito bom para pessoas que estão sendo trabalhadas em seus aspectos emocionais. A água passa a equilibrar nossas vibrações; o benzedor faz o sinal da cruz utilizando-se de seu polegar untado com água nas quatro regiões: testa, ombros e centro cardíaco (peito), sempre sete vezes, realizando a reza.

A utilização de pedras britas vem de nossos estudos sobre este elemento feito dentro do Mistério dos Portais de Libertação. Trata-se de uma pedra recolhedora de cargas e de seres negativados, anulando-se tais aspectos. Este elemento, quando consagrado para o benzimento, torna-se invisível aos olhos do negativismo; é desta maneira que forças negativas são atraídas e absorvidas pelo portal aberto na dimensão da pedra. Podemos colocar pedras nas mãos do assistido e utilizarmos mais sete; à medida que rezamos, elas devem ser colocadas de lado para serem descartadas na natureza, ou mesmo colocadas no fogo dentro do caldeirão de ferro, decantando, assim, vibrações degeneradas. Mesmo assim, esse elemento deve ser descartado na natureza para que seja feita a sua depuração.

Azeite – a utilização do azeite no benzimento é de suma importância para anular enfermidades, ataques de magia negativada, mal-olhado. Untar a testa com o azeite, fazer o sinal da cruz com o dedo polegar. O azeite no lado astral é puro fogo, este elemento entra na vibração circular que há ao redor do assistido paralisando os aspectos negativados que estão atuando sobre o assistido.

Ovo – no ritual de benzimento este elemento não é muito comum, pois entramos em outra esfera de atendimentos. O ovo é um elemento vivo, é uma pequena cúpula capaz de recolher seres espirituais desajustados, enfermiços e perdidos. É comum as pessoas serem acometidas de espíritos sem luz, ou até receberem de magias trevosas aonde se utilizam de eguns. O benzedor deve estar muito bem preparado para atuar no recolhimento desses seres. O benzimento segue sempre no sinal da cruz, neste caso com o ovo na mão, circular o ovo ao redor da cabeça do assistido. Repete-se sete vezes a reza do livro e termina com um Pai Nosso. O ovo deve ser levado a um local de mata, ou mesmo um jardim, deve ser colocado ali pelo benzedor que agradece o trabalho e pede a Deus que tudo seja levado ao seu local de merecimento.

A oração, a reza, juntamente com as técnicas e forças do benzedor transcendem o espaço tempo, chegando ao âmago do problema. O chamado quebranto, ou mal-olhado na criança, se dá por pessoas adultas que possuem em si vibrações viciadas, ou forças fluídicas negativadas. Estas por sua vez podem ser absorvidas pelas crianças quando esses adultos as pegam no colo; a criança pode ficar irritadiça, o que prejudica seu sono, trazendo desarranjos orgânicos. Qualquer pessoa pode pegar o quebranto, ou mal-olhado, ou ainda pode impregnar um local; percebe-se isso quando uma pessoa apresenta excesso de cansaço, moleza, está deprimida sem motivo, podendo estar sofrendo desse mal ou estar em um ambiente carregado.

Neste caso, deve-se pegar um copo de água e um galho de arruda, molhar o galho na água e ir cruzando o local, em todos os cantos dos cômodos;

no final, deve-se rezar e benzer os moradores em local próximo à saída da casa. O benzedor sai pela porta e, de costas, joga a água com o galho de arruda. O benzedor trabalha com influxos quando ele joga de costas, trazendo ao ambiente sua vibração positiva, deixando a espiritualidade se encarreguar do que ficou para trás.

Enquanto isso, vá aos cantos realizar esta reza: *Através do Pai, do filho e espírito santo eu peço a presença da Luz, não haverá inveja, mal-olhado, quebranto, feitiço ou feiticeiro que ficará. Aqui deixo a Luz do Alto, do Pai, do Filho e do Espírito Santo Amém.*

Este procedimento pode ser feito também com carvão em brasa que, ao final, pode ser colocado no copo com a água e despachado, jogando-se de costas para a rua.

Para benzer com ervas ou com o rosário, recitamos uma reza assim: *Deus, Pai Todo Poderoso, aqui cruzo e benzo, aqui deixo a Luz e a Cura. Através de minha reza tiro o que é ruim e trago sua Força e Luz. Que haja a cura, a elevação e a Paz. Que seja retirado o mal-olhado, que seja anulado a força das trevas.*

Repetir os dizeres sete vezes, cruzando a pessoa sete vezes. No final coloque o rosário no frontal da pessoa e faça um Pai Nosso.

O benzedor, após sua consagração, tem à sua disposição a oração mais poderosa que existe, o Pai Nosso. Dependendo do mal que está sobre a pessoa, podem ser recitados os dizeres mencionados, que estão consagrados no astral para que o benzedor se utilize desta força. As rezas são curtas, para serem repetidas sete vezes, ou mais sete se necessário for. É na simplicidade que a força do bento se faz presente, é na sua Fé e dedicação que os Poderes de Deus são representados e assim cumprem seu papel.

Reza contra inveja e forças trevosas

Sou invisível diante dos que me olham.
A força trevosa não mais existe,
Pois através desta reza é o que digo.
Declaro proteção e muito mais.
Sou filho de Deus.

Protegido e ungido.
Sai inveja, olho gordo e ser das trevas,
Fortaleço-me é o que digo.
Pois, sobre mim não há mais perigo.
Vejo a Luz em minha direção,
É o Criador, minha salvação.

Umbanda e hierarquia

Não vou comentar sobre hierarquia na parte espiritual, pois que Orixás, espíritos guias sabem exatamente onde qual é a posição de cada um. Na espiritualidade, o respeito sobre esta hierarquia é perfeito; o problema é o encarnado, somos nós. Com isso, o que o vou comentar a seguir não sei se será agradável para aqueles que costumam desrespeitar o seu superior, ou mesmo não concordar com o trabalho realizado. Ou ainda, não será agradável para aqueles que querem ser mais que o dirigente. Pouco importa; interessa é que as pessoas precisam adquirir a consciência sobre o assunto. Dentro de um templo, o médium, o iniciado deve respeitar o tempo do dirigente; nem tudo acontece da maneira e no tempo que muitos querem, mas sim no momento em que há o preparo para tal. Ainda abordo sobre a religião em "si" diante de nossa omissão clara e visível, quando não defendemos nossos ideais. Ser religioso de Umbanda não é algo que deva ocorrer apenas dentro de quatro paredes, mas em todos os momentos em que a pessoa que professa uma fé tem o dever de se posicionar na sociedade.

Hierarquia significa organização dentro de todos os conceitos; para que tudo funcione de maneira adequada, é necessário que haja a compreensão sobre este tema. Dentro de um templo religioso o sacerdote é a autoridade máxima e, portanto, deve ser respeitado, para que haja este comando e assim imprimir a disciplina sobre as questões do templo. Para que uma pessoa se faça respeitada ela deve explicar o porquê de todo tipo de disciplina. Em cada casa há regras que devem ser seguidas pelo grupo para que assim as vibrações espirituais entrem em harmonia com os propósitos religiosos do templo. Mas se faz necessário entrarmos em uma questão: para que um sacerdote tenha plena ação sobre seus subordinados, ele tem o dever de tornar sua casa uma escola! Se assim não for, as pessoas acabam por buscar suas próprias interpretações sobre a espiritualidade e influenciam os demais dentro do templo; não que os médiuns não devam buscar o conhecimento, ou terem suas visões pessoais,mas dentro do templo ao qual pertencem, devem se submeter ao estudo e interpretações direcionadas pelo sacerdote. E, isso vale aos assistidos.

Com isso implantado, o dirigente espiritual começa ter em suas mãos o início de um trabalho que vai servir de base hierárquica dentro de seu templo, sendo fundamental se iniciar um projeto de estudo focando o ser humano. Devemos ter por filosofia de vida a religião de Umbanda, e digo isto porque muitos que frequentam a religião não se sentem religiosos; como já mencionei, há muitos que são ritualistas, mas não possuem dentro de si a forma de exaltar a força de Deus de maneira contemplativa. O caráter de um indivíduo se forma do zero até os sete anos de idade, quando ele passa a reproduzir o que absorveu de suas referências enquanto pequenino. Mas por que cito isso nesta parte em que exponho sobre o tema hierarquia? Seja qual for o dirigente e de que tipo for, ele vai depender do material humano para que seu trabalho tenha êxito, e nem sempre tais pessoas correspondem aos ideais propostos pelo sacerdote. Então, o dever inicial é transformá-las de meros seguidores do templo em religiosos, ou, ao menos, indicar que é este o caminho.

O trabalho de aula fora do trabalho ritualístico enriquece o grupo, dando ao dirigente noção clara de seus filhos. Dentro desses estudos deve expor os "porquês" de tudo o que está dentro de seu trabalho, significados e conversas que determinarão a postura de comando sem exigências, e, com isso, a liderança acaba por acontecer naturalmente. Posicionamentos sobre ética e religião são básicos dentro da doutrina religiosa, sendo muito fácil conduzi-los, pois os conceitos são os ensinos do Mestre Jesus, o Médium Supremo. Todo o indicativo no tocante a ser religioso está nos ensinos Dele, e esse aspecto torna-se simples quando explicamos que a religião se fundamenta através do que os Espíritos Organizadores de cúpula astral de Umbanda fundamentou.

A partir daí, segue-se o preparo de Ogãs e Cambonos e dos médiuns ponteiros, que têm o dever de fazer com que os trabalhos sejam perfeitos, sempre conduzidos e liderados pelo sacerdote. Mas, infelizmente a religião de Umbanda só terá tais referências sobre hierarquia quando todos respeitarem uma só cartilha de ética, um só Órgão Superior.

Umbanda e hierarquia **249**

Lembremos que o melhor exemplo vem de cima, uma vez que a religião passa a se organizar quando você amigo leitor, dirigente ou filho de fé, começar a questionar. Podemos ter federações que sirvam de suporte para que seus afiliados cumpram com a responsabilidade religiosa, mas é necessário que haja, sim, órgãos que sejam respeitados, para que possamos ter exemplos a ser seguidos. Mas o amigo leitor deve estar se perguntando o porquê de eu estar tocando neste assunto. Tudo isso faz parte do preparo mediúnico, bem como do preparo de um líder religioso; todos têm o dever perante a sua religião, e a hierarquia deve ser respeitada, jamais por imposição, mas com todos os critérios religiosos. Liderança não se impõe, conquista-se.

Seguimos o exemplo do Médium Supremo e colocamos em Oxalá a base da espiritualidade de Umbanda, sem que haja a influência de vertentes. Que todos possam comungar do mesmo pensamento Crístico; apenas desta maneira existirá hierarquia. Você, filho de santo, seja leal à sua casa e aos propósitos espirituais Crísticos, mas jamais comungue com o negativismo humano, em que a vaidade e a sede de poder existam; mesmo que esta pessoa seja seu dirigente, não aceite coisas que sejam erradas.

Devemos ter órgãos que ajudem a disseminar as questões elevadas da religião, ou ainda, pedimos aos já existentes que se façam presentes diante desse importante momento de nossa religião, é uma necessidade. É tendo essa força dentro da religião de Umbanda, ou em qualquer religião, que começa o respeito hierárquico. Dentro do templo podemos iniciar esse grande trabalho, entretanto, amigo leitor, seja você ou não de minha cidade, não seja omisso diante da responsabilidade espiritual que está em sua vida. Reitero que há somente uma forma de organizarmos hierarquicamente um templo, uma federação, uma religião: com a base moral do amor, do perdão e da fé que Oxalá nos trouxe através do Médium Supremo Jesus Cristo!

No âmbito das características hierárquicas não posso deixar de citar sobre tradição, para podermos concluir linhas de interpretação que fundamentam os conceitos.

O que entendemos por tradição?

Tradição compreende-se assim: o ato de passar informação de fatos, lendas, ensinos, dogmas religiosos, de geração em geração. O tradicionalista é aquele que mantém seu conceito baseado em uma regra que *não* absorve aspectos inovadores, segue rigorosamente bases fixas e nelas permanece. Muitas religiões seguem o conceito tradicionalista, que permitiu fundamentar características que se tornaram inflexíveis e imutáveis, na tentativa de não perder a essência adquirida, ou o poder conquistado. Judaísmo, islamismo são exemplos clássicos. Contudo, o Catolicismo hoje permite o que é chamado de reforma carismática, uma pequenina mudança, no início criticada, mas se não fosse desta forma o final seria uma questão de tempo.

Toda religião possui sua tradição, assim é com a Umbanda, seus pontos de raiz, fundamentos que são passados de pai para filho de maneira pura. Sentidos ritualísticos miscigenados racialmente deram à religião de Umbanda formas tradicionais importantes. Embora seja visível o crescimento da religião umbandista, ainda nos deparamos com o tradicional e o mais importante, devemos aprender e ter em nossa base o respeito a esta tradição. Porém, se faz fundamental buscarmos elementos de interpretação de todas as ações existentes na Teologia de Umbanda. Este estudo sobre a Divindade Criadora, sobre conceitos em que passamos a interpretar como seres espirituais encarnados, e, todo o propósito de nossa existência, transcendem muitas vezes as explicações pautadas na tradição.

Pergunto. O que existe além do que conhecemos como infinito? O que está além? O universo de Deus é muito mais do que muitas vezes buscamos de maneira ainda pequenina compreender na tentativa de interpretações, e por mais que tentemos é por muito limitado. Pegamo-nos envolvidos com aspectos vazios em relação ao conceito sobre o que é elevação. O que comenta a tradição sobre ser elevado? Muitas pensam que um sacerdote é melhor que um médium? Ou mesmo de uma pessoa comum? Ele tem, sim, responsabilidades e deve ser respeitado em relação à hierarquia, mas não da condição de pensar que seja melhor. Acredita que através de sua posição passa a ter ou ser mais elevado. O diferencial é que em um templo, em qualquer religião, deve ter alguém que organize, cabe ao sacerdote, ser humano falho como qualquer um. Este é um ponto em que a tradição pode comentar sobre a hierarquia, ao qual respeito. Todavia, humildade, altruísmo, caráter são características inatas de um religioso, que está em ascensão em relação a sua espiritualidade, e mesmo assim deve ter o estudo de si mesmo, a vida toda.

Trata-se este de um ponto relevante, pois vejo médiuns que iniciaram hoje, tão ou mais elevados que muitos veteranos. O tempo não quer dizer que este "é", ele pode "estar", "ser" é outra questão. É quando convido a tradição para uma reflexão. Sou parte da tradição, tenho em minha raiz meus ancestrais dentro da Umbanda, então, procure aprender todos os dias.

Toda religião deve, em tempos em tempos, se reciclar, e seus seguidores idem! Isso não signifca mudar o conceito do que se acredita, mas sim, aprimorar o que já se compreende. Na verdade, faço um desafio saudável à tradição. Aqui coloquei aspectos conceituais de organização, de ética, de postura do assistido, do médium e do sacerdote, que acredito serem fatos que à luz do observador passam a serem motivadores de debates, acrescidos na compreensão da temática que enfatiza a complexidade da teologia de Umbanda.

Volto a citar, defendo a tradição como base que fundamenta conceitos interpretativos valiosos dentro do rito litúrgico de Umbanda, mas acredito que a flexibilização da compreensão da diversidade se faz eminentemente imperiosa. Todo médium tem o dever para consigo mesmo, e, perante a Cúpula espiritual que sustenta a religião de Umbanda, em questionar tudo, principalmente quando vertentes atentam e passam a não respeitar a diversidade pluralizada que em muitas casas, templos, terreiros, ylês se baseiam.

Não há o trabalho mais ou menos evoluído, existe essa diversidade importante, tradição e renovação que devem ser respeitadas, andando lado a lado. Quando cito questionar, não digo desrespeitar, mas a necessidade de pensadores é visível em um mundo dominado pelo **fascínio** da quantidade e da beleza. Questiono e relato, nem tudo que brilha é ouro, mas vale pouco com Deus do que muito sem Ele. Embora pareçam parábolas são na verdade frases que defendem a necessidade de interpretarmos o Todo, sem deixarmos que esses fascínios desvirtuem a essência do espírito religioso que habita em um médium de Umbanda.

Aproveito para citar, esta obra, que respeita todas as formas de manifestação dentro da Umbanda e os ensinos provenientes dos muitos espíritos que militam a religião, mostra uma diversidade de trabalhos. O trabalho aqui disponibilizado atenta para os fundamentos e como a religião possui mecanismos de fortalecimento ao médium. Nova visão citando a Cruz da Criação e interpretando uma forma única de trabalho dentro da Umbanda Cruzada.

Salve o Alto, o Embaixo, a Direita e a Esquerda da Umbanda!!!

Outras publicações

Compre este título escaneando o QR code abaixo

Compre este título escaneando o QR code abaixo

EXU – A MÃO ESQUERDA DO CRIADOR

Ortiz Belo de Souza

Exu – A Mão Esquerda do Criador vem como ferramenta indispensável para o praticante da Umbanda, com seus fundamentos e esclarecimentos que dará novo horizonte proporcionando a evolução!

Bases sólidas provenientes de anos de trabalho, respeitando a tradição vinda através de nossos ancestrais espirituais, desmistificando o que é a Esquerda da Umbanda, entendendo a Cruz da Criação em uma visão de gênese e hierarquia espirituais nunca escritas em obras literárias.

Assim é este trabalho que vem dar ao médium de Umbanda o que ele sempre teve, mas ainda estava oculto em sua vida como religioso.

Formato: 16 x 23 cm – 144 páginas

A UMBANDA BEM EXPLICADA

Daniel Soares Filho

"A Umbanda bem explicada" é o resultado de uma pesquisa de campo e bibliográfica que tem por objetivo trazer a público algumas expressões, palavras e atividades ligadas à realidade umbandista. Em um território continental como o Brasil e pela ausência de uma codificação dogmática, a Umbanda apresenta um leque amplo de diferentes práticas e saberes que merecem ser discutidos.

A obra não tem a pretensão de abarcar todas as possibilidades do exercício da religião. O que se busca é abordar os temas sobre a Umbanda, tendo como princípio básico o respeito a todas as Casas que fazem tremular, com honra e dedicação, a "bandeira de Oxalá". Durante os capítulos, o leitor notará, por diversas vezes, a preocupação do autor em alertar para o fato de que o seu discurso não é único e muito menos taxativo.

Formato: 16 x 23 cm – 160 páginas

Compre este título escaneando o QR code abaixo

EXU TIRIRI – *Queda e Ascenção, na busca de Evolução*

Hélio Doganelli Filho

Em sua sensacional trajetória pelas esferas negativas, iremos conhecer vários domínios espirituais que trabalham pela lei e pela justiça divina em densos níveis vibratórios, zelando sempre pelo equilíbrio e pela restauração de todos os seres que neles habitam. É possível compreender nas narrativas de Guardião Tiriri, que nós somos nossos próprios juízes, e, nas mais diversas e difíceis situações que por vezes nos deparamos, resta somente a nós mesmos, a compreensão de nossos erros, de nossos ódios e de nossos apegos para conseguirmos assim a restauração espiritual em busca da evolução.

Formato: 16 x 23 cm – 192 páginas

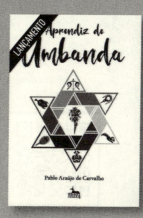

Compre este título escaneando o QR code abaixo

APRENDIZ DE UMBANDA

Pablo Araújo de Carvalho

"Aprendiz de Umbanda" é um livro construído num enredo filosófico e científico, narrando ali conhecimentos adquiridos pelos seus mestres encarnados e espirituais traduzindo em forma de palavras alguns conhecimentos que só o tempo através do espaço foi capaz de amadurecer. É um livro construído através de uma ótica e didática professoral, pegando o leitor pelas mãos e introduzindo-o de forma filosófica e reflexiva no mundo encantado da Umbanda e aproximando a Umbanda na vida prática do leitor.

Esperamos que tenham uma boa e reflexiva leitura.

Formato: 16 x 23 cm – 256 páginas

Outras publicações

O LIVRO DE OURO DOS ORIXÁS

Ademir Barbosa Júnior (Dermes)

A Umbanda cultua e trabalha com Orixás. Não são "caboclos ou falangeiros" de Orixás, mas os próprios, que se manifestam de vários modos, inclusive mediunicamente por meio da incorporação. Nunca encarnaram e pertencem a um grau de adaptação aos encarnados e aos indivíduos em que incorporam, evidentemente tendo ainda de baixar seu alto padrão vibratório para tal. Ora, quando alguém migra do Candomblé para a Umbanda ou vice-versa, por exemplo, o Orixá que o assiste e/ou incorpora muda? Não e por várias razões.

Neste livro, o leitor encontrará todas as características de cada Orixá, como sua cor, sua comida, seus elementos e tudo mais que o representa, de uma forma simples e clara.

Formato: 16 x 23 cm – 192 páginas

TEOLOGIA DE UMBANDA E SUAS DIMENSÕES

Ademir Barbosa Júnior (Dermes)

Em linhas gerais, etimologicamente, Umbanda é vocábulo que decorre do Umbundo e do Quimbundo, línguas africanas, com o significado de "arte de curandeiro", "ciência médica", "medicina". O termo passou a designar, genericamente, o sistema religioso que, dentre outros aspectos, assimilou elementos religiosos afro-brasileiros ao espiritismo urbano (kardecismo).

Quanto ao sentido espiritual e esotérico, Umbanda significa "luz divina" ou "conjunto das leis divinas". A magia branca praticada pela Umbanda remontaria, assim, a outras eras do planeta, sendo denominada pela palavra sagrada Aumpiram, transformada em Aumpram e, finalmente, Umbanda.

Formato: 16 x 23 cm – 256 páginas

Compre este título escaneando o QR code abaixo

RITUAIS DE UMBANDA
Evandro Mendonça

Este livro é uma junção de antigos rituais, bem simples e fáceis de fazer, e que só vem a somar àqueles médiuns ou terreiros iniciantes.

Mas, poucos sabem que esses rituais foram, são e sempre serão, regidos por uma lei que sempre se chamou, que a chamamos e sempre chamaremos Umbanda com amor e respeito.

Portanto, dentro da religião de Umbanda, ter conhecimento dessas leis, forças, rituais e etc., significa poder.

Formato: 16 x 23 cm – 192 páginas

Compre este título escaneando o QR code abaixo

RITUAIS DE QUIMBANDA – LINHA DE ESQUERDA
Evandro Mendonça

Essa obra é mais um trabalho dedicado aos que querem e buscam um pouco mais de conhecimento sobre como trabalhar com os exus e pombas-gira.

São rituais simples, mas muito eficazes, que podem ajudar muito o dia a dia de um médium e de um terreiro de Umbanda.

Espero que façam um bom uso desses rituais, e nunca esqueçam a lei do livre arbítrio, ação e reação e do merecimento de cada um. Somos livres para plantarmos o que quisermos, mas somos escravos para colhermos o que plantamos.

Formato: 16 x 23 cm – 224 páginas

Distribuição exclusiva